把時間當作朋友

沒有人能管理時間

你真正能管理的，只有你自

著——李笑來

沈瓚——校註　胖兔子粥粥——插

暢銷紀念版

把時間當作朋友（暢銷紀念版）
沒有人能管理時間，你真正能管理的只有你自己

作　　者　李笑來
內文插畫　胖兔子粥粥
校　　註　沈璜
美術設計　倪旻鋒
內頁排版　高巧怡
行銷企劃　蕭浩仰、江紫涓
行銷統籌　駱漢琦
業務發行　邱紹溢
營運顧問　郭其彬
責任編輯　劉文琪
總 編 輯　李亞南
出　　版　漫遊者文化事業股份有限公司
地　　址　台北市103大同區重慶北路二段88號2樓之6
電　　話　(02) 2715-2022
傳　　真　(02) 2715-2021
服務信箱　service@azothbooks.com
網路書店　www.azothbooks.com
臉　　書　www.facebook.com/azothbooks.read
發　　行　大雁出版基地
地　　址　新北市231新店區北新路三段207-3號5樓
電　　話　(02) 8913-1005
訂單傳真　(02) 8913-1056
三版一刷　2023年7月
三版三刷　2024年8月
定　　價　台幣450元

ISBN　978-986-489-8145

＊本書原名：把時間當作朋友

中文繁體版透過成都天鳶文化傳播有限公司代理，經電子工業出版社授予漫遊者文化事業股份有限公司獨家發行，非經書面同意，不得以任何形式，任意重製轉載。

國家圖書館出版品預行編目 (CIP) 資料

把時間當作朋友/ 李笑來著. -- 三版. -- 臺北市 : 漫遊者文化事業股份有限公司出版 : 大雁文化事業股份有限公司發行, 2023.07
面； 公分
ISBN 978-986-489-814-5(平裝)
1.CST: 時間管理 2.CST: 生活指導
177.2　　112008310

本書定位——這不是一本什麼樣的書？

有些時候，有些事物，從反面描述比從正面描述更為容易。如果先仔細說清楚這本書不是什麼，之後對「它究竟是什麼」這個問題，可能就不言自明了。

這本書不是時間管理書籍

儘管本書的內容也包括任務管理等與常見「時間管理技巧」相關的內容，但是，本書主張時間不可管理、一切都靠積累。

更進一步地說，本書主張一個人必須在開啟心智、提高思考能力之後，才能夠用正確的方法做正確的事情。也只有這樣，時間才是朋友，否則，她就是敵人。很多「時間管理技巧」並非無用，但往往由於使用者心智能力低下甚至尚未開啟心智，致使那些技巧只能治標，不能治本，甚至既不治標，也不治本。

這本書不是成功學書籍

我不贊同大多數所謂成功學書籍裡的觀點及其論證方式。在本書的第一版中有個專門的章節，叫「小心成功學」，但在這次修訂的過程中，因結構調整，已將其內容打散分布到相應的章節。所以，這本書裡沒有出現「小心成功學」這個標題。雖然如此，但我的觀點從未改變：成功從來都不是人人都可以做到的事情，過去不是，現在不是，將來依然不是。基於比較的成功觀，是傷人的、害人的。事實上，對年輕人來說，成長比成功更重要，而且，這才是人人都可以做到的事情，才是人人都值得追求的事情。而成長其實只有一條路——積累。

這本書不是心靈雞湯式的書籍

這本書裡沒有安慰，因為這本書不是寫給脆弱的人看的——只有脆弱的人才不斷需要安慰。現實是殘酷的，生活是艱難的，無論什麼樣的時代，無論對哪一個層次的人，都是如此，對大多數年輕人來說，更是如此。人的理性建立在接受現實的基礎上，不能接受現實，一切成長都是虛妄。只有堅強的人才能接受現實，只有接受現實，才有可能開始運用心智作出理性的決定，進而才有可能做時間的朋友（主要請參照「現實」一章）。

這不是一本講大道理的書

我只不過是一名從業經驗豐富的教師而已，並非所謂的「成功人士」。儘管字裡行間可能透露出說教的神態，但相信我，講大而空的道理是我從很小就憎恨的行為。我只想把一些普遍困境的最佳解決方案，用樸素的論述、詳盡的說明、直接的方式傳遞出去。很多道理都非常簡單，但卻至關重要。現實就是這樣，有用的道理往往都是簡單的，甚至簡單到令大多數人不由自主地忽視的地步。從另一個方面講，這本書所傳遞的資訊，原本只不過屬於常識，可由於種種原因，並沒有被真正普及、理解，實在可惜。

這不是一本隨便翻翻就可以的書

隨便翻翻就可以的書，不值得讀。如果您拿到本書，只是想隨便翻翻，那我勸您還是算了吧，因為那麼做沒什麼意義。這本書裡的很多文字，需要讀者耐心讀到最後再做判斷，而非看到隻言片語就進入抗拒狀態，然後不由自主地斷章取義——因為書中有很多觀點和結論會與讀者的現有看法不同，甚至相反。儘管這本書的第一版得到了非常多的好評，豆瓣[1]上評分長期為8.7，甚至被列為中國書刊發行協會二〇一〇年度全行業優秀暢銷品種，可根據讀者的實際回饋來看（儘管負面的很少，但往往更重要）：讀不進去，並且進一步因為讀不進去而產生誤解的人很多。如果有興趣，讀者可先閱讀「交流」一章。讀過之後您就會明白，有效溝通在一些特定的情況下究竟有多難。

1 豆瓣，中國社群網站，提供使用者關於書、電影、音樂等評論平台。

再版前言

二〇〇九年六月《把時間當作朋友》在中國正式出版發行。於我來說，這多少有點意外。最初寫這些文字的時候，我並沒有出版的計畫，只是基於分享的心態把這些文字發表在我的網誌上——當然，即便印刷成冊，本書的內容依舊全部在網上公開[2]。

《把時間當作朋友》第一版第一刷只有八千冊，可這八千冊竟然在上架的第一週售罄。這令我再次意外。更意外的還在後面——在接下來的一年半左右的時間裡，這本書竟然再刷了十二次！

這些文字最初是寫給我的學生的，二〇〇七年年初開始陸續地寫，大約用了三個月完成。到了年底的時候，因為網站資料庫損壞，只好重新寫過，文章系列的標題也從「管理我的時間」變成了「把時間當作朋友」[3]。最初，我是想幫學生解決問題，到二〇〇九年六月本書正式出版之後才發現，這本書的主要讀者大多是職場新兵，很多在校學生對本書內容並無興趣。我只能猜測這是大多數在校學生經歷不足、吃虧不夠造成的——也許只有吃過大虧，才會有洗心革面的動力。

最令我意想不到的是，這本書是一本被動銷量巨大的書。出版之後，我接到很多讀

2 參見網站www.lixiaolai.com

3 這是一個非常重要的改變，相信讀者讀過正文之後就會理解。

者來信，他們說自己讀過這本書以後，又買了若干本送給同學、同事、朋友，甚至親戚。有的高中教師向學校申請訂購幾百本發給每一位學生，也有大學輔導員自費購買幾十本送給班上的每一個人；盛大網路創新院的副院長郭忠祥先生乾脆成批買來堆在辦公室門口，誰來都可以拿一本；二〇一一年一月，華為賽門鐵克成都公司訂購了四千本，發給公司的每一個職員……

好評如潮，當然是我求之不得的結果，但更是一種壓力。又因為這份高分出乎我的意料，它帶來的壓力就讓我多少有些不安。我會為此不時認真閱讀讀者的每一則留言——主要看批評。有些批評缺乏道理，可有些批評確實令我汗顏。例如，有讀者指出此書第一版的結構鬆散，並且善解人意地說：「網誌文章集結成冊的結果如此，很容易理解……」

事實上，二〇〇九年年底，就是本書第一版正式出版半年之後，我就有改版的願望，卻苦於事務繁雜、分身乏術，未能行動。二〇一〇年年初，修訂了一些文字，更新了幾個重要例子，增加了插圖，權算第二版。那之後，我陸陸續續又寫了很多文字，到二〇一〇年年底的時候，覺得無論多忙都必須重寫，就有了現在的第三版。

在新的一版裡，主要做了兩點大的改動。

第一個改動是儘量剔除說教的腔調。雖然我不是科班出身，但也一口氣從事教職十年之久，因此做到這點對我來說相當不易。但這是必需的，因為說教總是令人厭煩——無論它有沒有道理，無論對於說教者還是被說教者。

第二個改動更為重要。在大量刪減之前的內容後，又大量增補了關於學習、思考、溝通的內容，以充實「運用心智，獲得解放」的主旨。原本在網誌上寫「想明白」和「我也有話要說」兩個系列的時候，我計畫著寫兩本獨立的書。但最終我還是決定將這兩個系列的精髓合併到《把時間當作朋友》的新版之中，因為多出版一兩本書不是我的目的，我的目的是把我認為應該傳遞出去的內容傳遞出去。

同時，我的另外一本書《人人都能用英語》也即將出版發行。《人人都能用英語》相當於《把時間當作朋友》的「特定領域實踐版」。如果說「把時間當作朋友」的方法就是「用正確的方法做正確的事情」，那麼在《人人都能用英語》中，「正確的事情」就是「學會」英文，「正確的方法」就是「用」。

經過一段掙扎，我終於在二〇一一年二月二日（大年三十）晚上完成了新版的架構與創作，之後又用了兩年多的時間潤色與完善，如今正式出版，算是了卻我的一個心願。寫字的快樂並非來自表達，而來自這些文字所帶來的改變——無論是對讀者還是對自己，無論是對周遭還是對內心，都是如此。

這本書裡的每一個字，無論是刪掉的還是增加的，都給我帶來了巨大的快樂。希望它們對您也能產生真正的幫助，進而改變我們的生活。

李笑來

二〇一三年八月於北京

第一版前言

無論是誰，最終都在某一刻意識到時間的珍貴，並且幾乎注定會因懂事太晚而多少有些後悔。病了要投醫，病急了就很可能亂投醫。可是書店裡各種各樣的關於「時間管理」的書籍多半於事無補——至少這是我自己的經驗。一方面是束手無策，另一方面是時間無情地流逝，惡性循環早已經形成——要做的事情越來越多，可用的時間越來越少；因此時間越來越珍貴，時間越來越緊迫；時間越珍貴就越緊迫，時間越緊迫就越珍貴……壓力越來越大，生活成了一團亂麻。

時間是個問題，可是「管理」它卻不是正確有效的方法，因為那是幾乎做不到的事情。之所以後來換成這個書名[4]，「把時間當作朋友」更能體現本書的本質。我自己也是在寫作的過程中才清楚地意識到「管理時間」的說法有多麼荒謬。人是沒辦法管理時間的，時間也不聽從任何人的管理，它只會自顧自一如既往地流逝。「管理時間」只不過是人們的一廂情願而已。換言之，人類能做的事情頂多只不過是發明改進測量時間的工具而已，根本沒有任何辦法去左右時間。

終於有一天，我對自己說：「承認了吧，你對時間的流逝無能為力。」那一刻的醒悟，

4 本書內容最初在網路上公布時用的標題是「管理我的時間」。

感覺就像鳳凰涅槃一樣浴火重生——這個說法多少有些矯情，但確實又過於準確而無可替代。那一瞬間，我已經三十多歲——還好，並不算太晚。

要管理的不是時間，而是自己。人們生活在同一個世界，卻又各自生活在自己的那個版本之中。改變自己，就意味著屬於自己的那個版本的世界將會隨之而變，其中也包括時間的屬性。開啟自己的心智，讓自己能夠用最可能準確的方式思考、觀察、記錄、總結、分享和行動，那麼自己的時間就會擁有不同的品質，進而整個生活都一定會因此煥然一新。

人生的幸運在於能夠「用正確的方法做正確的事情」。而什麼是正確的或者更好的方式，什麼事情真的值得去做，需要運用良好的心智才能作出盡可能準確的判斷。如果真的做到「用正確的方法做正確的事情」，那一瞬間，時間無須管理（當然就算想管其實也沒人能做到），它是你的朋友，陪你亦步亦趨走到最後的朋友。

我終於明白為什麼過去讀過的那麼多「感覺上有道理」的文字卻最終「感覺上並無幫助」了。也許是自己被誤導，也許是過去太愚鈍，我竟然沒有意識到「管理」的焦點根本就不應該是時間，而應該是我自己！過去我讀過的許多時間管理書籍裡的方法肯定是（至少應該是）有用的——就好像是巧匠手中的工具，不可能沒用。武俠小說裡的那些江湖高手，手拿一根樹枝也一樣可以橫掃天下，可是對一個手無縛雞之力的人來說，給他干將也罷，莫邪[5]也罷，又有什麼用處呢？

找到問題的根源，才真的有了希望。

李笑來

二〇〇九年春於北京

5 干將、莫邪均為古寶劍名。相傳春秋時期吳人干將與妻莫邪善鑄劍，二人耗費三年時間為吳王闔閭鑄得陰陽二劍，鋒利無比，陽劍名為「干將」，陰劍名為「莫邪」。後因此以「干將」和「莫邪」代稱利劍。

目錄

第0章

困境

你能想像
一張只有一個面的紙嗎？

——亞瑟・克拉克（Arthur C. Clarke）

1. 問題

或許因為考試臨近，或許因為工作需要，你現在必須把一本書讀完。這本書的內容不是輕鬆的文字，所以不能一目十行——它需要你認真閱讀並理解，甚至可能要求你根據它所陳述的原理或者規則進一步創造一些什麼，才算真正「有所收穫」。

經過一番掙扎，你終於決定「正式開始」！

你坐到喜歡的沙發上，伴著常聽的音樂，翻開書的某一頁開始看。

過了一會兒，你突然覺得自己非常渴，想要找水喝。

你打開冰箱順手拿出一瓶飲料，倒進杯子。剛喝了一口，你一下子想起來：不對，不應該喝這種含糖的飲料！真是的，無論說多少次，媽媽都不會記得把含糖的飲料和不含糖的飲料分開放！於是，你跑到媽媽的臥室，與她「理論」了一番，最終發現於事無補，只好一個人悻悻地回來整理冰箱。

你重新回到沙發上，接著看你的書。看了一會兒，你換了個姿勢。不巧壓到了電視遙控器，電視一下子亮了。這位節目主持人恰好是你最喜歡的。哇，今天她這身打扮真漂亮！不過今天的話題怎麼這麼無聊?!你還是不由自主地看了一會兒，又順手用遙控器轉了轉其他頻道……幸虧這時一連幾個頻道都沒有好節目，你才停下來，有點失望地想：

現在的節目真的很無聊，還不如看書呢！

嗯？怎麼這麼渴？你這才想起來，整理冰箱前，你把那杯含糖的飲料放在媽媽的桌子上，卻忘了重新倒一杯不含糖的飲料，就直接回到沙發上。於是你再次起身去弄喝的。喝了兩口，你突然想起來你現在正喝的飲料是你最喜歡的——第一次約會的時候，你喝的就是這種飲料……

手機響了，是一則簡訊。一個朋友問：「你在幹嘛？」你不好意思說你在念書，只是含混地說，你病了，在家休息，不想出去……結果朋友竟然打電話過來慰問，你只好支支吾吾地應付了一陣子。

掛了電話，你又回到沙發上。想了想，還是換一下背景音樂吧，現在這首聽上去太傷感。於是你轉身擺弄了一會兒音樂播放機，然後重新坐好，開始看書。

過了好一陣子，你突然意識到自己剛剛在發呆。打了個寒顫，你下意識地看了一下錶——天哪！已經過去兩個小時了，可是你連一頁書都沒看完！

以上的描述，說的肯定不是你，但那場景你一定很熟悉。

終於，在某一刻，你失聲驚呼：「沒時間了！」

這尷尬，無論是誰，要不已然經歷，要不將會經歷，沒有例外。這尷尬一旦出現，壓力必定巨大無比，而且來自四面八方。這種巨大的壓力所造成的恐慌，往往可以使當事人作出荒誕不經、讓其他人匪夷所思的決定：自相矛盾、自我欺騙、孤注一擲、癡心妄想……諸如此類，不一而足。

完成任何任務都需要一定的時間。同時，任何任務都最好或必須在某個特定的時間點之前完成，即，任務都有一個最後期限[1]。而且，只要是必須完成的任務，不管是否已經開始執行，最後期限都在不斷迫近，因為時間永不停歇。

問題好像很簡單，看起來無非是以下幾種情況。

▽沒有按時開始執行任務。

▽錯誤估算完成任務所需的時間。

▽在任務的執行過程中出現了差錯。

果真如此的話，那麼解決方案好像也很簡單。

▽按時開始執行任務。

▽正確估算完成任務所需的時間。

▽在執行任務的過程中不要出差錯。

1最後期限，在英文中對應的是「deadline」，一個形象特別生動的詞：屆時未完成者死！

可事實上問題並非如此簡單，否則也不會讓那麼多人一生都束手無策。

2. 慌亂

我教過很多學生[2]。他們中的絕大多數都一樣，壓力刻在額頭，匆忙寫在臉上。他們身上充滿了矛盾——他們「**既勤奮又懶惰**」。

他們很勤奮，每到週末都要起個大早，在上午八點半之前擠公共汽車趕來上課[3]，中午匆忙吃些東西，下午在一個充滿各種味道的教室裡繼續上課。他們也許會玩電子遊戲，但顯然比那些只玩電子遊戲的人更勤奮；他們也許會喝酒打牌，但顯然比那些只喝酒打牌的人更努力。

可與此同時，他們也隨時展露懶惰的傾向。

我教得最好的課程是作文。作文可講的內容很多，但我很少在課堂上講文法、詞彙、修辭之類的東西，因為這些內容學生可以自學或者很容易自學。我更喜歡講思維方法，我認為這才是教學的關鍵所在。只有想清楚了，才有可能寫清楚。想不清楚，連寫出來

2 除了講課，我還經常要到全國各大高校演講，因此每年在我面前流動的學生人數保守估計超過兩萬。

3 我教的是留學考試準備課程，如托福、GRE 等。

的必要都沒有。講作文課也是我最開心的事情之一，因為作文課實際上是思考課。自己思考原本就是件很快樂的事情，而教別人思考則是學習思考、鍛鍊思維的最好方法。我的學生也很開心，因為他們聽懂了我對他們說的話：「只有學會正確地思考，才意味著真正進化成人。」

沒有人願意做猴子。

終於，有一天，我還是被一名學生「打敗」了。

那天下課之後，一個男孩捧著我寫的那本非常暢銷的《TOEFL iBT 高分作文》叫我簽名。我簽了。然後他說：「老師，我可不可以問你一個問題？」我笑著說：「你現在可以直接問第二個了。」他說：「老師，你說，如果我把你這本書裡的作文全都背下來，在考場上默寫一篇，會不會被判雷同呢？」當時我一下子失去了耐心，儘管沒有發火，但語氣裡肯定有一些東西：「那你說呢?!」那個男孩臉紅了一下，迅速走了。

我快被他弄瘋了。難道我的課講得這麼沒有效果嗎？我上課時那麼賣力地對他們講道理：「作文，當然要自己寫；就算有範文，也是用來參考的。」而且我很確定，我在《TOEFL iBT 高分作文》的前言裡花費了很多筆墨去講解如何參考範文而不是照抄範文。抄襲別人的文章當然會被判為雷同——這還用問嗎?! 結果怎麼會這樣？

可是，決心背下這本書裡所有一百八十五篇文章的學生，又怎麼可能是懶惰的呢？

更要命的是，不止一個學生曾經這樣問，所以這肯定不是個案。經過反覆詢問，認真觀察，我終於明白了——很多學生「既勤奮又懶惰」的怪異現象來自他們對「時間壓力」的感受。「沒時間了」或者「時間不夠了」的恐慌，使他們超乎尋常地勤奮。哪怕只是虛假的「勤奮」，一樣能讓他們恨不得廢寢忘食。而同樣的感受，也使他們終日不忘尋找捷徑，美其名是「提高效率」，而實際上卻想著「最好不費吹灰之力」。無論哪一種行為，肯定都是不現實的，因為已經「沒時間了」——這才是冷冰冰的事實。

「沒時間了」，是「時間恐慌症」患者腦子裡唯一反覆閃現的一句話。巨大的壓力、極度的恐慌，使「患者」身上綜合了一切矛盾：他們既勤奮又懶惰，既聰明又愚蠢，既勇敢又懦弱，既滿懷希望又分分秒秒面臨絕望，既充滿自信又隨時隨地體會自卑……

「沒時間了」，其可怕程度幾乎無異於死亡。死亡是所有人都要面臨的終極困境——沒有解決方案的困境。對其恐懼之甚，以至於人類不分種群，不約而同地集體創造出一個「天堂」留給自己和自己喜愛的同類，同時還創造出一個「地獄」送給自己憎恨的同類。但這畢竟不是確實有效的解決方案。死亡本身其實並不可怕，面臨死亡的過程才真正可怕。如此，就能很容易地體會那些「既勤奮又懶惰」的學生，面臨到怎樣的悲慘境遇了。

但是，生活中明顯有另外一些人——儘管數量上並不占優勢——在用另外一種狀態生活。他們從容，他們優雅，他們善於化解各種壓力，安靜地去做他們認為應該做的事情，並總能有所成就。他們甚至可以達到常人無法想像的境界——不以物喜，不以己悲。面對同樣的困境，他們究竟是如何保持從容的呢？

3. 解決

你想打開一扇門，可那門上有把鎖，把門鎖住了。「如果能找到鑰匙就好了」，你想。可是鑰匙在哪裡呢？反正不在那把鎖上。既然門被鎖上了，鑰匙就一定不會插在鎖孔裡。「沒時間了」這種尷尬就像是一把我們想要打開的鎖。同樣，要想擺脫這種尷尬，死盯著這把鎖是沒有用的。

很少有人會注意，所謂「管理時間」或「時間管理」是虛假的概念，是不可能完成的任務。時間不會服從任何人的管理，它只會自顧自地流逝。你不可能對它大喊：「時間，你給我慢一點！」它只是自顧自地流逝。你也不可能向它大叫：「時間，你給我快一點！」它還是自顧自地流逝。時間不理任何人，它用自己特有的速度流逝，不受任何外界因素影響[4]。

4 在愛因斯坦提出相對論之後，「絕對時空觀」就已被打破，所以純粹從理論上來看，「時間不受任何外界因素影響」並不完全準確。但是，對於每個生活在現實中的人來說，我們的時間依然是絕對的。愛因斯坦的理論並不適用於我們正在討論的話題。

毫無疑問，**我們無法管理時間**。

無論鑰匙在什麼地方，都不會在鎖孔裡。嘗試著從「管理時間」開始解決問題，注定徒勞。儘管我們面臨的尷尬是「沒時間了」，可從本質上來看，這尷尬與時間的關係不是很大。

沒錯，**問題出在我們自己身上**。

你可能聽說過這個原則[5]：

先把任務分為「重要的」和「不重要的」，再把任務分為「緊急的」和「不緊急的」，然後挑選「重要的」而又「緊急的」的任務優先執行……

看起來似乎很有道理，而實際的操作效果怎麼樣呢？並不好。為什麼？因為你發現（或最終證明）自己沒有足夠的能力去區分一項任務是否重要、是否緊急。所以，到頭來，儘管別人告訴你的方法是對的，可是你操作起來卻得不到期望的結果。

沒錯，問題出在我們自己身上。

我們無法管理時間。**我們真正能夠管理的，是我們自己**。只有接受這個簡單的事實，才有解決問題的希望。「時間不可管理」，儘管聽上去很簡單，但是理解它，進而接受它，

5該原則出自柯維（Stephen Covey）所著的《與時間有約：全方位資源管理》（First Thing First，天下文化）。讀者可能更熟悉他的另一本暢銷書《與成功有約：高效能人士的七個習慣》（Seven Habits of Highly Effective People，天下文化）。

不見得那麼容易。因為，它未必是（甚至幾乎肯定不是）你以往認同的觀念。

人們很難接受與現有知識和經驗相左的資訊或觀念，因為一個人現有的知識和觀念都是經過反覆篩選的。儘管很多知識和觀念是被灌輸的，但知識的持有者對「被灌輸」這一事實往往毫無察覺，就算察覺到了，也可能拒絕承認。人們更願意相信自己擁有一定的判斷能力，不會被輕易糊弄。即使是一些「想當然」的觀念，人們也傾向於認為那是「思考過後的結論」。

在歷史上，這種情況反覆出現。例如，在葡萄牙航海家麥哲倫證明「地球是圓的[6]」之前，大多數人相信「大地是平的[7]」，並且把這種想當然的結論當作自己認真思考之後才獲得的知識。以至於在其被證明有誤的那一瞬間，第一個念頭不是「啊？原來是這樣！」而是「亂講！沒那回事！」

被灌輸的觀念，越是錯的，繁殖能力越驚人。隨著時間的推移，它愈發頑固，直到最後，它能在不知不覺之間蒙蔽一個人，使其失去心智成長能力。

有一個普遍存在而又令人驚訝的例子：很多人相信生不出兒子是女人的錯——即使是在今天。中學生物課本裡講得很清楚：女性卵子的性染色體是XX，而男性精子的性染色體是XY，精子與卵子結合時會出現兩種可能性相當的情況，即XX和XY。所以，生出來的孩子是男是女，是機率相同的隨機事件，與女性沒有關係。[8]科學事實簡單明瞭，但

---

6 西元前五世紀左右，古希臘哲學家畢達哥拉斯提出地球的形狀是球形，但他並沒有什麼科學依據；之後，古希臘哲學家亞里斯多德根據月食時地影是圓形的，提出地球是球形的，這才算是第一個科學證據；直到一六二二年，葡萄牙航海家麥哲倫完成環球航行，人們才開始普遍接受地球是球形的事實。

7 在「大地是平的」被證偽之前，沒有「地球」這個概念。

結果顯而易見：不是每一個讀過書的人都能理解並接受這個簡單易懂的科學事實。[9]

本書後面的不少內容，很可能與讀者最初的期望不符，甚至相左。其實，這本書的主旨非常簡單：**時間是不可能被管理的**。必須開啟心智，看清楚，想明白：**問題出在我們自己身上**。而我們所面臨的問題，與時間、管理或時間管理都沒有多大的關係。解決問題的核心思想只有一個——**一切都靠積累**。

深信積累的力量，時間就是你的朋友，否則，它就是你的敵人。[10]

---

8 生男生女這個問題，要非得說跟誰有關係，也只能與男性有關係——Y染色體來自男性。可即使如此，也不會改變此事件的機率。

9 坊間有一種所謂「酸性體質」理論，聲稱母體酸鹼度會影響染色體的結合，進而宣揚用某些方法可以控制胚胎的性別。這種說法毫無科學根據，卻信之者眾。

10 花絮：本書主張「時間不可管理」，這使書店在銷售它的時候頗為尷尬。想想看，這本書放在哪個類別裡好呢？放在「時間管理」類別裡，顯然不合適——因

❶ 這是一本難以歸類的書。

❷ 有的書店把這本書放在「時間管理」一類……

時間管理
呃……這書明明說的是「時間不可管理」啊？

❸ 有的書店把這本書放在「成功學」一類……

成功學
呃……這書明明在批判庸俗成功學……

❹ 有的書店專門給這本書開了個類別……

個人成長
呃……這一類書怎麼只有這一本？

❺ 有的書店懶得分類，直接堆在店門口。

暢銷書
哇……暢銷書……
跟時間做朋友
跟時間做朋友

❻ 有的書店竟然把它放在這裡……

婦女之友

為本書的主旨明明是「時間不可管理」。放在「成功勵志」類別裡呢？也不合適，因為本書中用了不少文字來批評庸俗成功學。有的網路書店為這本書專門開闢了一個類別——個人成長，這個類別裡只有這一本書。有的書店懶得操心，隨便把這本書放在一個地方——有讀者來信告訴我說他在「婦女之友」類別裡看到了這本書。當然，更多的書店想出了一個很好的方法——不分類了——反正暢銷，就直接堆在店門口……

第1章 醒悟

真理往往是簡潔的。

——牛頓

1. 孰主孰僕

身為一個人，在這一生中可能遇到的、最震撼的經歷，莫過於發現這個神奇的現象：**我們竟然可以用自己的大腦控制自己的大腦**。

我們可以用錘子去砸釘子。然而，卻不可能用某一個錘子去砸同一個錘子，也不可能用某一個釘子去砸同一個釘子。大腦和思考之間的關係遠比錘子與釘子之間的關係複雜得多。我們用大腦進行思考，然而我們思考的方式和結果往往受到上一次思考的方式和結果影響，同時也會影響下一步思考的方式和結果。

這裡用一個句子來說明我們的思考可以複雜到什麼程度，以及語言和文字有時會被局限到什麼程度：「我們甚至可以思考我們的思考方式和思考結果是否確實是合理的思考方式和思考結果。」[1]

審視一下自己，就可以理解，每個人都能把自己劃分為兩部分——自己知道的與自己不知道的。有的時候，我們對自身並不瞭解。

很多人都有這樣的經歷——突然有一天，你很關心的某個人對你說：「你怎麼這麼自私呢！」這種事情發生的時候，大多數人都會覺得「很受傷」——即便人天性自私，你對他可一直是無私的，因為你知道自己確實是非常關心他的。然而，他現在對你的評

1 人類能夠將自己的思考作為思考對象的這種能力，稱作「後設認知」（metacognition）。

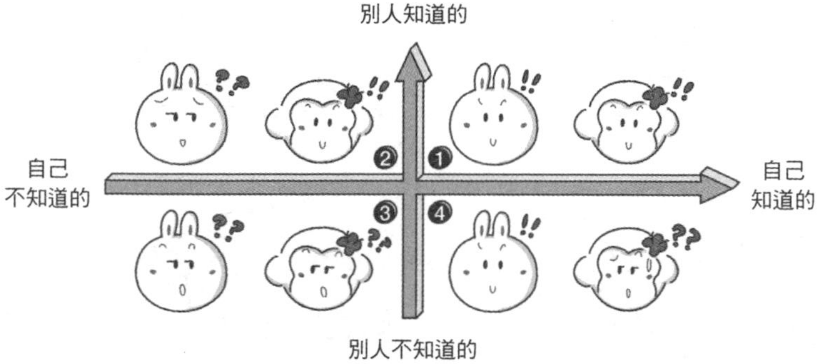

價很可能說明你身上有自己並不知道的部分。

這個例子或許也能說明另一個問題：每個人都可以把自己劃分為兩個部分——別人知道的和別人不知道的。透過這種方式，我們可以把一個人劃分成四個區域。

也許對每個人來說，自己身上最為隱祕的部分就是上圖中的❸號區域：自己不知道的、別人也不知道的自己。

弄清楚「自己不知道的、別人也不知道的自己」究竟是什麼，暫時並不重要，真正重要的是：

你現在竟然僅憑自己的心智就意識到了「自己不知道的」和「自己不知道、別人也不知道的」你的存在！

如果我們能用自己的大腦控制自己的大腦，那麼我們就應該用自己的大腦控制自己的大腦——事實上這恰恰是人類與猩猩的區別，儘管人類和猩猩擁有共

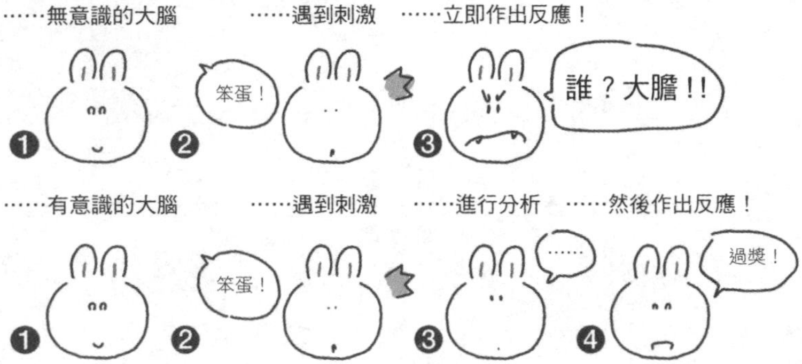

同的祖先。

有心理學家認為，人之所以是人的關鍵在於，人具有特殊的「大腦額葉」。正因如此，人類才具備了其他動物很難具備的一種能力——反思能力。得到反思能力的人類，最終創造了語言，發明了文字，形成了邏輯思考能力，進而成為地球上最強大的物種。

在第0章「問題」一節中描述的場景裡，「你」就處於被自己的大腦所控制的狀態。如果不醒悟，很多人可能一生都無從注意這個重要的事實：

你的大腦並不是你，你的大腦是（屬於）「你的」大腦。

儘管你用你的大腦思考，好像它也在指導你的行為，但是你要明白，你的大腦不應成為你的主宰，你「可以控制你的大腦」——分清主僕很重要。我們可以用上圖來描述「無意識地受大腦控制」與「有意識地控制大腦」之間的區別。

美國數學家約翰．納許[2]就是一個很好的例子：他是歷史上第一個廣為人知的「用自己的精神戰勝了自己的精神病」的人。換言之，納許透過掙扎學會了控制自己的大腦，不再被大腦中的幻覺所控制。

另一個經典的例子是著名的奧地利神經學家、精神病學家維克多．弗蘭克[3]。他的父母、妻子、兄弟都死於納粹的魔掌，而他本人則在納粹集中營裡受到殘酷對待。經歷了無數的波折與思考後，他明白了一件事：「人所擁有的任何東西，都可以被剝奪，唯獨人性最後的自由——也就是在任何境遇中選擇一己態度和生活方式的自由——不能被剝奪[4]。」

換一種方法來表述，那就是：經過長期思考，弗蘭克終於意識到自己其實可以控制大腦，而不是被大腦左右！於是，在最為艱苦的歲月裡，他選擇了積極向上的態度。他沒有悲觀、絕望，相反地，他在腦海中設想自己重獲自由之後該如何站在講臺上，把「關於集中營的心理學」講給來賓們聽。憑著這種積極、樂觀的思維方式，儘管身處集中營，弗蘭克卻可以讓自己的心靈越過牢籠的禁錮，在自由的天地裡任意翱翔。

這就是所謂的「**運用心智獲得解放**」。不再讓自己「跟著感覺走」，成為大腦的奴隸，而是翻身做大腦的主人。

---

2 約翰．納許（John Nash, Jr.），當代美國數學家，諾貝爾經濟學獎得主。他的人生經歷曾經被改編為傳記電影《美麗心靈》（A Beautiful Mind，2001）。

3 維克多．弗蘭克（Viktor Emil Frankl），二十世紀奧地利神經學家，曾被囚禁在納粹集中營長達三年，最後倖存下來。

4 出自弗蘭克著作《活出意義來》（Man's Search for Meaning，光啟文化）。

2. 何謂心智

心智（Mind）究竟是什麼？簡單地說，**一個人的心智就是其過往獲得的一切知識及經驗的總和（包括基於這些知識和經驗造就的思考方法、思考模式）**。

心智與智商不同。大多數人都擁有正常的智商，但並非每個擁有正常智商的人都擁有正常的心智。許多人的心智仍處於未開啟的狀態。我們常看到所謂的「聰明人辦傻事」，其原因基本上都是他們的心智尚未開啟。他們即使作出了錯誤的判斷也會振振有詞——絕非強詞奪理，而是義正詞嚴、雙目炯炯、真誠滿懷。

關於「心智的開啟」，其實有很多種說法，例如，俗話說的「開竅」，佛教禪宗中的「頓悟」，現代心理學術語中的「打破舊的格式塔[5]，重建新的格式塔」。心智開啟之前，一個人可以用他作為人類理所當然擁有的智商正常地生活——當然有好有壞。然而，當一個人的心智開啟之後，他將面臨一個嶄新的世界——儘管依然有好有壞。在這個新的世界裡，一切都可能與從前不一樣，因為他要用開啟的心智重新去理解、去判斷。

當一個人認知了一系列的正確道理後，可能會開啟心智，但有的時候（甚至是更多的時候），結果可能完全相反。

日常生活中常常可以看到這樣的例子：一個道理明明非常正確，卻因為講述道理的

5 格式塔（Gestalt）源自德文，原意為形狀或形式，在心理學上代表「整體」的概念，因此格式塔心理學又被稱為完形心理學。這派學說認為人類對外在事物的認識，是種整體的認識，而非單單從這個物件的某些性質來認識，也認為部分總和不大於整體。在視覺認知上有許多應用。

人由於某件事情被戳穿，露出偽君子的嘴臉，使得很多人不再相信那個原本應該篤信的道理。例如，「做事只要踏實、認真，事業就會做大」，這原本是非常樸素而又正確的道理，偏偏曾任微軟中國總裁的唐駿[6]整天把這句話掛在嘴邊[7]，結果被人掀出老底——他的學歷是假的，他一點都不踏實！於是，很多人「開竅」了，「頓悟」了，得出結論：「再也不相信這種鬼話了！」

無論是正向還是反向，心智一旦開啟，就會不斷自我積累，自我過濾，直至根深柢固。人與人之間心智力量的差異，就是這樣一點點地積累，最終天差地別。需要強調的是，一個人的心智是知識和經驗的總和，也包括他的思考方法和思考模式。因為無論是吸收知識還是總結經驗，都需要經過思考才能得出結論。在這個過程中，他的思考方法和思考模式都會多多少少產生變化，根據新的知識和經驗，或鞏固、或調整、或否定、或重建……

所以說，心智這東西「上不封頂、下無保底」。心智一旦開啟，就可能因為學習而像病毒一樣瘋狂發展，與此同時，「學習能力」也會相應地大幅增長。於是，心智可以發展，可以培養，可以重建，甚至可以反覆重建——怎麼可能封頂？然而，反過來，如果過程中出現一些差錯，那麼心智的發展就有可能停滯，甚至倒退，弄不好還會「癡心不得反癲狂」——怎麼可能保底？這就好比有些人一輩子都是「原始人」；有些人「開竅」

---

6 唐駿，美籍中國職業經理人，曾任微軟中國總裁、盛大網絡總裁。曾留學日本，後去美國，自稱曾獲美國加州理工學院博士學位，經常出席社會活動。因薪酬較高，曾被稱為「打工皇帝」。二〇一〇年七月初，因被發現學歷造假和涉嫌工作經歷造假而廣受質疑。

7 騙子想要成功行騙，必須把想讓別人相信的謊言摻到大量的真理之中。鬼話連篇是騙不了人的。

了，演化成「現代人」，甚至尼采[8]口中的「超人[9]」；同時還有些人也「開竅」了，退化成「猴子」。

3. 我的案例

十元的收益

這個故事發生在一九八四年。那年暑假，母親竟然給了我十元，讓我參加我們那裡的第一個電腦學習班。要知道，那時候的十塊錢[10]，價值可能超過現在的一千元——當時我父母每月的收入全加起來也不過一百元多一點。

那時我還在讀初中二年級，在快到暑假的一天，班主任拿來一張紙貼在黑板上，說是少年宮[11]要辦學習班，誰有興趣就去看看。第二天，我們一群同學頂著太陽打打鬧鬧地去了，其實當時連是什麼學習班都不知道。許多年後的今天，我依然覺得記憶中的那個日子亮得耀眼。

到場的時候，我們才發現自己來得太晚了，教室裡早已擠滿了人。我們只好挪到教

---

8 尼采（Friedrich Nietzsche），十九世紀德國哲學家。對於後代哲學的發展影響極大，尤其是存在主義與後現代主義。

9 尼采認為人類的理想典型是「超人」（Übermensch），是比人類更強壯的新物種。

10 本書中所提的幣值都是人民幣。

11 社會主義國家中，提供兒童及少年進行課外活動的公共建築，統稱為少年宮。

室最後面，站在桌子上，才勉強看到黑板。又等了好久，終於看到一位瘦瘦的男老師把鍵盤接到一台單色顯示器上（R1機型[12]，直到一九八六年我才見到Apple II），做了一些讓我們眼花撩亂的展示。今天，應該沒有誰會對螢幕上顯示出一個用字母拼出來的幾何圖形感到興奮了吧？但當時，我們就是很興奮，教室裡的孩子們不斷發出驚歎和歡呼聲。

我清楚地記得，當那位男老師說「今天就到這兒吧」時，大家發出失望的歎息。老師又接著說：「明天下午開始正式上課，報名參加的學員，要交十塊學費。」我幾乎是一路跑著回家的，跟媽媽一講，她一點都沒猶豫，只說：「等你爸爸回來。」第二天，我拿著爸爸早上給我的十塊，興匆匆地跑去找前一天與我一起去的同學（我們班主任的兒子）。結果他說他不去了，因為他媽媽說學那個沒什麼用。

我頗為掃興地一個人走到少年宮，手放在口袋裡緊緊攥著那十塊錢。要知道，十元已經是當時面值最大的人民幣了。

走進少年宮三樓的教室，我發現它其實特別大，昨天是塞滿了人所以才沒覺得。而今天，算我在內一共只有五個學生，後來才知道，其中一個還是少年宮的工作人員。

那期電腦班的總收入為三十五元——有個學生中途退班了，她爸爸要回了五元學費。

許多年後，我跟母親提起這件事，她說她只是想讓我過一個不無聊的暑假而已。不過她倒是清楚地記得，當父親聽說報班需要十塊錢學費的時候，只說了一句話：「多學

12 R1（Basic 2000），參見 goo.gl/cOc0K

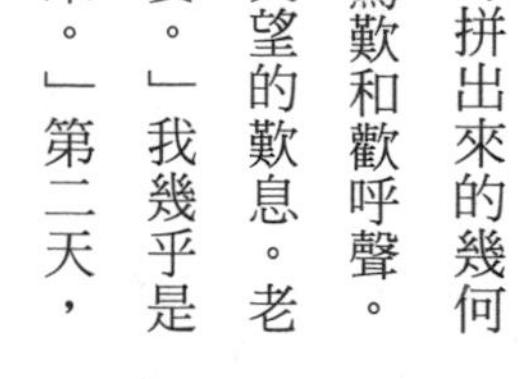

點東西總是好事。」再後來，有一次我回老家，見到初中的班主任，閒聊之間提起這件事，她居然一點都不記得了。想了想，我沒再多說什麼。

學習班之後的歲月裡，擺弄電腦給我帶來了無數心靈愉悅。這些暫且不論，只說一件事——在編寫《TOEFL 核心詞彙 21 天突破》[13]的過程中，如果我沒有稍微多於常人的那點電腦知識，能自己編寫一些批次處理腳本[14]，就不可能在那麼短的時間裡完成海量的工作。而且，如果沒有這些技能，就算再花幾倍的時間，也很難拿出具有與《TOEFL 核心詞彙 21 天突破》同樣品質的作品。而最終，品質保證了銷量。

《TOEFL 核心詞彙 21 天突破》這本書，定價二十九元，自二〇〇三年上市至今，每年至少銷售四萬冊，最多的一年是七萬五千冊，而我的版稅稅率是12%，所以，這些年來這本書為我帶來的稅後收入超過一百萬——這可是當年我參加電腦學習班學費的十萬倍不止。我常常跟母親開玩笑，說她比巴菲特[15]厲害多了，不到三十年的時間裡，投資回報率超過百分之一千萬……

可問題在於，當年我在少年宮學習電腦程式語言的時候，怎麼可能預料到，二十多年後的某一天，我需要先用軟體調取語料庫中的資料，然後用統計方法為每個單字標注詞頻[16]，再寫一個批次程式從相應的字典裡複製出多達 20MB 的內容，重新整理……

順便說一下，統計學是我上大學時唯一因為興趣去上的課程，後來事實證明，這是

13《TOEFL 核心詞彙 21 天突破》二〇〇三年第一版第一次印刷，二〇〇八年年底時已經是第三版第十二次印刷，幾年來的累計銷量已達數十萬冊。

14 對編寫批次處理腳本感興趣的讀者，可以到我的網誌上看一下《AutoIt 教程》：goo.gl/QbDqfn

15 巴菲特（Warren Edward Buffett），美國投資家、企業家、慈善家，曾於二〇〇八年登上《富比士》雜誌「全球富豪榜」首富。

我在那個階段學到的最有用的知識——它是現代科學所有領域都必需的數學知識。當年我翻閱統計學書籍的時候，萬萬不會想到有一天我會把那些理論應用到英文教學上。事實上，在大學畢業的時候，我都完全無法想像自己有一天會去教英文！而長時間以來，學生們給我的評價是「講課最精彩的老師」，這應該與我練就的超強說服力有關——因為我大學畢業之後從事的第一份工作是業務。可是，我練就說服力的目的根本不是為了有一天去當一個優秀的老師，只不過是為了賺錢餬口。

盲打是否值得學

另一個故事始於我接觸電腦之前。由於有一位精通英語和俄語的父親，當我的同學連打字機都沒見過的時候，我家裡已經有好幾台打字機了，我也在年幼的時候就知道應該如何操作鍵盤了。然而，我到了將近二十五歲，也就是接觸電腦十年左右的時候，依然不會盲打——儘管學校有專門的打字課（那個時候很多學校的所謂電腦課，實際上就是練習王碼五筆字型中文輸入[17]而已）。

在很長的一段時間裡，我常言之鑿鑿地對同學們說：「練習打字完全是浪費時間。」我當時的邏輯是這樣的。首先，我認為王碼五筆字型輸入法是給打字員用的。為什麼要學？難道你將來想當個打字員？我總覺得五筆字型只是一種抄寫輸入法，因為用它

16 詞頻是指一個字或詞在一定範圍的語言材料中出現的頻率。在中文裡最常見的漢字是「的」，然後是「了」，像「袓」、「邑」這樣的字，很多人根本就沒見過。在英文裡最常見的單字是「the」，然後是「of」，像「exorbitant」這樣的單字，詞頻排序在三萬開外。

17 簡稱五筆輸入法，將漢字拆成五個區域，以判斷字型分別輸入的簡體中文漢字輸入法。專業打字員常採用的輸入法。

輸入時只能邊看邊打。而對真正創造內容的人來說，先用紙和筆寫下來再輸入電腦，還有比這更荒謬的事情嗎？學習拆字方法已經很累人了，還要練什麼指法，見鬼。更不用說這種所謂的輸入法對思考的干擾——不僅要把字拆開再輸入，還要按照莫名其妙的方法拆字。其次，盲打。我現在不是盲打，只用兩根手指輸入，速度就已經挺快的了（至少比手寫快）。

這樣看來，我還有必要學習什麼五筆字型和盲打嗎？

在我有了這些定見很久之後，發生了一件事情。

那是在一九九七年，我二十五歲。當時網路上除了聊天室和論壇，幾乎沒有什麼實際的應用。時逢 Windows 捆綁了哈爾濱工業大學開發的「微軟拼音輸入法 1.0」，某天下午，當我在網上和一位永遠都不會知道是誰的女生放肆地聊了兩個小時之後，突然發現自己竟然無師自通，學會所謂的「盲打」了！在之後的一段時間裡，我身邊甚至有很多人羨慕我打字速度快。為了讓自己的打字速度再快一點，我索性花了差不多二十分鐘，把原本默認的「全拼輸入」改成了「雙拼輸入」。而這還遠遠不夠。後來，我增設了「南方模糊音」（不區分 z/zh、c/ch、s/sh），又把打字速度提高了一些。

這是我第一次意識到「有些認識，哪怕是簡單的常識，也需要親身經歷後才能真正體會[18]」。只有擁有無與倫比的打字速度，才能體會打字速度快的好處。

18 心智真正成熟的人在一些情況下能夠做到無須親自經歷，僅憑思考就得到深刻的體會。

打字速度提升後，我發現自己不再討厭在讀書的時候做筆記了，因為在鍵盤上敲字相對於用筆寫字來說輕鬆太多。我開始大段地記錄感想，有時甚至乾脆摘抄整篇原文！

真正體會到讀書時做筆記、甚至大量做筆記究竟有多大好處後，我突然明白自己過去拒絕學習盲打的想法是多麼荒謬。而當時，就算沒有異性的刺激，盲打也是頂多花一星期就可以搞定的事情，我竟然僅僅因為懶惰便放棄了。如果，哪怕是五年前，我花一個星期學會盲打，那麼，我可以多寫多少讀書筆記、多累積多少文字呢？更何況，十多年前，我就有機會、並且完全可能學會盲打。天哪，我浪費了多少時間！

我盯著電腦裡存著文字資料的資料夾發呆，身雖無所動，心卻早就懊悔不已。我永遠都不會忘記那一瞬間的戰慄，就像是在噩夢中掉下懸崖後突然驚醒。只說過去的荒謬是出於懶惰和幼稚，不免過於簡單。事實上，這應該歸究於我的心智能力不夠強大。心智不強，才導致我根本沒有意識到自己只不過是懶惰，甚至還振振有詞、洋洋自得。最要命的是，我一再錯過原本可能得到的巨大收穫，卻又毫不自知。可怕！

許多年後，我開始寫網誌，大約從二〇〇五年年底開始，每天必寫[19]，迄今為止不知道寫了多少字，能確定的是，發布文章總數已經超過三千篇。這本書的初稿，也是先發布在網誌上的。因為更新得勤，也因為喜歡的讀者口耳相傳，網誌每天的訪問量很驚人，Alexa 全球排名[20]一度衝進一萬名內。常有朋友問我，天天寫那麼多東西不累嗎？說

19 當然，有些時候寫完了並不滿意，所以只能存為草稿，或待將來修改之後再發，或幾經修改依然不滿意，只好刪掉。但我在相當長的時間裡依然可以做到每週至少更新三篇，多的時候甚至達到一天三篇。

20 Alexa 是一家專門提供全球網站流量排名的網站。

實話，真的不累。因為對我來說，打字已經是內建的能力，敲擊鍵盤已經是自然的動作，思考才累——但這是沒有辦法的事情。我常想，如果當年我沒有「頓悟」，現在還處於用兩個手指敲鍵盤的階段，後面很多事情就不會發生了——起碼，我的網誌就可能不存在了，當然，現在這本書更不可能存在。

小結

去少年宮學程式語言，是我運氣好——學了就學了，就當作去玩了；會了就會了，需要用就用上了，而且多年來一直在用。這裡面最重要的根本不是聰明，而是運氣——有一對認為「多學點東西總是好事」的父母。曾經拒絕學習盲打，是我愚鈍，可我的運氣還是夠好，在多年之後醒悟過來。但正是因為當初的愚鈍，我肯定錯過了很多現在已經無法知道究竟是什麼的東西。

然而，這兩段經歷能夠說明的道理卻是非常驚人的：人們可能會基於一模一樣的原因作出截然相反的決定。

當有機會學習一項技能的時候，人們常常會問：「學這東西有什麼用呢？」其實，在尚未學習之前，對提問者來說，答案只能是「不知道」——儘管很多書籍中都已經花費大量的篇幅去論述「為什麼要學習（某項技能）」。而「不知道那東西（對自己）有什麼用」，恰恰是一部分人（更多一些）決定不學的原因，同時，也是另一部分人（更少一些）決定去學的原因。

為了敘述方便，讓我們把「因為不知道那東西有什麼用而決定學習的人」稱為「甲」，把「因為不知道那東西有什麼用而拒絕學習的人」稱為「乙」。

在更多的時候，甲很可能想都沒有想過「學這東西有什麼用」。他從來都不問用途，只是自顧自地學了。許多年後，他自然而然地找到了這項技能的用處，享受了擁有技能所帶來的種種好處。於是，這個既有經驗成為他心智的一部分。當遇到新的學習機會時，他會自然而然地採取同樣的策略——管它有什麼用，學嘛，學了總有用處。他也會自然而然地理解並相信「藝多不壓身」的道理。

說完甲我們來說乙。乙當然永遠不會知道這東西究竟有什麼用，因為他從未擁有過這項技能，更不可能有機會親身體會。隨著時間的推移，他憑自己的經驗能夠得到的結論只能是：「沒學也沒什麼。」也許有一天，當他因為沒有學習這項技能而遇到一點尷尬的時候，可能會感嘆：「當初不懂事，要是學過就好了……」然而，這對他來說，僅限於感嘆。再次遇到學習機會的時候，他依然會選擇放棄，只不過除了「不知道學了有什麼用」之外還多了一個理由：「現在學也來不及了。」這種拒絕學習的判斷，漸漸融入他的心智，難以更改，最後當他再次面臨同樣的機會時，還是會與過去一樣，作出同樣的選擇。

認真審視一下自己，再觀察一下身邊的人，你就會發現：像乙一樣的人比較多，比像甲一樣的人多得多[21]。

問題的關鍵在於，甲和乙作出截然相反決定的理由竟然是一模一樣的！人們通常認為，恰當的邏輯訓練能夠提高一個人作出正確選擇的機率。可在上述情況下，大多數邏輯都無能為力。這種情況在生活中並不罕見，相反地，比比皆是。父母教育孩子的時候被孩子駁得啞口無言就屬於這種情況——並不是孩子不講邏輯，也不是孩子的觀點正確，只是他就是無法理解父母要傳遞的經驗或者道理。他們不相信的理由和父母相信的理由很可能是一模一樣的！歷史上也常常出現這種情況——其實目的都是「讓人類的明天更美好」，可偏偏出現了對立的兩派人[22]，他們為了原本一模一樣的理想爭執不休，甚至「拋頭顱」、「灑熱血」，犧牲幾代人的福祉。

看穿這一切，擺脫自己的局限，需要心智的力量。

21 當然，還有很多人，他們有時候是甲，有時候是乙——正如之前的我那樣。

22 例如，所謂「水火不相容」的「社會主義陣營」和「資本主義陣營」。

第2章 現實

巨大的建築，總是一木一石疊起來的，
我們何妨做做這一木一石呢？
我時常做些零碎事，就是為此。

——魯迅

1.速成絕無可能

不管在哪個領域，學習也好，工作也罷，長輩們的建議總是「**戒驕戒躁**」。雖然把「戒驕」放在前面，但「戒驕」其實是有了一定成績之後的事情。對大多數人來說，首先要「戒躁」，才有機會「戒驕」。

「戒躁」說了千百年，可我們還是很浮躁。我們總在不由自主地想，如果有速成的辦法就好了——可惜，沒有，確實沒有。幾乎人人都想速成，連上帝都不例外。《聖經》[1]裡說上帝僅用六天時間就創造了這個世界，而後就迫不及待休息去了。事實上，應該是人類創造了上帝才對，這樣才能解釋為什麼這個上帝擁有人的基本特徵——浮躁，做什麼事都想速成。

期望速成，從微觀層面上看，有兩個主要原因。

第一個原因是人希望自己的欲望馬上得到滿足的天性。一個確定的事實是，幾乎每個人都有無窮無盡的欲望。雖然每個人都知道，不是所有欲望都能被滿足，但人們仍然不會放棄追逐盡可能多的欲望。於是，不勞而獲成了每個人心中的諸多願望之一，甚至可能是其中最大的願望。如果達不到不勞而獲，少勞多獲也可以接受，而且最好是「勞」儘量少，「獲」儘量多，多多益善。從這個角度更進一步地說，大多數人都抱著類似這

1《聖經》（Bible），原文意為「書」，是猶太教與基督教（包括天主教、東正教和新教）的宗教經典。

樣的想法：如果收穫的可能性很大，最好馬上看到成果；如果收穫的可能性很小，最好馬上知道結果。每個人都有這種欲望，差別僅在程度或者表現上。

這種差別也可以解釋為什麼一些人比另外一些人更容易迷戀賭博——因為這些人比另外那些人更想要甚至需要馬上知道結果。

在各種賭博形式中，老虎機可說是賭鬼們的最愛了。這裡指的僅僅是賭鬼，賭王是不玩老虎機的，因為他們在這種純粹的賭博中得不到樂趣，也不能保證收益。而賭鬼們不同，儘管和賭王一樣有著強烈的獲勝欲望，但是，賭鬼們潛意識裡還有另外一個更需要滿足的欲望——馬上看到結果。老虎機可以滿足這個欲望，而且操作極為簡單——拉一下手柄，五秒之內就能得到結果。是輸是贏其實並不重要，重要的是「五秒之內就能得到結果」！

同樣，酗酒瘋狂無度的、嫖娼樂此不疲的、吸毒罔顧死活的，都是這種「希望自己的欲望馬上得到滿足的天性」使然。更要命的是，幾乎整個社會都在用各種各樣的方式刺激人們發揮這種天性，並且愈演愈烈。電視上的減肥廣告告訴你，減肥藥都功能神奇，當天見效。報紙上的醫療廣告告訴你，無論得了什麼病都不要怕，保證藥到病除。公車上的培訓廣告告訴你，不管學什麼都要速成，因為人生苦短。有一個防身術班期期爆滿，看看它的班名就能夠明白——一招制敵！

最善於利用人類這一天性的商業機構也許是銀行。想住大房子？好！我給你辦貸款，慢慢還，不著急，三十年之內還清就好。想買新轎車？行！我給你辦貸款，慢慢還，不著急，五年之內還清就行。房子有了，車子有了，還想要什麼？說出來，沒關係。沒有錢可以辦信用卡，先透支嘛，給你十萬信用額度，想買什麼就買什麼吧！這是一個「先享受」的時代，並且人人如此。至於最終如何對付那些欠債不還的人，銀行可從來不會在廣告上提及，也儘量不對外公開。

第二個原因，也是浮躁的根源，就是很多人不懂「有些階段就是無法跨越」這個道理。因此，他們才那麼不現實地希望找到一個方法，靠其迅速達成目標，完結任務，獲得解脫。可是，無論做什麼事都需要時間，而且可能需要很長時間。舉例來說，誰都沒有辦法今天懷孕、明天生產。從卵子受精到胎兒出生，大約需要四十週，這個階段無從跨越。聰明也好，力大也罷，一位母親從懷孕到生產，就是需要這麼長時間。

除了上面這兩個微觀上的原因外，還有一個宏觀上的原因也使人們常常不由自主地奢望速成——哪怕之前已經「醒悟」過。這個宏觀上的原因就是所謂的「現狀使然」。

根據達特茅斯學院（Dartmouth College）經濟學教授布蘭奇弗勞爾（David Blanchflower）的研究結果，通常情況下，一個人一生各個階段的滿意程度和年齡分布可以連成一個U型曲線。

一個人一生各年齡區間的滿意程度

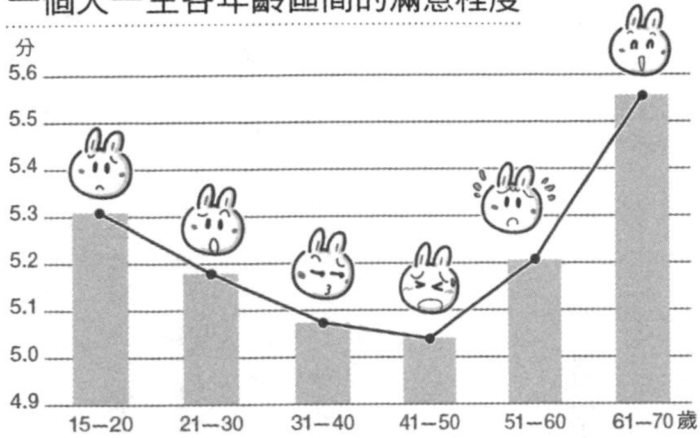

圖注：分數為被調查樣本群體生活滿意度評分的平均值。資料源自英國華威大學（University of Warwick）奧斯瓦（Andrew Oswald）教授二〇〇六年的演講〈幸福〉（Happiness）。

從這張圖中可以看出，大多數人對自己的滿意程度從十五歲左右開始持續下降，這大抵是不再「無知無畏」造成的。從那時起，一個人慢慢意識到自己在這個世界上其實是微不足道的，進而開始在所謂的理想和扭曲的現實中拚鬥、掙扎，直到四十五歲左右才漸漸脫離苦海，曲線開始上揚。這就是以一個普通人的心智，觀察、感受、思索、理解、實踐、回顧，直至恍然大悟或者誤入歧途的時間——三十年。

在這漫長的三十年裡，自我滿意度持續下降所造成的浮躁，形成了巨大的心理壓力。越是浮躁，就越是對自己的現狀不滿；越是對自己的現狀不滿，就越是浮躁。

更大的問題在於，大多數人並不知道幾乎所有的人都是這樣。相反，現實好像總是提醒我們：有些人過得比我們好多了。

這就是統計學的優勢。它可以排除感情因素，用冷冰冰的數字展示現實。如果它所展示的現實與我們原本以為的並不相同甚至相反，這個優勢就變得更為明顯。掌握統計學常識的人，心智力量顯然要比那些對此毫無瞭解的人強大——他們可以理解統計學結論的意義，即便那結論並非來自親身經歷，而他們也因此離現實更近一些。

總的來說，**一方面是自己的欲望無限，一方面是要完成的事情太多，一方面是自我滿意度的不斷下降——這就是人們總是不由自主地期望速成的根源**。出路肯定存在，但這出路只有一個起點——接受現實。**告訴自己：我有不足，我需要時間，我沒辦法一蹴可幾**。

2.交換才是硬道理

速成不可能，那該怎麼辦？答案只有一個字：換。俗話說「一分耕耘，一分收穫」，從本質上看也是這個字——換。

不成熟的人有什麼樣的特徵？他們的特徵很多，但有個通病就是整天都在想「我要……」全然不顧自己其實一無所有。每個人的起點不同，有些人的地板是另一些人的天花板。但起點就是起點，儘管不同，可是每個人都要從起點出發。從某種角度看，在起點上就是在起點上，都相當於從零開始。最初每個人都一無所有，而後透過各種手段，或努力、或投機、或勤奮、或取巧，換取能夠擁有的東西——無論手段如何。當然，很多人連投機取巧都不會，更談不上努力和勤奮，導致長期以來得到的東西少之又少，積累聊勝於無。

然而「我要」的欲望從來不會消滅，只會不斷增加。大多數人之所以會浮躁，是因為他們一沒有積累（或者積累太少，幾乎無法換取任何東西），二沒有方法和經驗（所以求而不得）。與此同時，「我要」的欲望恰恰因為無法獲得而熊熊燃燒。情況惡化的時候，那欲望之火甚至可以燒掉他們所有的時間和精力，以至於占用原本可以用於努力（或者投機）的時間，陷入封閉迴路，無法掙脫。

積累多的人之所以穩健，是因為對他來說，「我要」的欲望可以用「我有」的東西來滿足。即便「我有」的暫時不夠，他也能借助已經擁有的足夠的努力和勤奮（或是投機取巧的方法和經驗），只需假以時日，定能如願以償。一旦得償所願，不僅「我有」的更多，「我要」的也更容易獲得，如此形成良性循環。

生活的本質就是這樣，你想要什麼，它偏不給你什麼。擺脫這個封閉迴路的方法只有一個——給我什麼，我就好好用，積累到一定程度再去換能換的東西。要不斷想辦法運用心智的力量去識別那些封閉迴路和惡性循環[2]，然後在好像不可能的情況下跳出去。出者存，困者亡。

要想跳出去倒也簡單。拿出一張紙，劃分為左右兩半，然後做兩個列表，左邊是「我有的」，右邊是「我要的」，逐一羅列。完成後要儘量客觀地判斷：先劃掉「我要的」當中那些無法用「我有的」換取的；再仔細判斷在剩下的能用「我有的」換取的那些「我要的」之中，哪些是必需的、必要的、重要的、不可或缺的，並在其上做重點標記。偶爾會有一些「我要的」無法用現在「我有的」換得，卻又是必需、必要，甚至不可或缺的，這需要我們認真考慮用什麼樣的手段再積累一些「我有的」，從而有足夠的資本換取那些「暫時換不到但極其想要的」——或努力勤奮，或投機取巧。投機的方式並非不能用，儘管它的成功機率實際上並沒有看起來那麼高，而失敗機率甚至和它看起來的成功機率一樣高。

還有一個輔助手段，就是在想到「我要什麼」的時候馬上提醒自己，接下來要花一些時間去思考「我有什麼」。後者會在轉瞬間讓你「腳踏實地」。

最壞的情況是，拿出紙和筆認真面對自己，結果發現「我什麼都沒有」。這也許令人氣餒，但其實對任何一個正常人來說，還有時間、還有精力、還有正常的智商就已經

2 生活中類似的閉環非常多。例如，找工作的時候，招聘方要求應聘者有三年以上工作經驗，應聘者因為沒有工作經驗而無法獲得這份工作，進而沒有工作經驗……好像永遠無法找到工作。再如，你到銀行貸款，銀行說貸款得有抵押，有東西可供抵押的意思是，你是有資產的人，而你很可能恰恰因為沒有資產才急需貸款……好像永遠無法獲得貸款。

足夠了。只要努力，只要勤奮，機會總是存在的——我們必須要相信這一點，最好相信到毫不懷疑。

3. 完美永不存在

人人都希冀完美，只可惜，完美並不存在。根據英國國家語料庫[3]的統計資料，最常與「完美主義者」（perfectionist）這個詞一併出現的詞是「脆弱的」（vulnerable）。這不是偶然，這是人們在記錄現實時自然使用的搭配。為什麼完美主義者總是脆弱？因為他們總會被現實打擊，而且不明就裡，常常怨天尤人：「為什麼受傷的總是我？」

越是能力差的人，越有那種非常不現實又極其脆弱的完美主義傾向。他們不現實，是因為他們不懂。

做諮詢工作的人都有深刻的體驗：客戶的常識越少，要求越高——因為不懂，所以會隨便提要求。同樣，常把事情搞砸的人，對所謂的「做好」全憑想像，沒有任何事實依據——因為從未「做好」過。於是，各式各樣的症狀就出現了：好高騖遠、異想天開、白日做夢、紙上談兵……因為他們不懂，所以他們不現實；因為他們不現實，所以他們

3 英國國家語料庫（British National Corpus，簡稱BNC），極具代表性的當代英語語料庫之一，語料庫詞數超過一億。

脆弱。他們很容易受傷，因為他們的要求太高，也因此總是做不到。有時候，有些人會故意這樣做，儘管他們不願意承認。把自己標榜成完美主義者，是他們抬高自己的手段，是他們不去做一些事情的藉口。他們用這個藉口的時候真是擲地有聲：「做不好的事情我不做！[4]」然而，這可能是裝出來的。人就是這樣，裝得久了，就裝得像了；裝得太像、太久，不管事實怎樣，自己反倒先信了。而這當然會影響之後的決定和行為。

這些人說的「做不好」，其實是「不能一下子做好」，但問題在於，沒有什麼事情是一下子就能做好的。所以，他們這個也不做，那個也不做，到最後，已經不是「不做一些事情」了，而是「什麼都沒做」、「什麼都不做」，結果「一事無成」。好笑的是，即便到了這樣的境地，還有不少人打腫臉充胖子，聲稱「我沒什麼可後悔的」。

一些真正優秀的人，也會被別人稱作「完美主義者」。事實上，這種描述並不準確。比較準確的說法應該是「他們是有能力做到更接近完美的人，並且，他們一直在努力」。

例如，好萊塢導演詹姆斯．卡麥隆（James Cameron）就老是被稱作「完美主義者」。他不斷追求完美是事實，但前提是他不僅有能力，而且堅持不懈。為了拍出《阿凡達》[5]，他在拍完《鐵達尼號》（*Titanic*，1997）之後準備了十多年，期間經歷非常坎坷。《魔鬼終結者》[6]系列的巨大成功使他成為好萊塢的當紅導演，但當他執導《鐵達尼號》的時候，嚴重超支的費用磨光了投資方的耐心，導致他只能採取放棄片酬、只拿版稅的方式完成

---

4 注意，很多實幹家也是這麼說並且這麼做的。正如之前提到過的，「作出截然相反決定的理由竟然是一模一樣的。」另請參見本書第1章「何謂心智」一節。

5 《阿凡達》（Avatar，2009），美國科幻史詩電影。現為有史以來全球票房收入最高的電影。

6 《魔鬼終結者》（The Terminator，1984），美國科幻動作電影，阿諾．史瓦辛格主演，上映後取得正面評價與票房上的成功。後續又拍了三部續集。

拍攝。《鐵達尼號》的成功，使他擁有了拍攝《阿凡達》的資本。但是，他並沒有倉促上馬，而是做足了準備：為了創造完美的3D效果，他耗資一千四百萬美元與日本索尼公司的研發總部合作開發出了他理想中的拍攝設備；為了能完整地把握3D電影，他參與了另外一部3D電影《地心歷險記》(*Journey to the Center of the Earth*，2008)的製作……這一切，最終成就了一部震撼人心的《阿凡達》。

好萊塢的另外一位導演克里斯多夫·諾蘭（Christopher Nolan）也總被稱為「完美主義者」。為了追求《全面啟動》（*Inception*，2010）的完美效果，他準備了十年。為了使自己真正擁有駕馭宏大場面的能力，他在《全面啟動》之前連續接拍了蝙蝠俠[7]系列的《開戰時刻》（*Batman Begins*，2005）和《黑暗騎士》（*The Dark Knight*，2008）。然而，即便是諾蘭這樣的大導演，也無法保證自己的影片沒有遺憾。

沒有人能夠做到完美。我們最多只能做到接近完美，或者更接近完美。所以，我們不管做什麼事情，都需要時時刻刻忍耐各種各樣的不完美，否則事情根本無法完成。最終完成的事情，結果也常常是不完美的。缺憾必然存在。

再往大一點說，生活本身就不完美。誰的生活不是跌跌撞撞？誰在死去的時候沒有一絲遺憾？現實如此，只能接受。

7 蝙蝠俠（Batman），美國漫畫主角，與超人合稱「美式英雄漫畫中最廣為人知也最受歡迎的兩個角色」。故事曾被改編為電視劇及多部電影。

4. 未知永遠存在

我們害怕未知，害怕不確定的東西。我們希望一切都在自己的掌握之中，只是我們永遠做不到。

一起回想一下。上學的時候，每個班裡都有愛鑽牛角尖的人。他們認為，在任何時候、對任何事情都應該「刨根問底」，要把一切都搞清楚才能罷休——並將這種態度當作不可放棄的真理一般對待。正因如此，他們全然無法忍受任何「未知」的存在，所以要「冥思苦想」、「問個不休」，用盡全部精力，以至於沒有意識到另外一個顯而易見的事實：他們和其他人一樣，從來沒有在任何一個問題上全知全曉。

大部分人都多少有鑽牛角尖的習慣，只是程度不同——因為對未知的恐懼早已根植在人類的基因中。人們害怕未知，一切未知的、不可知的因素都會嚴重威脅人們的安全感。

未知因素給人們帶來的心理壓力遠遠超出一般人的想像。假設有一個未知因素X存在，它可能導致A、B兩種情況，這時「可能這樣、可能那樣」的猶豫或許已經造成了巨大的心理壓力。如果有第二個未知因素Y，它也可能導致兩種情況，即C、D。那麼，X和Y共同作用的結果可能有AC、AD、BC、BD這四種情況。如果再有第三個未知因素Z，又可能導致E、F兩種情況，這時就有八種（2^3）結果……也就是說，隨著未知因素數量的增加，這些因素所引發的結果的數量將以幾何級數的方式飛速增加——這就是未知如此可怕的根源。

在進入任何一個新領域時，這種壓力都會讓新手窒息。而已經在那個領域裡「浸泡」過一段時間的人，往往早忘記了曾經面對的恐懼和壓力，懶得（或是不屑）開導新手、幫助新手。其實，更多的時候，一些老手實際上並不是「懶得」或者「不屑」，而是「沒想到竟然連這個也需要解釋」。這就像我們每個人小時候要掙扎很久才學會繫鞋帶，可成年之後卻早已忘記它竟然是一件需要掙扎才能學會的事情一樣。而另外一些老手是因為「很快就學會」所以沒想到「竟然有人連這個都不會」。

例如，自學程式設計的人可能會卡在教程編纂者全然沒想到的地方。當 Google API 的文檔編纂者窮盡力氣去寫一個「想讓任何人都看得懂」的文檔的時候，他們不知道有些新手一看到以下的代碼，就會先被「foo」、「bar」這兩個詞卡住[8]。這些新手會不由自主地問：它們是什麼意思？為什麼要取這樣的名字？

```
foo('bar', {
...
}
, 200, null)
```

8 代碼中的「foo」、「bar」類似中文裡的「張三」、「李四」，是一個無特別含義的名字。參見維基百科 goo.gl/jaq70

事實上，許多「入門讀物」之中充斥這兩個「怪詞」，卻幾乎從來沒有人針對這樣的疑問提供充分的解釋。

再如，很多人都不明白為什麼迴圈（loop）代碼塊裡的起始變數名稱是「i」。事實上，誰都不是很確定。據猜測，「i」可能是來自「index」這個單字的首字母。在迴圈嵌套的時候，第二層迴圈的起始變數名稱通常是「j」，但這不是某個單字的首字母，只是因為「j」在英文字母表中排在「i」之後。在其他領域也是如此——學英文的時候，很多初學者都有過這個疑惑：「為什麼『John』這個名字會被翻譯成『約翰』？[9]就算是音譯，也差得太遠了吧？」

這只是幾個常見的例子而已。自學過任何一項技能的人，都能理解這種「牛角尖陷阱」幾乎無處不在的事實。

然而，為了進步，我們必須忍受一定的未知。

首先，我們要承認自己不可能全知全曉。有些時候，有些問題沒有答案，就好像「先有雞還是先有蛋」一樣。而有些時候，即便有了答案，原因也不見得是我們能夠搞懂的。例如，學程式設計學到流程控制（Control Flow）的時候，會知道這樣一個知識：除了「順序」（Sequence）外，只用「分支」和「迴圈」就能夠完成任何流程——初學者大多會好奇，這是如何證明的呢？這個結論當然是經過嚴謹的證明才被廣泛接受的，但究竟有多少初

9 可以嘗試到 Google 上搜索一下「為什麼 John 約翰」，看搜尋結果數就知道究竟有多少人曾為此疑惑了。

學者可以看懂證明過程呢[10]？在這種時候，不是「反對問為什麼」，而是「暫時不去問為什麼」可能更划算。

其次，我們要瞭解未知分為兩種：一種是永遠不能解決的，另一種是在可預見的未來也許能夠解決的。對一個人來說，超過一百年就可以算「永遠」了，所以，第一種未知對個人來說意義不大，第二種未知卻是我們必須面對的，學習的難度也在於此。「第一章的內容需要在掌握後面某一章的知識之後才能深入瞭解」，這幾乎是所有高難知識體系的普遍特徵。也就是說，在第一章，我們會有無數疑問，可這些疑問以當時的知識是無法全部解答的，需要我們繼續學習，用接下來獲得的知識解答現在的疑問。這就是那些愛鑽牛角尖的人最終常常吃虧的重要原因——他們總是想「馬上解決當時不可能解決的問題」。

事實上，「做人難」也是一樣的道理。我們從小時候開始就要做一些事情，而為什麼要做，只有長大之後才會明白。記得在小學三年級的時候，父親「威逼利誘」讓我做了件事——手抄《新華字典》[11]。剛開始牴觸，後來習慣，再後來因為認識很多別人不認識的字而洋洋自得。甚至後來在課堂上講「詞頻」這個概念時，我還常用「鬯」[12]這個字舉例，而它就是那時候我學會的「怪」字之一。抄字典這項任務我斷斷續續花了差不多一年半的時間才完成。現在想來，當年「學」過的那些怪字異詞大部分早就還給《新

10 可以參考Böhm和Jacopini於一九六六年發表的相關論文〈Flow Diagrams, Turing Machines And Languages With Only Two Formation Rules〉。

11 新華字典是中國最權威的字典之一。

12 鬯①始見之於商代的一種香酒。是用鬯（一種香草）與秬（黑黍）釀製而成的高級酒。用於祭祀、宴飲。②同「暢」。

華字典》了，而期間所獲得的好處卻享用至今——不怕枯燥，那麼枯燥的事情都做過了，還有什麼枯燥承受不了？

再強調一次，我們必須接受這個現實——未知永遠存在。而後，我們只能不斷嘗試著適應「在未知中不斷前行」。

如果不能接受這個現實，就無法忍受未知的存在，也會平添無數的焦慮。焦慮是導致時間浪費、效率低下的根源之一。當人處於焦慮狀態的時候，甚至可能出現一切理智都被清空的情況。另外，焦慮的情緒會讓人覺得「必須要做點什麼」，但是，在缺乏理智狀態下的任何決定和行為都可能帶來災難性的後果。

一個相對有效的策略是：出現解決不了的問題時，可以先記下來，然後繼續前行。注意，一定要把問題記下來。很多人沒有記錄的習慣，以至於出現曾經因為思考（疑問就是思考的起點）後「忘了」而失去獲得答案機會的情況。繼續前行，並不意味著忽略這些問題——它們已被記錄在案，也因此獲得了被重新審視的機會。不一定當什麼時候、在什麼地方、由於什麼原因，它們之中的一部分突然就有了明確的解決方案。當然，可能性最大的原因只有一個——你一直在前行，你一直在積累，你一直在成長。所以，到有答案的那一刻，你不再是當初無能為力的你，你已經重生。

5. 現狀無法馬上擺脫

人們往往會低估環境的巨大能量。在中國的文化環境裡，從小教育孩子的「外因透過內因起作用[13]」完全是「顧頭不顧腳」的屁話一句。原因可能是人們往往會忽視環境，而把來自環境的影響當作「由衷」的想法。例如，現在有很多學生說自己對「商科」感興趣——相信我，他們真的「由衷」地如此認為。可這確實完全出於他們自己的想法嗎？很可能不是。在我們的生活中，隨手打開一份報紙，頭版裡出現的人物大都是政要，這些孩子光憑直覺就知道自己的前途跟這些完全扯不上關係；接著看第二版，出現的人物大都是娛樂明星，這些孩子同樣光憑直覺就知道自己的前途跟這些根本扯不上關係；再往後看，大都是商界名流——這些孩子終於看到一些對自己來說也許可行的前途……於是，一個想法冒了出來：「我要從商……」

與外界的無謂比較，讓每個人憑空多出了一個根本不屬於自己的目標，動輒被自己的理想綁架。很多人（應該是絕大多數人）的工作態度本質上是「騎驢找馬」。基於種種原因（主要是機率問題），人們往往對自己正在從事的職業並不滿意。很多人都心懷夢想，有一個「無論如何早晚都要從事的夢想職業」，而不幸的是，很多人正因如此最終淪為平庸之輩（有例外，但例外太少，幾乎可以忽略）。

13 其實，更多時候，這句話被單獨提出來就已經是斷章取義了。這句話出自《毛澤東選集》中的「外因是變化的條件，內因是變化的根據，外因透過內因而起作用。」

儘管天分確實很重要，但一個人的能力主要靠積累獲得。自一個人開始從事一個職業的那一瞬間起，只要足夠認真、努力，他的能力就會不停地積累。如果這個人實際上嚮往的是另一個職業，那麼他的所謂「夢想」幾乎必然會讓他在當前這份職業上心不在焉、無甚積累。其實，世界上80％以上的職業並不過分依賴天分，更可能甚至幾乎只依賴積累。天長日久，這個人在現在的職業中將逐漸落後於那些認真做事的人。但此時他不會因為自己的落後而奮起直追，反過來，更可能的是把「反正我的夢想不是這個」當作藉口。

無論是誰，進入自己夢想職業的成本都很高昂——極少數運氣好的人除外——有些相對依賴天分和運氣的行業更是如此（中國著名導演顧長衛[14]的電影《立春》講的就是這樣一個故事）。當初未能從事一個職業就已經能說明問題了——除了運氣不好，更可能的原因是積累不夠。幾年過去，這個人在他的所謂「夢想職業」中的經驗積累依然是零，仍舊只是空有夢想。還有一個他更可能寧願視而不見的事實是，那些在他所謂「夢想職業」中拚搏努力的人，在這段時間裡已經積累了無數經驗，磨練出了他在「圈外」無法想像的各種能力。就算有一天，這個人有足夠的運氣，進入了那個他夢寐以求的領域，結果還是可能發現自己一無所有、毫無競爭力，最後不過是一切歸零、從頭再來。

心懷「夢想」的時間越長，它的沉沒成本就越高。很多人都在無意之間被自己的「夢

14 顧長衛，中國著名電影攝影師、導演，奧斯卡金像獎評審委員之一。

想」綁架，所以，很多時候，對很多人來說，所謂「夢想」也許只是個陷阱。許多年來，我曾見過身邊不少的人一點一點被他們珍愛的「夢想」毀掉。

越是不滿現狀，擺脫現狀的欲望就越強烈，而這種欲望會讓一個人最終迷失方向，因為無論是誰，從本質上看都無法擺脫現狀——每一時刻的現狀都是過去某一或者某些時刻的結果，而每一時刻的現狀都是未來某一或者某些時刻的原因。沒有人能夠逃脫現實的束縛。

從某種意義上理解，「逆境造就成功」、「磨難令人成熟」之類的話純屬胡說八道。顯然，在順境中更容易成功，而且很多磨難根本沒有必要——這更可能是失敗者對他們自己一生都未曾有機會體驗的成功及成功者「意淫」式的猜想而已。失敗者永遠沒有機會瞭解成功的真相，因為人最容易受自身經驗的限制，而哪怕一點點成功經驗都沒有的人，更無從擺脫自身的局限。

對現狀不滿、急於擺脫現狀，是人們常常不知不覺落入的陷阱（儘管偶爾這也是少數人真正的動力）。接受現狀才是最優策略——有什麼做什麼，有什麼用什麼；做什麼都做好，用什麼都用好。不要常常覺得苦（這會讓人忍不住顧影自憐，浪費精力與時間），而要想辦法在任何情況下找到情趣——快樂是一種本事。這些年我遇到的優秀的年輕人幾乎都有這樣的特徵：他們很少對現狀不滿（可能是他們的優秀使他們難以覺得不滿吧），他們熱愛自己的生活，他們相對更不在意外界的影響，他們更專注於做事而心無旁騖，他們身處良性循環之中，當然，他們也因此每時每刻都在進步。

6.與時間做朋友

與時間做朋友的方法很簡單：**用正確的方法做正確的事情**。

正確的方法究竟是什麼稍後再說，這裡先說說什麼是正確的事情。最可怕的不是效率不高，而是根本就做錯事。如果做的事情是錯誤的，效率越高，結果越糟。如果做的事情是正確的，效率低一點也沒關係，因為做一點是一點，多收穫一點，多進步一點，動力就會更強一點，進而更容易繼續地做。怎樣判斷所做的事情是否正確？核心只有一個：看它是否現實。

幾乎一切愚蠢的行為都來自否定現實、逃避現實。只有接受現實，才可能腳踏實地，避免心浮氣躁、好高騖遠。如果我們把成功簡單地定義為「用正確的方法做正確的事情，並在最後期限之前漂亮地完成」的話，那麼，大多數所謂的「時間管理技巧」實際上發揮不了多大的作用，只不過是花拳繡腿。真正有用的往往是簡單而又樸素的道理，例如

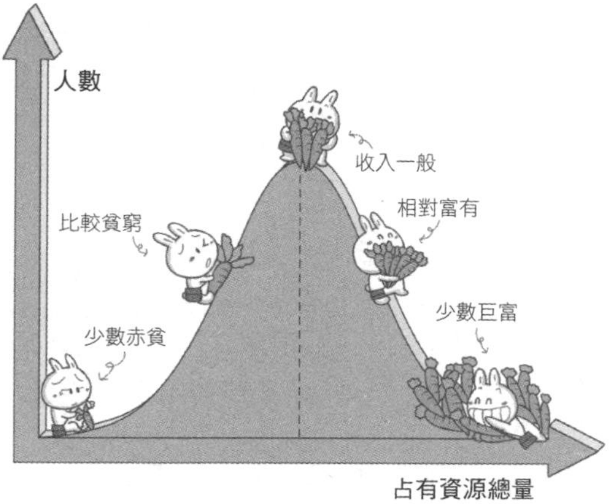

「現實只能接受」。

接受現實不容易。有一個例子可供參考。我們可以很容易地觀察到，這個世界上的資源並非平均分布在每一個人的身上，有一種數學[15]曲線能夠比較好地呈現這種分布情況，它就是常態分布曲線（Normal Distribution Curve）。

常態分布是機率論中最重要的分布。大量的實踐結果與理論分析顯示，大多隨機變數均遵從或近似遵從常態分布，如測量的誤差、學生的成績、人類的身高和體重、產品的質量數據、投資的收益率等。

可以用一個相對簡單的例子解釋一下常態分布：建立一個平面直角座標系，把世界上所有的人都放在這個座標系裡，橫軸表示一個人所擁有的各種資源的總量，縱軸表示

15 數學一直是心智相對發達的人類所特有的、不斷進步發展的、描述這個世界最為精確的工具——甚至不應該在後面加上「之一」。

與橫軸所對應的總人數（可以想像為占有資源量相當的人在橫軸的一個點上「疊羅漢」），據此勾畫出的曲線應該非常接近常態分布曲線。這就是我們所處的真實世界，只有極少數人在資源上極端貧困，也只有極少數人在資源上極端富有，絕大多數人屬於中等水準。

這種資源分布上自然的「不均」，看上去簡單易懂，但古今中外卻有很多人拒絕理解和接受它。他們甚至拒絕使用「不均」這個詞，而是用「不公平」取而代之。歷史上有無數次戰爭、無數次掠奪，但從本質上看，不過是因為把「平均」理解成「公平」造成的。把「不均」理解成「不公平」，就可以理直氣壯地打著「公平正義」的旗號為所欲為。

資源原本是有限的，經濟學裡將這種現象描述為「稀少性」（scarcity）。在整體上資源稀少的前提下，「資源並非平均分布」體現在每個人身上，直接的結果就是「絕大多數人都覺得自己擁有的不夠多」。在我們生存的這個世界裡，資源稀少是客觀現實，也正因如此，人們的主觀願望肯定不可能全部得到滿足。

理解這種現象貌似不難，但在清楚理解之後還能平靜地接受就不那麼容易了。無法接受這種現象的人到今天還隨處可見。對那些無法接受現實的人來說，其實只剩下一個選擇——逃避。和蘇格拉底[16]生活在同一時代的第歐根尼[17]，在意識到資源稀少的時候選擇了逃避，而他採取的逃避方式是限制自己的主觀願望。第歐根尼對這個世界說：「不是資源稀少嗎？那我不消費了。我沒有欲望總可以了吧？」所以，他主張清心寡欲，累

16 蘇格拉底（Socrates），古希臘哲學家，被廣泛認為是西方哲學的奠基者。

17 第歐根尼（Diogenes of Sinope），古希臘哲學家，犬儒學派的代表人物。

18 亞歷山大大帝（Alexander the Great），即馬其頓國王亞歷山大三世。被認為是歷史上重要的軍事家之一。

了隨便找個木桶住下，餓了到垃圾堆裡找點剩飯。他也喜歡享受，但是他可以控制自己的欲望，進而只享受真正零成本的所謂「消費」——例如曬太陽。在這種情況下，他曾對專程來拜訪他的馬其頓國王亞歷山大大帝[18]非常不耐煩：「我希望你閃到一邊去，不要遮住我的陽光。」儘管亞歷山大大帝曾允諾，會滿足他的一個願望。

兩千多年後，馬克思[19]選擇了另外一種形式的逃避，即使用幻想。他注意到了資源的「分配不公」（準確地講應該是「分配不均」），但無法接受「資源配置與人性並無關係」這個事實。他認為，「資源的配置應該在最無愧於和最適合於人類本性的條件下進行」。在用勞動價值論和剩餘價值論解釋自己對世界的觀察之後，他開始幻想，對這個世界說：「不是資源稀少嗎？沒關係。別看現在是這樣的，但是，早晚有一天，物質會極端豐富。到那個時候，人們就可以各取所需了！」事實上，在馬克思去世一百多年之後的今天，和他作出以上論述時比，物質已經相對極端豐富，但我們看到的事實是：物質依然稀少且依然分配不均，貧富差距也越來越大。

現代西方經濟學源自亞當．斯密[20]的學說，經過李嘉圖[21]的補充，直至凱因斯[22]，才算是徹底正視資源的稀少性，明確經濟學的根本目的——研究「如何運用有限的資源發揮最大的效用」。換言之，要在承認資源稀少的前提下，研究如何提高「效用」。

平靜並理性地接受「資源稀少」這個現實，其困難程度超乎想像，以至於從人類整

---

19 馬克思（Karl Marx），猶太裔德國人，十九世紀政治學家、哲學家、經濟學家、社會學家、革命理論家、歷史學者、革命社會主義者。

20 亞當．斯密（Adam Smith），十八世紀蘇格蘭哲學家、經濟學家。

21 李嘉圖（David Ricardo），十八世紀英國政治經濟學家，對經濟學作出了系統的貢獻。

22 凱因斯（John Keynes），二十世紀英國經濟學家，影響深遠，被稱為總體經濟學之父。

體來看，理解並接受這個現實花費了將近兩千五百年——從第歐根尼到凱因斯。

儘管現實總是如此難於接受，堅強的你卻應該坦然。以上提到的種種現實，包括「速成絕無可能」、「只有付出才有收穫」、「完美永不存在」、「未知永遠存在」、「現狀無法馬上擺脫」，都既清楚又簡單，你必須要接受——不僅要接受，還要牢記；不僅要牢記，還要堅信，不容半點動搖。

最好時常把自己的一些念頭記下來，然後與這幾條現實對照，看看它們是否與這些現實相符。之後，你會和所有這樣做過的人一樣，發現自己常常在不知不覺間，被一些實際上完全不現實的念頭所左右。這是正常的。但是，透過不時地記錄、思考與反省，你會越來越善於辨別那些不現實的念頭，進而擺脫它們的影響。這就是差別。很多人一生都不知道自己究竟有多麼不現實。之前提到的「既勤奮又懶惰」的人群，基本上都是把這些現實當作老生常談的道理——視而不見、聽而不聞、從不記錄、從不反省，才常常作出荒唐的決定，最終墮落到那步田地。

百分之百地接受現實也許痛苦，但要醒悟——沒有其他的辦法。正如鳳凰涅槃，只有浴火才能重生一樣。

時間是現實的人的朋友，是不現實的人的敵人。時間不是故意要這樣做，只不過事實就是如此。

第3章

管理

兩點之間的最短距離是惡性循環。

——墨菲定律

1. 估算時間

錯誤估算任務所需的時間，是最常見，也是最致命的錯誤。在時間領域有一個與墨菲定律[1]同源、貌似悖論的侯世達法則[2]值得牢記：

完成一個任務實際花費的時間總會超過計畫花費的時間，就算制定計畫的時候考慮到這個法則，也不能避免這種情況的發生。

為什麼完成任務實際花費的時間總會超過預期呢？先來看看生活中執行任務的真實情況。

每個學英文的人都遇到過幾乎一模一樣的尷尬——學到什麼時候才到頭啊?!

一開始，學習者往往以為自己的問題只是詞彙量不夠，便買來各種單字書[3]啃啊啃，可很多人啃著啃著就放棄了……

而少數堅持下來的人卻痛苦地發現，即便每個單字（好像）都認識，放到一起組成句子之後還是看不懂。他們這才明白，原來「不學文法也能學好英文」純屬鬼

1 墨菲定律（Murphy's law），經驗定律，一般表述為「凡事只要可能出錯，就會出錯」。

2 侯世達法則（Hofstadter's Law），出自侯世達（Douglas R. Hofsadter）的著作《哥德爾、艾舍爾、巴赫：集異璧之大成》（Gödel, Escher, Bach: an Eternal Golden Braid），該法則有時也表述為「雙倍時間法則」或「三倍時間法則」。

扯，只好買文法書狂啃，又有很多人啃著啃著就放棄了……少數堅持下來的人再次痛苦地發現，補過單字，補過文法，依然看不懂文章。他們深入思考才明白，原來是因為自己的邏輯訓練不足，文字搞懂了，可內容的理解卻反了，只好一邊練邏輯一邊啃閱讀，又有很多人啃著啃著就放棄了……少數人又堅持下來了。再過一段時間，他們發現自己單字沒問題、文法沒問題、邏輯沒問題，可還是看不懂文章。最終才明白，這是各種知識積累不夠造成的，這些知識包括學科背景、文化背景、歷史背景等。於是，他們又要開始「新的」征途……

3 單字書是非常反人類的事物，人類大腦本就不適合大量記憶清單，尤其是清單中的事案毫無邏輯聯繫的時候。所以，堅持不下去才正常。

這就是人們做事時的真實境遇：一旦開始，就會發現「意外」接踵而至。原本做的準備根本不能解決問題，因為「經過準備的就不再是問題」，而真正遇到的問題個個都是之前不曾想像或無法想像的，解決一個問題的同時往往會產生新的問題……因此，所謂「漸入佳境」最終只能是少數人的感受，大多數人在這之前早已潰敗。

為什麼人們總是錯誤估計完成任務所需要的時間呢？因為大多數人在執行任務之前忽略了一個重要的步驟，那就是分辨任務的屬性——是熟悉的還是陌生的？

有些任務是你熟悉的，即以前曾經做過的。由於已經做過（一次或多次），所以，你清楚瞭解這個任務的每一個環節，知道應該如何拆解任務、應該怎樣分配拆解出來的子任務、每一個子任務有多少個步驟、每一個步驟需要耗費多長時間、哪些步驟需要格外小心……在這種情況下，正確估算完成任務需要的時間是很容易的。

然而，有些任務是你陌生的，那麼在執行過程中就必然會遭遇各種所謂的「意外」。其實它們根本不是意外，只不過是因為你對任務不熟悉，才成了「意外」。實際上，這些「意外」是任何完成這個任務的人都必然會經歷的事情。只有完整地執行一次任務，任務的屬性由「陌生」變為「熟悉」之後，才有可能順利解決這些「意外」。

對學習來說，任務「陌生」的可能性更大，因為學習本身是一個探索未知的過程。完成學習任務常常要花費的時間比我們想像中多得多。對工作來說，任務「熟悉」的可能性更大。因為工作本身是一個應用已知的過程。當然，不同的工作，情況還是有所不同。例如，有些工作需要更多創新，有些工作可能前所未有……所以，在現實生活中，我們需要完成的任務的真實屬性往往是「一部分熟悉，一部分陌生」。這就從根本上解釋了為什麼前文描述的那個貌似悖論的法則總是應驗——我們必須處理未知，而從陌生到熟悉，就需要花費時間去學習，這個過程無法逾越。

多年前，我在網上讀到彼得．諾威格[4]的一篇文章〈十年學會程式設計〉（Teach Yourself Programming in Ten Years，2001）。在這篇文章中，諾威格表示，人們購買那種書

4 彼得．諾威格（Peter Norvig），美國電腦科學家，現任Google研發總監。

5 約翰．海耶斯（John R. Hayes），美國卡耐基梅隆大學心理學系教授。

6 布魯姆（Benjamin S. Bloom），二十世紀美國教育心理學家。

7 海斯的研究參見〈The Complete Problem Solver〉，布魯姆的研究參見〈Developing Talent in Young People〉。

名類似「七天自學Java語言」的書是種無知的表現，他認為，用十年時間學習程式設計才真正現實，也非常值得。他寫道：

> 海耶斯[5]和布魯姆[6]的研究[7]表明，在幾乎所有領域，培養專業技能大約需要十年。他們研究的領域包括國際象棋、作曲、繪畫、鋼琴、游泳、網球以及神經心理學、數學拓撲學。似乎沒有真正的捷徑——即使是在四歲時就展露音樂天賦的莫札特[8]，也用了超過十三年的時間才譜寫出世界級的樂曲。
>
> 再看看另一個領域的例子。披頭四樂隊[9]似乎是於一九六四年在登上蘇利文秀[10]後，突然紅起來並成為第一樂隊，但他們其實從一九五七年就開始在利物浦、漢堡等地的小型俱樂部表演。雖然他們很早就顯現出了強大的吸引力，但對他們的成功具有決定意義的作品《比伯軍曹寂寞芳心俱樂部》（*Sgt. Pepper's Lonely Hearts Club Band*）也是到一九六七年才發行的。
>
> 塞繆爾·詹森[11]甚至認為十年還不夠，他說：「任何領域的卓越成就都必須用一生的努力才能取得；代價稍微低一點都無法換來。」喬叟[12]則感歎：「生命如此短暫，學習技藝需要的時間卻如此綿長。」

---

8 莫札特（Wolfgang Amadeus Mozart），十八世紀歐洲古典主義作曲家。

9 披頭四樂隊（The Beatles），英國著名流行樂隊。

10 蘇利文秀（The Ed Sullivan Show），美國著名電視綜藝節目。

11 塞繆爾·詹森（Samuel Johnson），十八世紀英國著名文人。

12 喬叟（Geoffrey Chaucer），十四世紀英國著名作家、詩人。

在諾威格發表這篇文章的數年後，二〇〇八年十一月，麥爾坎・葛拉威爾（Malcolm Gladwell）出版了《異數》（*Outliers*）一書。在這本書中，葛拉威爾把「十年」換算成了更為精確的「一萬小時」——想要出類拔萃，就要努力至少一萬小時。

要想提高估算時間的能力，就要從現在開始養成習慣：做任何事情之前先判斷熟悉程度（或陌生程度），再據此判斷估算完成任務所需要的時間。通常情況下，「反正比一般人想的長多了」倒是一個屢試不爽的假設。

2. 及時行動

接受任務之後，什麼時候開始執行才好呢？比「越早開始越好」更切實的答案是「現在就開始」。所謂做事拖延，不是拖延著做事，而是拖延著不開始做事。明知自己拖延的人很痛苦，因為他們不是不知道該做什麼，而是不知道為什麼「無法進入狀態」——這是他們能夠想出來的對自己的行為最拿得出手的描述。

明明已經焦慮到不行，拖延的人為什麼遲遲不開始行動？一個常見的原因是前文所述的「錯誤估算任務所需時間」，總以為可以在最後期限之前完成，心裡想著「時間還多得是嘛！」可這並不是根本的原因。根本的原因在於恐懼——無論是來自內部的，還是來自外部的。

來自內部的恐懼在於：只要開始做事，一個人就要面臨做錯、做不好的風險。這原本是任何人都逃不掉的事情，但最終患上「拖延症」的人犯了一個簡單的認知性錯誤，即認為那些能夠做對、做好的人都是直接做對、做好的。從表面上看也好像確是如此。那些能夠做對、做好的人，總是顯得從容不迫、輕車熟路。面對這樣的人，那些犯了錯、做不好的人根本沒辦法不自卑、不懷疑自己……

所以，很多人做事拖延不過是「不求有功，但求無過」的心態在作祟。沒有哪一個拖延的人願意承認自己是這樣想的，但當他們捫心自問的時候，他們都知道這描述一針見血。

只要做事，就一定會出問題。這是現實——無論何人，無論何事。如果在做事的過程中沒有出現任何問題，那肯定不是在做事，而是在做夢。

認清並接受這個現實很重要。只有這樣，才能心平氣和地去做事。說一個人不怕困難，那是假話。誰不想一帆風順、馬到成功？可現實就是如此。做事情的時候，肯定會遇到困難，事情越有價值，困難就越具規模。遇到困難的時候，心平氣和地面對就好，因為這只不過是生活常態。有時我們花費了很多時間和精力依然沒能解決問題，卻眼見別人輕鬆過關，這確實令人氣餒。不過，這也是生活常態——在任何一個特定領域，總有一些人比另一些人表現更好、費力更少。然而，在大多數情況下，有四個字頗具道理並且值得相信——勤能補拙。不過，真正相信這四個字的前提是「接受現實」，否則，這四個字發揮不了任何實際作用。

來自外部的恐懼在於：過分在意外界的評價。人是一種很有趣的動物，在自己做對、做好之前，通常已經瞭解做對、做好是什麼樣子。於是，無論能否做對、做好，人都覺得自己有能力判斷別人是否做對、做好。所以，儘管自己不怎麼樣，卻可以振振有詞、理直氣壯地評價別人做得對不對、好不好。這樣看來，一個人一旦開始認真做事，被嘲弄、被恥笑的機率將遠遠高於被誇獎、被鼓勵的機率——這幾乎是肯定的。也正是由於這個原因，使很多人懷有前文提到的「不求有功，但求無過」的微妙心態。

事實上，那些真正能夠做對、做好的人，絕不會隨意嘲弄、打擊別人，因為他們是做對過、做好過的人，他們一路走過來，心裡非常清楚做對、做好有多麼不易，所以，他們會不吝一切機會去鼓勵那些嘗試做事的人。這甚至可以當作一種測試方法：如果一個人經常嘲弄他人，那只能說明他自己不怎麼樣；否則，他會像那些極少數已經做對、做好的人一樣，給予別人真誠的鼓勵而非嘲弄。儘管那些能真正做對、做好的人有時也會給出負面評價，但這些評價通常是「建設性的負面評價」，並不是為了獲得優越感而發出的嘲弄。

所以，我們沒有必要在意來自他人的、非建設性的負面評價。沒有誰從一開始就能做對、做好。所有做對、做好的人都是一路跌跌撞撞走過來的，這就是生活常態。而動輒給人非建設性負面評價的，往往不是正經做事的人，他們和那些正經做事的人身處不一樣的世界，這也是生活常態。

還有一個微妙的現象需要注意。儘管在一般的環境中，時間的運動是均速的，但實際上，就人的主觀感受來說，時間的運動肯定是有加速度的。對「為什麼隨著年齡的增長，每個人都會覺得時間過得越來越快」這個問題，心理學家有一個簡單明瞭的解釋：

對一個五歲的孩子來講，未來的一年相當於他已經度過的人生的⅕，即20%；而對一個五十歲的成年人來講，未來的一年只相當於他已經度過的人生的1/50，即2%。所以，隨著年齡的增長，人們會覺得時間過得越來越快。

更重要的是，人在小時候沒什麼事情可做，愈發感覺時間過得慢；隨著年齡增加，要做的事情越來越多，當然愈發感覺時間過得飛快，稍縱即逝。由此看來，小孩子的感覺自然是「那時候天總是很藍，日子總過得太慢」，而「人生猶如白駒過隙，瞬間而已」

大都是老年人的感嘆，也是他們的切身感受。

如果能將這種認識納入自己的心智，你就不會再對「最後期限」有那麼荒謬的幻覺了。只要接受了必須完成的任務，你就會有真切的緊迫感，因為你知道，時間必然越走越快。而且，你現在就已經明白：「最後期限」不是固定在將來的某一點，而是朝著你加速撲來。有的時候，也許還沒開始就發現自己已經晚了。在這樣的情況下，唯一的策略依然是「現在就開始」——否則更待何時？在起步晚了的情況下，問題不是「到時候能不能做好」，而是「到時候能做多好就做多好，總好過什麼都不做」。明白了這個道理，以後不管遇到什麼任務，永遠不要再問「什麼時候開始才好」，因為答案只有一個：現在！

3.面對困難

就算沒有低估完成任務所需要的時間，就算已經迅速開始執行任務，很多人還是沒有按時完成任務。為什麼有的人好像一直在忙，卻總是拿不出成績、做不出成效？其實，工作中經常會遇到這樣的人，讀書的時候也不例外——上學時總有一些天天筆不離手，眼不離書，屁股不離板凳，成績卻很差的學生。這種情況的存在往往會使人們不禁懷疑

「努力」的可靠性。還好，仔細觀察就會發現，他們實際上並不努力，只是作出了努力的樣子，或者顯得比較努力而已。

無疑，他們的效率低下。而效率低下的根本原因是什麼？答案是：迴避困難。

任何一個任務都可以劃分為兩個部分，即相對簡單的部分和相對困難的部分。如果世界上的任務都是由簡單的部分構成，全無困難之處，那就沒有人會遇到挫折或者遭受失敗了。可現實明顯並非如此。

稍微思考一下就能明白，合理的時間安排應該是這樣的：迅速做完簡單的部分，把節省出來的時間放在困難部分的處理上。然而，很多人會下意識地迴避困難，於是乎，他們的時間安排是這樣的：用幾乎全部時間處理簡單的部分，至於困難的部分，乾脆「掩耳盜鈴」，視而不見，暗地裡希望困難自動消失……

這樣的行為與做事的動機有關。人做事的動機往往來自兩個截然相反的原因：獎勵與懲罰。人都喜歡被獎勵，討厭被懲罰。從最淺的層面上看，盡力做能夠獲得獎勵的事情顯然是划算的，迴避做可能招致懲罰的事情顯然是合理的。

然而，從另一個層面上看，接受懲罰往往是積累經驗的起點，甚至是唯一的起點。這就是俗話所說的「吃一塹，長一智」。很多時候，為了能夠「長一智」，必須先「吃一塹」，西方稱之為「挫折教育」。

很多事情並不是一次性的，總會階段性地有獎有罰。受到獎勵之後，原本有兩個選項：「再次來過」和「見好就收」。有意思的是，絕大多數人會自動忽視第二個選項（這也是龐氏騙局[13]生生不息的根本原因）。受到懲罰之後，同樣有兩個選項：「從此碰都不碰那件事情」和「掙扎著找一個出路」。同樣有意思的是，絕大多數人還是會自動忽視第二個選項。

所以，很多人實際上根本不知道自己所謂的「喜歡做某件事情」很可能只是因為那件事情相對簡單、容易獲得獎勵而已。拖延的人並非不做事——他們做事，甚至做很多事。拖延的人也並非不努力——他們會花很長時間去做事，但做的只是很多簡單的事。他們每次迴避困難的時候，都不是故意的，並且往往已經給自己找了恰當的藉口。這藉口太強大、太有力，以至於他們自己也真誠地相信：「我喜歡做有創意的事情，而現在手上的這些事情太枯燥，我確實提不起興趣……」

如果不能控制這種逃避的傾向，再多、再好的任務管理技巧都是無效的，因為任務中相當重要的一部分（通常因為重要而困難，也因為困難而重要）永遠無法完成。所謂效率，是在任務完成之後才能夠衡量的。這樣看來，對逃避困難的人來講，因為沒有完整完成任務，所以無論他們花了多長時間，也都沒有效率（相當於分子為零）。

現實中，這種現象無處不在。例如在學習上，準備托福考試時只做閱讀和聽力但不

---

13 龐氏騙局（Ponzi Scheme），指用後來的「投資者」的錢回繳給前面的「投資者」當作回報的一種投資騙局。

練習口語和寫作；例在如工作上，做項目計畫時只討論做什麼卻從不提及怎麼做；例如在生活上，總是把「我愛你」掛在嘴邊卻從來不花時間想想戀人真正需要的是什麼……這些問題都源自同一個習慣：專做簡單的，迴避困難的。

所有真正踏實做事的人都知道，任何任務的絕大部分都是枯燥而又無趣的，所謂有創意的部分，可能連1％都不到。對此，我有切身體會。

我的詞彙書《TOEFL 核心詞彙 21 天突破》這些年一直賣得很好。最初我花了多長時間寫這本書呢？九個月。這本書最重要、最核心、最有創意的部分是什麼呢？是透過語料庫分析統計詞頻後再反覆篩選出來，在托福考試中出現兩次以上、十七次以下的核心詞彙[14]。完成這些工作需要多長時間呢？收集和處理語料庫文本大約花費一個月，詞頻統計工作由 WordSmith 軟體完成——只用了幾十秒。那麼，剩下的八個月我在做什麼？在做最不需要技術、最枯燥、最無聊的複製、黏貼、編輯、整理、審閱、修改、回顧……

4. 關注步驟

所謂「三思而行」在我看來就是指做任何事情之前都要考慮相關的三個方面：內容

14 出現次數非常多的單字基本上屬於大部分人已經掌握的常見單字，例如sea、stone、sky等，基本都不用特意去背；而出現次數很少的單字，例如那些在二十多年考試當中只出現過一次的，根據機率理論，它們在下一次考試中出現的可能性極低，所以也不用專門投入時間去記憶。

（What）、原因（Why）、方法（How）。任何任務都起碼具備三個屬性：何事（What）、為何（Why）、如何（How）。清楚瞭解一個任務的這些屬性，對最終能否完成該任務起著決定性的作用，所以應該多花一點時間去「三思」。

在大多數情況下，這三個方面中最為關鍵的實際上不是內容，也不是原因，而是方法。因為任務的內容與原因常常不言自明，而方法卻並非唾手可得。例如，每個年輕人都可能有發財夢，為什麼幾十年後做過夢的大多數人依然不富裕？比較合理的解釋可能是：大多數人都知道自己究竟想要得到什麼，也知道為什麼要得到，卻始終沒弄明白怎樣做才能得到。

所以，當我們面對某項任務的時候，內容與原因都已經基本確定（至少表面上看是如此），需要思考的就剩下方法了。當然，思考方法需要從領悟內容入手，不停地細分、拆解任務，而且越具體越好，直至每個小任務都可以由一個人獨立完成。

背英文單字可以作為一個例子。

如果某位學生正在準備托福考試，而且已經意識到他的任務是擴充詞彙量，那麼他該去背哪些單字？書店裡有很多詞彙書，他應該選擇哪一本？正確答案是：視情況而定。哪怕先假設市面上的托福詞彙書都是以合理的方式收錄詞彙，並且確實科學、準確地涵蓋了應對托福考試的必要詞彙，這些書也不一定是該考生的選擇。如果目前他的基礎詞彙量很可能相對不完整，那麼他應該先想辦法搞定基礎詞彙，再去買托福詞彙書中的某一本。

這就是在回答「何事」的問題。這個問題往往不像看上去那麼簡單。

現在假設這位考生已經搞定了基礎詞彙，又選擇了我寫的那本《TOEFL 核心詞彙 21 天突破》[15]，那麼他面對的任務的「內容」就比較具體了。但是，還可以再具體一點：

擴充詞彙量→托福詞彙→托福核心詞彙→

二十一個單元→每個單元大約一百個單字→

一個單元分兩次完成……

在這個過程中，對任務的每一次「具體化」與「細分拆解」都要反覆詢問「原因」。但這還不是很難。

有了這樣的結果，就可以開始思考「方法」。很多人在這個時候會覺得已經沒什麼可想的了，直接去做就是了，很可能正因如此，他們在之後的實際操作中才會顯得那麼脆弱、承受力那麼差，以至於那麼容易放棄。

繼續上文的例子。假設這位學生根據自己的情況，已經決定將「一個單元分兩次完

15 二〇〇七年我開始著手寫作另外一本詞彙書——《新托福 iBT 詞彙分類突破》。其內容首先在網上公開發表，在歷經三年修訂，無數學生試用之後，正式出版。

成」，也就是說，二十一乘以二，總計四十二個階段。那麼，在這四十二個階段裡具體來說應該如何操作呢？

▽先試做一兩個階段，測量一下完成一個階段需要多長時間。

▽按照測量的結果製作一個時間表，把其餘階段所需要的時間填寫完整（最終總是需要做一些調整的）。

▽背單字需要重複，所以，每三個階段過後要留出與整整一個階段的時間去複習。這就意味著一共需要花費完成五十六（四十二加十四）個階段的時間。

▽每完成總任務的⅓，就增加與完成一個階段相等的再複習時間。這就意味著一共需要花費完成五十九（五十六加三）個階段的時間。

▽學習過程中可能需要多次快速重複記憶，每次可能相當於完成三到五個階段所需要的時間。由於熟悉程度的不斷增加，每次重複記憶所需要的時間會越來越短，所以，預計進行三次重複記憶需要相當於完成十個階段的時間。這就意味著一共需要花費完成六十九（五十九加十）個階段的時間。

作出以上規劃後，還要認真思考完成每個階段的具體步驟。當然，越具體越好。

▽每天早晨騰出一點時間。

▽朗讀前一天背過的單字，至少兩遍。

▽聽錄音，讀當天要背的單字三到五遍，主要留意發音、拼寫，順帶看看詞義，能記多少就記多少，不求速成。

▽上午利用閒暇時間讀單字表，並反覆閱讀例句。

▽下午用專門的時間把當天要背的單字集中背二到三遍。可以一邊讀，一邊抄，一邊背，不要只是坐在那裡呆呆地盯著單字看。

▽空閒時反覆聽當天要背的單字，重複次數越多越好。

▽晚上睡覺前複習當天背的單字。

有了這種思考，隨後的一切行動會因此變得相當容易。

做任何事情，學會思考方式最為重要。要學著像一個專案管理者[16]那樣思考——他們更多地關注「方法」，他們會花費比別人多（多出許多倍）的時間去落實每一個步驟，在確認無誤之後，他們才會有效地分配任務，團隊才能確實可靠地完成任務。一個學生在背單字的時候，他就是自己的專案主管，只有學會像專案管理者一樣思考，他才能給

16每個人其實都有必要閱讀專案管理方面的經典書籍。雖然大多數人並沒有「專案經理」之類的頭銜，但是，實際上，每個人都應該是自己的專案經理——自主、獨立，是心智成熟的人必有的素質。

自己分配具體的任務、制定確實可行的計畫，最終高效地完成任務。

在做任何事情之前，透過注意「方法」去反覆拆分任務，最終確認每個子任務都是可完成的，這是一個人不可或缺的功課。這種習慣會使一個人變得現實、踏實。這既是一種習慣，也是一種後天習得的技能。這種技能無比重要，卻常常被忽視，因為掌握這種技能的人總是默默地應用它，而忽視這種技能的人從未看到過它的具體實施過程和巨大好處。

5. 並行串列

讀中學的時候，我們就在物理課上得知電路有兩種基本連接方式：串聯和並聯。此外，我們還背過一些相關的規律，如「串聯分壓、並聯分流」[17]。在任務管理的過程中，可以運用類似的方式去思考任務與任務之間的關係：這兩個任務之間究竟應該是串列關係，還是並行關係？

弄清這個問題非常重要，因為在一般情況下，「提高效率」指的就是「原本只能串列完成的兩個任務現在可以並行完成」。

17 無論學到什麼東西，都可以接著問自己：「那……這個道理還可以運用在什麼地方？」反覆問自己這個簡單問題，能夠鍛煉自己融會貫通、舉一反三的能力。儘管總是有人勸誡「速成沒戲」，但還是有人宣揚各種速成的方法，並且信者大有人在，宛若「野火燒不盡，春風吹又生」。為什麼呢？上過中學的人都應該明白「省功不省力、省力不省功」的物理原理啊！其實，這些人缺乏的就是這種思考能力或者說思考習慣。

有些任務只能串列，例如要先洗手再吃飯。「洗手」和「吃飯」，不僅是串列關係的任務，還是順序確定的任務。儘管確實有人「不洗手先吃飯而後再洗手」，但是大多數人還是能夠看到這樣做事的明顯荒謬之處，而且，我們沒辦法也沒必要「邊洗手邊吃飯」。

俗話說「一心不可二用」，從某種意義上理解，這句話是正確的。不過我們也確實很難做到長期一心一意地只做一件事，事實上，我們隨時隨地要做的事情可能都不少於兩件。一些早期的電腦作業系統，如微軟的DOS，是單任務作業系統；為了提高效率，程式師們又開發出了多工作業系統，如現在的Windows。從發展的角度看，為了提高效率，我們也有必要替自己的大腦打造一個「多工作業系統」。

最直接的辦法是儘量將兩個任務並行。例如，在跑步的時候聽英文，在寫文章的時候聽音樂，在等班車的時候看書等。養成一個習慣——把要做的事情用紙和筆寫下來，把任務落到紙面上，就可以比較容易地分辨出哪些任務是簡單而又機械的，哪些任務是相對複雜而又靈活的（對我個人來講，需要思考的就是「非機械」的），然後，嘗試把一個非機械的任務和一個機械的任務搭配起來完成。

舉兩個我自己的例子。

跑步是機械的，聽有聲書是非機械的（相對需要集中更多注意力），這兩件事情就可以一起做[18]。另一個例子是我在寫文章的時候往往同時聽著音樂，甚至在另一個螢幕上放電影。我可以這麼做是有前提的：我的電腦接了兩台顯示器，並且都是二十五吋寬螢幕。在這種情況下，即使同時播放兩部電影，我的螢幕上還是有足夠的空間。另一個我可以這麼做的原因是我看過的電影太多（這兩年是每天至少一部），以至於我對電影的理解能力非常強（就好像文章讀多了閱讀理解能力就會很強一樣），大多數電影我只需要間或掃一眼就可以，而且不會錯過重要的細節。但是，對一些比較特別的電影，如《請問總統先生》[19]、《為愛朗讀》（*The Reader*，2008）、《珍愛旅程》（*Revolutionary Road*，2008）、《是，大臣》[20]等，我就做不到邊寫文章邊看，而是需要停下手中的事情專心地看。

並行兩個任務的一個重要前提是，執行者對這兩個任務的瞭解足夠，並且對自己有足夠清楚的認識，也就是，對執行者來說，這兩個任務是「主動並行」的。被動發生的並行任務往往只能使效率變得更為低下。我在生活中生生剔除的一個被動並行任務就是「接電話」。從好多年前開始，我就把自己的手機設定為「靜音」狀態，從不主動接電話——而是每隔一兩個小時查看一下電話，有必要的就打回去。當我有條件給自己安排一間不受人打攪的「工作室」後，終於再一次大幅削減了「被動並行」造成的時間和精力的浪費。

---

18 現在，幾乎所有的健身房都在跑步機前擺了一台電視，只不過電視節目很無聊而已。

19 《請問總統先生》（Frost/Nixon，2008），美國歷史劇情電影，改編自一九七七年大衛．福斯特對理查．尼克森的電視採訪。

20 《是，大臣》（Yes Minister），英國電視情景喜劇。

當一個任務比較龐大，需要劃分為多個步驟或者多個子任務的時候，對這些子任務之間的關係需要仔細判別。判別後，可能會因此產生若干行動方案，而針對這些方案可能還需要反覆衡量才能找到最佳方案。

華羅庚[21]曾經用燒水泡茶[22]為例說明過這個問題。

▽辦法甲：洗好開水壺，灌上涼水，放在火上，在等待水開的時候，洗茶壺、洗茶杯、拿茶葉，等水開了，泡茶喝。

▽辦法乙：先做好一些準備工作，洗開水壺，洗壺杯，拿茶葉，一切就緒，灌水燒水，坐待水開了泡茶喝。

▽辦法丙：洗淨開水壺，灌上涼水，放在火上，坐待水開，開了之後急急忙忙找茶葉，洗壺杯，泡茶喝。

哪一種辦法更省時間呢？

誰都能看出第一種辦法好。原因很簡單：有些任務被並行處理了。可以如此優化的前提是「大任務被劃分成足夠多又不太多的小任務」。有了這樣的前提，才有能力分辨哪些任務可以並行——所謂的「優化」，其實是很簡單的。

---

21 華羅庚，二十世紀中國著名數學家，中國科學院院士，美國國家科學院外籍院士。他是中國解析數論、典型群、矩陣幾何學、自守函數論與多元複變函數等很多方面研究的創始人與奠基者，也是中國在世界上最有影響力的數學家之一。

22 參見《統籌方法平話及補充》，華羅庚著，中國工業出版社，一九六六。

如果不進行劃分（事實上大多數人真的如此），那麼就只有一個任務——喝茶。然而，如果能粗略劃分一下的話，就知道起碼可以劃分為兩個子任務，也就是「燒水」和「泡茶」。但這樣還不夠，因為劃分之後的兩個子任務是串列關係，先後順序明瞭，沒有可以優化的餘地。如果再繼續劃分子任務的話，就得找出有並行關係的任務，進而提高效率。

在麥當勞之類的速食店中排隊也會涉及串列和並行的問題。有很多人是輪到自己的時候才抬頭看櫃檯上面的菜單，再花很長時間作出選擇，而實際上，完全可以把「排隊」和「選菜」並行，這樣的話，輪到自己的時候只需幾句話就可以端著菜去吃了。有一次我為了觀察，特意排了個十人長的隊伍，結果所有人都是在輪到自己的時候才開始選菜。有過這樣的經歷，我就決定以後除非無須排隊或者排隊的人很少，否則我絕不在類似的餐館吃飯，不然會被迫浪費時間。

讓自己擁有「多工作業系統」的另一個方法就是切割自己的時間。從本質上說，我們的大腦與電腦的中央處理器（Central Processing Unit，縮寫為CPU，下文簡稱「處理器」）一樣，是個一次只能處理一項任務的系統。那麼，電腦究竟是如何做到同一時間處理多項任務的呢？（沒有多工處理機制，就無法實現如今人們習以為常的多視窗作業系統。）

一個處理器在一個時間段內其實只能做一件事[23]，因為它只有一個個體、一個時空。

23 現在已經有了多核CPU，一個多核CPU可以看作由多個CPU構成的「CPU組」。

而多工作業系統把一個長時間段劃分成很多短小的時間片，每個時間片只讓處理器執行一個程序（process）——儘管同時可能有多個程序需要處理。在第一個時間片裡，作業系統讓處理器處理A程序；時間片的時間用完之後，無論A程序處理到什麼程度，都要被「掛起」（即，A程序這時不能再占用處理器資源——儘管它還是被允許使用電腦的其他資源，如記憶體、磁碟、螢幕輸出等）；在第二個時間片裡，處理器處理的是B程序，時間用完之後，B程序將與A程序一樣被中途「掛起」；而後，處理器開始處理下一個程序，如C程序。把所有任務的一部分依次完成之後，處理器重新迴圈，從A程序開始順次處理，直到最後一個程序。迴圈反覆的過程中，有些任務完成了，有些任務處於尚未完成的狀態，如果有新的任務進來，只需要加入迴圈佇列即可。看上去好像是作業系統同時運行著很多程序，而實際上，它依靠的是類似視覺暫留現象的機制。

在這個機制裡，程序不是按照本質屬性被劃分為子程序，而是被處理器的時間片硬性劃分為程序片。這是關鍵。

我的健身教練就是一個例子。他非常屌，收取的課時費也很高——因為他就是比其他教練教得好。他的工作方式可以很好地說明上述「關鍵」。例如，我約他下午三點至四點半之間鍛鍊，結果有一天我遲到了（四點才到），那麼他會一言不發地馬上開始上課，四點半（我剛剛上了半小時課）的時候，他會說：「時間到了，下課。」可收取的費用還是一個半小時的費用。這位健身教練是有效率的。因為他的能力強，所以課排得滿，所以他必須準時下課才不會耽誤下一位客戶的時間。之所以說他屌，是因為即便接下來的時間裡他沒有課，他也不會延長那一小時。事實上，儘管會有一些人覺得他「不通情理」，但這確實是無可挑剔的做法。這樣的做法可以非常有效地減少一種令人惱火的情況——因其他人的錯誤而耽誤自己的時間。

把自己的時間切分成「時間片」[24]是一種很難習得的能力，我花了兩三年時間才開始感覺自己可以相對自如地運用這種能力。不過這種能力在大多數時候用不上，只有在任務太多、時間太緊的情況下，我才使用這種能力。應用這種能力時，要先坐下來制定一個工作清單，把任務羅列出來，然後把自己的時間「切片」。我通常把「二十分鐘工作＋五分鐘休息」作為一個時間片，然後就開始像處理器一樣處理任務。這樣做可以保持相對長時間的高效率工作。

儘管說起來很簡單，但其實需要反覆應用才能把這種簡單的思考模式變成習慣。一旦養成精細拆分任務的習慣，效率就會在不知不覺間提高了。

24 「番茄工作法」所用的思想亦與此類似。參見第三四八頁。

6.感知時間

只有與時間成為朋友，才能真正知道她的寶貴、懂得她的神奇。在這之前，我甚至不知道自己早已把她變成了敵人，掙扎了許多年，還以為自己在與這個世界爭鬥。突然有一天，我發現自己就像賽萬提斯[25]筆下的那個騎士唐吉訶德[26]。唐吉訶德有自己的身分標籤——「騎士」，於是他擁有並堅守著符合那個身分的「騎士精神」。在一次歷險中，他把風車當作敵人，卻無論如何都不明白他的敵人實際上是那看不見的「風」，還有那原本應該隸屬於他的、卻竟然完全不受他控制、反倒成了他的主人的「大腦」。

與所有人一樣，從小自命不凡的我當然也給自己貼過各種各樣的標籤。我崇尚公正，嚮往自由，渴望平等，憧憬希望。在相當長的一段時間裡，我跟大多數人一樣，觀察到的是偏頗，感受到的是禁錮，體會到的是差距，意識到的是失望。我現在猜想，或許所有人都必然要經歷這樣一個階段，不過只有少數人能夠度過這一階段。有一次，我在幾百人的課堂上說：「很多人都曾不由自主地產生過自殺的念頭。曾有過（哪怕瞬間而已）自殺念頭的同學，麻煩你們誠實地舉手。」當時幾乎沒有人不舉手。然後，我說：「相信我，你並不孤獨。」

在發現自己竟然只不過是另一個唐吉訶德的那一瞬間，感覺真的是特別詭異：萬念

25 賽萬提斯（Miguel de Cervantes Saa-vedra），十六世紀西班牙小說家、劇作家、詩人，被譽為西班牙文學世界最偉大的作家。

26 唐吉訶德（Don Quijote），賽萬提斯的小說《唐吉訶德》的主人公。唐吉訶德幻想自己是個騎士，並因此作出種種匪夷所思的行徑，最終從夢幻中甦醒過來。

俱灰的同時卻體會到浴火重生。直接來自感官的認識很容易與他人分享，而思想上的體驗卻往往難以用語言表達。但，我想很多人都應該有過與我相同的體驗。

重生並不意味著立刻脫胎換骨。有著成年人意識的「嬰兒」如果能感受更多的歡樂，自然也有相對更大、更多的痛苦。那時我還不知道自己竟然有機會與時間做朋友，只是隱約明白不能再浪費時間而已。當然，現在我不再認為我有能力浪費時間，正如我作為一個人沒有什麼能力管理時間一樣。頂多，我可以因為逃避一些責任而背叛時間——可那又是多麼讓人有罪惡感的事情？一位朋友讀完米蘭．昆德拉[27]的小說《生命中不能承受之輕》[28]之後概括：逃避責任就會帶來輕鬆，可那恰恰就是「生命中不能承受之輕」啊！

沒有人會不瞭解自己的朋友。所謂真正的朋友，必然是也只能是那些最終被證明為我們真正瞭解的少數人。同樣的道理，如果我們竟然有機會與時間做朋友，也確實有與時間做朋友的願望，又有什麼理由不去耐心地瞭解關於時間的各個方面？

每個人都有自己的運氣。我也一樣。我的好運之一是竟然在二〇〇五年的某一天在網路上閒逛時看到了一本書——《奇特的一生》（*Эта странная жизнь*，格拉寧著，一九七四年首次發表）。這部被定義為「一部以真人真事為基礎的文獻性小說」講述了蘇聯昆蟲學家柳比歇夫[29]如何透過他所獨創的「時間統計法」在一生中獲得驚人成就的

27 米蘭．昆德拉（Milan Kundera），捷克裔法國作家。

28 《生命中不能承受之輕》（Nesnesitelná lehkost bytí），內容涉及相當多的哲學觀念。

29 柳比歇夫（Alexander Lyubishchev），二十世紀蘇聯昆蟲學家、哲學家、數學家。

故事。

在這本書裡，作者寫道：

所有的人，連柳比歇夫親近的人在內，誰都沒有想到他留下的遺產有多大。他生前發表了七十來部學術著作。其中有分散分析、生物分類學、昆蟲學方面的經典著作；這些著作在國外廣為翻譯出版。各種各樣的論文和專著，他一共寫了五百多印張。五百印張，等於一萬二千五百張打字稿。即使以專業作家而論，這也是個龐大的數字。

科學史上，艾勒、高斯、赫姆戈爾茨、門德列夫都曾留下巨大的遺產。對於這種多產，我老是迷惑不解。這一點很難解釋，但也挺自然——古時候，人們寫得比較多。至於今日的學者，撰寫多卷的全集是一種罕見的甚至是奇怪的現象。連作家似乎也寫得比過去少了。

柳比歇夫的遺產包括幾個部分：探討地蚤的分類、科學史、農業、遺傳學、植物保護、哲學、昆蟲學、動物學、進化論、無神論等的著作。此外，他還寫過回憶錄，追憶許多科學家，談到他一生的各個階段以及彼爾姆大學……

他講課，當大學教研室主任兼研究所一個室的負責人，還常常到各地考察；

一九三〇年代他跑遍了俄羅斯的歐洲部分，去過許多集體農莊，實地研究果樹害蟲、玉米害蟲、黃鼠……在所謂的業餘時間，作為「休息」，他研究地蚤的分類。單單這一項，工作量就頗為可觀：到一九五五年，柳比歇夫已搜集了三十五箱地蚤標本。共一萬三千隻。其中五千隻公地蚤做了器官切片。總計三百種。這些地蚤都要鑒定、測量、做切片、製作標本。他收集的材料比動物研究所多五倍。他花了一輩子研究跳甲屬的分類。這需要特殊的深入鑽研的才能，需要對這種工作有深刻的理解，理解其價值及其說不盡的新穎之處。有人問到著名的組織學家聶佛梅瓦基，他怎麼能用一生來研究蠕蟲的構造，他很驚奇：「蠕蟲那麼長，人生可是那麼短！」

這是一本很薄的冊子，所以我用了不到一小時就讀完了。掩卷之後，喟然長歎。於我這種普通人來講，這種大師的境界，正可謂「仰之彌高，鑽之彌堅」。知易行難啊。

很多年前，在我大約二十歲的時候，讀過李敖的書[30]，覺得他那種寫日記的方法頗有些道理，於是開始學著做每天的「事件日誌」（Event Log）。除了自己經歷的事件之外一概不記，而且儘量不記感想，不記感受，只記錄事件本身。例如：

30 參見李敖著《大學後期日記甲集》和《大學後期日記乙集》。

一九九五年十二月二十日，延吉市

1.主持經銷商大會。

2.拿到上個月獎金共×××××元。

3.李堃請我吃飯，算算有四個月沒見了。

……………

一九九六年五月十日，吉林市

1.連續一周，什麼正事都沒做，只看了幾本無聊的小說。

……………

至今，我還保留這樣的習慣，並因此受益無窮。其實做這件事每天只需要花十分鐘左右。後來為了進一步節省時間，我乾脆在這個本子上穿了根繩子，掛在家裡洗手間馬桶面對的牆上，每天晚上睡覺前坐在馬桶上，順手就寫完了。這樣簡單的日誌是有巨大好處的——每年下來，我都知道自己去年做了些什麼，僅僅這一點，就非常寶貴了。到了三十歲之後，我才覺得自己做的真正有意義的事情慢慢多了起來。下面這些是整理後、關於我出版的第二本書的一些事件記錄。

二〇〇四年九月十二日，北京市

1.《TOEFL 6分作文》終稿交給責編竇中川。

……

二〇〇五年十一月九日，成都市

1.收到竇中川快遞，協助修訂《TOEFL 6分作文》三審意見。

……

二〇〇六年一月二十七日，北京市

1.收到徐燕青快遞，《TOEFL 6分作文》，二十本。

……

二〇〇六年五月二十九日，北京市

1.提交托福作文書第二版的修訂稿，更名為《TOEFL iBT 高分作文》。

……

二〇〇六年八月三日，北京市

1.收到徐燕青快遞，《TOEFL iBT 高分作文》第二版，十本。

……

二〇〇七年十月十六日，北京市

1.收到馬寧快遞，《TOEFL iBT高分作文》第三版，第七次印刷，十本。

……

可是，有著這種習慣的我，在讀過《奇特的一生》之後，卻被柳比歇夫的大師境界嚇了一跳。過了差不多兩年，重新讀它的時候，我驚訝地感歎：「啊？我太笨了！這些我早應該明白的啊！」

柳比歇夫的日誌，是「事件—時間日誌」（Event-time Log）。他的方法要比李敖的方法更高級。李敖的事件日誌，往往只能記錄事件的名稱，是一種基於結果的記錄；而柳比歇夫的事件—時間日誌是一種基於過程的記錄。它們的細微差別在於，**基於過程的記錄要比基於結果的記錄更為詳盡**。

權摘抄《奇特的一生》中柳比歇夫的日誌為例。

烏里揚諾夫斯克。一九六四年四月七日。分類昆蟲學（畫兩張無名袋蛾的圖）——三小時十五分。鑒定袋蛾——二十分（1.0）。

附加工作：寫信給斯拉瓦——二小時四十五分（0.5）。

社會工作：植物保護小組開會——二小時二十五分。

休息：寫信給伊戈爾——十分；《烏里揚諾夫斯克真理報》——十分；托爾斯泰的《塞瓦斯托波爾紀事》——一小時二十五分。

基本工作合計——六小時二十分。

烏里揚諾夫斯克。一九六四年四月八日。分類昆蟲學：鑒定袋蛾，結束——二小時二十分。開始寫關於袋蛾的報告——一小時五分（1.0）。

附加工作：寫信給達維陀娃和布裡亞赫爾，六頁——三小時二十分（0.5）。

路途往返——（0.5）。

休息——剃鬍子。《烏里揚諾夫斯克真理報》——十五分，《消息報》——十分，《文學報》——二十分；阿·托爾斯泰的《吸血鬼》，六十六頁——一小時三十分。

聽林姆斯基—高沙可夫的《沙皇的新娘》。

基本工作合計——六小時四十五分。

基於過程的記錄，不僅更詳盡，還有另外一個巨大的好處——結果不好的時候更容

易找到原因。想明白「基於過程的」與「基於結果的」兩種記錄之間的區別之後，我開始嘗試著在自己記錄的每個事件後面加上時間。

實踐了不到兩個星期，我就體會到這種新的記錄方法的另一個巨大好處：它會使你對時間的感覺越來越精確。前文講過，每個人都會感覺「時間越來越快」，以及為什麼每個人都會有這樣的感覺，而這樣的感覺會使我們產生很多不必要的焦慮。焦慮本身沒有任何好處，只能帶來負面影響。透過實踐，我發覺這種基於過程的事件—時間日誌記錄可以調整我對時間的感覺，在估算任何任務的工作量的時候，都更容易確定「真正現實可行的目標」。此外，相對準確的估算又使得目標基本上都可以達成，由此可以算是「戰勝了焦慮」。

詳細的記錄令我獲益匪淺。事實上，每個人都多少明白記錄的重要性，可做記錄的人並不多。舉例來說，大部分人聽說過「你不理財，財不理你」，可是意識到應該記錄帳目、管理金錢開銷後，仍然只有少數人做得到。這是為什麼呢？發生這種現象最明顯的原因是，記帳並不輕鬆——不僅要在花銷的當時記錄下來，還要時常整理、分析，這使得許多人覺得記帳麻煩，繼而放棄。面對實實在在的錢款尚且如此，面對難以觸碰的時間就更是隨意了。

解決這個問題的一個突破口，是尋找順手的工具。

二〇一二年的秋天，我遇到了網易有道的產品經理蘭天[31]，碰過幾次面之後，他利用網易內部的「20%」計畫[32]，組織張志彬和王海波[33]成立了一個小團隊，著手設計「Mr Time」[34]——用來記錄時間開銷的手機應用程式。Mr Time 用起來很簡單：做任何事情之前，拿出手機，打開應用程式，點一下；事情做完，再點一下。如此這般確定了時間的起點和終點之後，再抽空將具體事務分類、細化。Mr Time 解決了兩個問題：一方面簡化了記錄時間開銷的過程，另一方面自動完成了記錄後的整理、分析、統計工作。有了這個程式，記錄時間開銷應該方便多了。

在第三遍讀《奇特的一生》這本書的時候，我才真正注意到這段話。

> 柳比歇夫肯定形成了一種特殊的時間感。在我們有機體深處滴答滴答走著的生物鐘，在他身上已成為一種感覺兼知覺器官。我作出這樣推斷的根據是：我跟他見過兩次面，在他日記中都有記載，時間記得十分準確——「一小時三十五分」、「一小時五十分」；然而當時他自然沒有看錶。我同他一起散步，不慌不忙，我陪著他；他借助於一種內在的注意力，感覺得到時針在錶面上移動——對他來說，時間的急流是看得見摸得著的，他彷彿置身於這一急流之中，感覺出來光陰在冷冰冰地流逝。

---

31 蘭天，網易有道雲筆記高級產品經理，精益創業實戰沙龍（nblabs.org）創始人。曾於雅虎、騰訊等大型網路公司任職。長期關注網路創業項目。

32 「20%」計畫：指網易員工可以用20%的工作時間做自由專案。

33 張志彬負責 Mr Time 的 UI 設計、iOS 開發，王海波負責 Android 開發。

34 Mr Time 曾獲得網易有道最佳個人項目獎，源碼很快會在代碼託管社區網站 GitHub 上開源提供。

柳比歇夫這樣的人才是時間的朋友。他們透過長時間刻意的訓練，甚至不需借助鐘錶就可以感受時間的一切行動——當然，時間的行動只有一個，那就是自顧自地流逝。

經過多年的摸索與思考，我終於可以這樣說：

我有個朋友叫做時間。她跟我算得上是兩小無猜，可她默默陪了我許多年之後，我才開始真正認識她。她原本沒有面孔，卻因為我總是用文字為她拍照，因此可以時常伴我左右。她原本無情，我卻可以把她當作朋友，因為她曾經讓我明白，後來也總是經常證明，無論做什麼事情，只要我付出耐心，她就會陪我甚至幫我等到結果，並且從來都能將結果如實交付給我，從未令我失望。正是因為有了時間作為朋友，我才可能僅僅運用心智就有機會獲得解放。

既然管理時間是不可能的，那麼解決方法就只能是：想盡一切辦法真正瞭解自己、真正瞭解時間、精確感知時間，而後再想盡一切辦法使自己及自己的行為與時間「合拍」。按我的話說就是——「與時間做朋友」。

7. 記錄開銷

請準備一個本子和一支筆，隨身攜帶。貴賤無謂，能用就行。

正如理財時第一步是弄清楚自己的錢都花在什麼地方一樣，感知時間的第一步就是要搞清楚自己的時間都用來做了些什麼。以下這幾組練習可以讓我們達到這個目的。

第一組練習

做這組練習只需要一下午的時間就夠了。

一、認真回憶並記錄昨天做的事情。逐條記錄下來，每條前面標上號碼，後面標注出花費的時間。例如：

1.上午去健身房。八點半從家出發，十點十五離開。花費一〇五分鐘。

2.回家休息，打幾個電話，接幾個電話，想收拾一下房間，但是決定下午再說，等於什麼都沒做。

3.中午與朋友吃飯。十二點到餐館，一點四十五離開。花費一〇五分鐘。

4.下午寫了一篇文章。三點左右開始寫，到六點左右寫完。差不多花費一八〇分鐘。

5.……

（哈，我在寫上面幾行文字的時候，就發現自己還做了很多沒辦法或者不好意思寫給別人看但確實沒用的事……不過，反正是寫給自己看的，不會讓別人看到，所以，一定要如實記錄。）

二、認真回憶並記錄前天做的事情。同樣逐條記錄下來。

三、認真回憶並記錄大前天做的事情。同樣逐條記錄下來。

第二組練習

做這組練習也只需要一下午的時間就夠了。

一、認真回憶並記錄上個星期做的事情。

二、認真回憶並記錄上個月做的事情。

三、認真回憶並記錄上個季度做的事情。

四、認真回憶並記錄過去一年做的事情。

第三組練習

一、用一個星期的時間，每天晚上回憶並記錄當天做的事情。

二、用一個星期的時間，每天隨時記錄自己剛剛做完的事情花費了多少時間。

這些練習全部做完，如果你覺得筋疲力盡或者看著這些記錄就會心驚肉跳，我就要說我最喜歡說的那句話了：

「相信我，你並不孤獨。」

8. 制訂預算

前面的練習可以幫助我們養成一個好習慣：每天記錄時間開銷。如果這個習慣已經養成，我們還要養成第二個好習慣：**每天制訂時間預算**。

在開始一天的活動之前，花費十五至三十分鐘仔細制訂當天的時間預算絕對是特別值得的，恰如另一段「陳腔濫調」——磨刀不誤砍柴工。

最直接的方法就是製作一個清單，把今天要做的事情列出來。為了表述方便，後文把這些清單中的事情稱為「任務」。例如：

▽背單字，另外，還得按照計畫把昨天和上週五背的那兩個清單複習一遍。
▽晚上約好要和張三看電影。
▽去圖書館，上網搜索，找出必要資訊，完成文章寫作。
▽下午要和同學踢球。
▽……

當然，在列這些任務的時候，你的大腦就要自動開始估算完成每項任務究竟要花費多少時間了。很快，你就會遇到第一個問題：任務太多，無法全部完成。於是，你只好進行選擇。

事實上，生活就是選擇。

解決這個問題的方法倒也簡單，就是給清單中的每項任務標上權重[35]，例如可以用數字1到5進行標注。但是請注意，不要像某些書籍建議的那樣使用數字1到10進行標注，因為大多數情況下，人們很難如此精確地分辨事情的重要程度。實際上，我認為對

35 權重（weight），某一指標的權重是指該指標在整體評價中的相對重要程度。

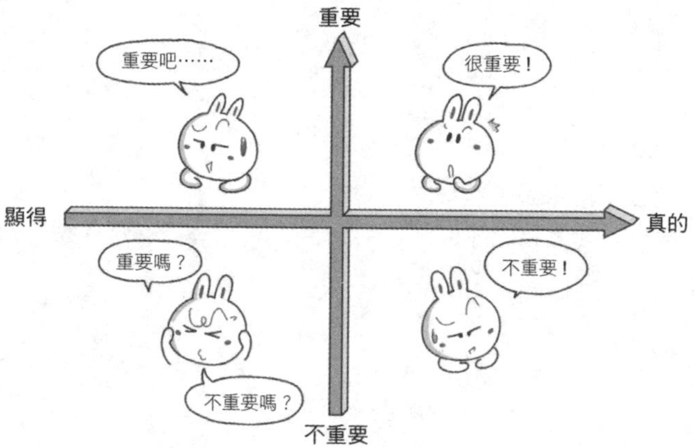

大多數人來講，用數字1到3已經足夠，因為這種設計基本上可以代表：

▽　不重要
▽　一般
▽　重要

當然，根據個人喜好，你也可以用「-1」、「0」、「1」標注。同樣的事情可以透過多種方法完成，選擇自己喜歡的方法往往就是最優策略。

我甚至建議一開始只要給每個任務標注「重要」和「不重要」就行了。這樣，標注就會變得相當簡單——在那些重要的任務之前加上一個表示重點的符號就可以了。有人喜歡用星號（＊），我個人比較喜歡一筆就

可以畫出的五角星（☆）。當然，還有一種更簡潔的做法就是把那個任務圈出來或者在前面畫個圈（〇）。

一旦開始嘗試給要做的事情標注權重，我們就會發現，這件事並沒有看上去那麼容易，即便用最簡單的方法——只用「重要」和「不重要」進行標注，我們也必須分辨「真的重要」和「顯得重要」，以及「真的不重要」和「顯得不重要」。

考慮之後，我們需要重新審視一下已經被標注為「重要」的那些任務，因為其中必然有一些只不過是「顯得重要」而已。同時，我們還需要重新審視一下那些被標注為「不重要」的任務，因為其中總有一些實際上只是「顯得不重要」。這樣一來，某些權重標注一定會被修改。

判斷一項任務是否「真的重要」其實只需要一個標準：這項任務的完成是否確實對達成目標有益。可是，作為一個正常的、健全的、擁有七情六欲的普通人，不掙扎一下，就很難完全專注於這個最關鍵、最根本的決策標準。

每個人都喜歡做有趣的事，做的時候往往並不關心這件事到底有沒有用。可是，有趣的事不見得有用啊！

如果我們能甩甩頭，強迫自己理智一些，就會知道：無用的事情，哪怕非常有趣，都不應該去做；而有用的事情，哪怕非常無趣，都應該去做。請你認真面對自己想想看：過去一直是這樣用理智指導自己行為的嗎？

審視一下自己的生活，你就可能痛苦地發現，自己經常僅僅因為非常有趣就去做的那些事其實沒什麼用。例如，你在三月的時候設定了一個目標——六月參加托福考試，可是到了五月底才發現，其實在過去的兩個月裡，你做的最多的事情是跟朋友打牌或者泡酒吧。再如，你在早上決定白天要背兩百個單字，可是背到第二十個單字的時候，朋友來電話說要請你吃飯，然後你就去了，喝多了回來，直接上床睡覺，甚至連最重要的習慣——記錄時間開銷都放棄了。

選擇目標不用向任何人學習，每個人都或多或少、或清楚明瞭或含混模糊地有自己的目標——「理想」或者「癡心妄想」。現在就開始把自己的那些哪怕不切實際的目標作為標準來判斷吧——判斷每項任務的真實屬性，然後選擇「真的重要的」或者「顯得不重要的」。

相信我，養成任何一個哪怕很小的習慣都需要掙扎。然而，貌似痛苦的掙扎過程，在將來的某個時刻終將變得其樂無窮。

9.計畫

套用莎翁[36]「生存還是毀滅，這是個問題[37]」的句型，很多時候，我們面臨的抉擇就是「計畫還是率性，是個問題」。在大多數情況下，計畫總是必要的。在與計畫相關的格言中，我最喜歡的是：「我們不是計畫著去失敗，而是失敗地計畫。」（People don't plan to fail, they fail to plan.）

計畫成功的前提：目標現實可行

字典裡說，所謂「成功」就是「獲得預期的結果，達到目的」。這是我所見過的對「成功」最簡潔、最清楚、最無副作用的定義。有了目標，就可以倒推每個實施步驟，最終

36 即莎士比亞（William Shakespeare），西方文藝史上傑出的作家，被譽為英國的民族詩人。

37 出自莎士比亞的戲劇《哈姆雷特》，原文為 To be, or not to be: that is the question.

自然地形成計畫。所有真正執行到底的計畫，都是因為目標現實可行。

有一句話令我印象深刻：「失敗只有一種，就是半途而廢。」但是，另一個事實也同樣令人印象深刻——堅持到底不見得一定會成功。如果一個人的目標是製造永動機或者煉製長生不老丹，那麼無論他怎樣堅持不懈，理論上都是沒有意義的，因為這樣的目標不現實。還有一種值得注意的情況是：有些最終透過堅持不懈可以達成的目標，對一個壽命有限的人來說依然是不現實的。例如，人類夢想可以像鳥兒一樣在空中翱翔，可不是近一、二百年才開始出現的念頭。事實上，在萊特兄弟[38]在一九〇三年十二月十七日第一次成功進行試飛之前，漫長的人類歷史中曾有無數的人用各種各樣的方法嘗試飛行，但其中很多人摔死了，活下來的基本上也都鬱鬱而終。

我用上面的例子說明問題，也是事出有因的。曾經有位同學來問我對他出國留學的可能性的看法。在仔細瞭解了他的現狀、目標及他所擁有的可準備時間之後，我對他說：「你想用半年時間實現這樣的飛躍，是不可能的。我告訴你，你的情況，至少還需要兩年時間。」我看到他露出了驚訝的表情，但並沒有理會我的話，只好接著說：「我看，你還是別浪費時間了，去做些實際的事情吧。」

原本以「事事鼓勵他人」為樂的我，這次卻一反常態，潑了滿滿一盆冷水。這位同學露出失望的表情，不甘心地說：「沒有什麼事情是不可能的！幾百年前人們都不相信

38 萊特兄弟，是指奧維爾．萊特（Orville Wright）和威爾伯．萊特（Wilbur Wright）兩兄弟。他們被廣泛譽為現代飛機的發明者。

人可以飛上天，現在不是已經證明他們是愚蠢的了嗎？」我只好苦笑：「你能活多少年？你剛剛不還跟我說，你只有六個月時間嗎？我讓你用兩年時間，你卻說不可能……」那位同學突然發作，幾乎對我咆哮起來：「我看你根本不配做老師，一點忙都幫不上，沒用！」我想，我應該閉嘴了。

我知道那位同學的憤怒本質上並非針對我，只是在那一瞬間，他被現實打擊到了失控的地步。我不覺得在這時善意的安慰與鼓勵和虛偽的欺騙有什麼分別。他生氣不是因為我說了實話，而是因為沒聽到他想要聽到的話。現實生活中我們可以看到很多這樣活生生的拒絕現實的例子，我想，任何一個冷靜的人，都不希望自己有一天變成那個樣子。

其實，對大多數人來講，所要做的幾乎都不是什麼「前無古人，後無來者」的事。按照常態分布曲線看，僅有不到1％的人有機會追求那些能令所有人仰望的目標。對像我這樣的普通人來說，證明我的目標現實可行的方法比較簡單：

▽已經有人做到了。

▽我與那個人沒有太大的差距。

對這兩個簡單的衡量標準，也需要多少做些說明。

「已經有人做到了」，並不代表我也能做到。他用多長時間做到的？他用什麼方式做到的？我和他的區別究竟在什麼地方？哪些是我確實無法超越的？我的相對優勢在哪裡？我有沒有可能透過一些方式彌補我的相對缺陷？也許還要問更多的問題，才能夠確定我們的目標確實是現實並且可行的。

事情往往並不像想像中那麼簡單。我們更常面臨的尷尬是：如果不開始行動，就根本無從判斷目標是不是確實可行，或者反過來，目標是不是確實不可行。於是，往往只有開始行動之後，才能作出正確的判斷。在行動過程中，如果發現既定的目標確實是不現實、不可行的，那麼「半途而廢」不僅不意味著失敗，反而意味著決策者的無比理智。

長期計畫是需要透過實踐才能習得的能力

在某高校開講座的時候，我曾順帶說起自己跨度頗大的職業生涯：上大學學會計，畢業之後做業務，多年以後竟然跑到新東方教英文，現在是自由工作者……我不知道自己將來會做什麼，反正我知道自己今後肯定還會做一些別說身邊的人，甚至連我自己都會驚訝的事情。

其實，我個人並不相信什麼「職業規劃」。也許是我機會不好，大學畢業的時候身邊沒有什麼職業諮詢人，自己也迷迷糊糊不知道應該去問誰，而到了現在，身邊淨是著名的、資深的職業規劃大師，竟然也沒有誰在這方面幫我出出主意。

我很小的時候就知道有些人竟然可以制定長達幾十年甚至一生的計畫，而後一絲不苟地執行下去——當年讀《基督山恩仇記》[39]的時候覺得故事中的人物就厲害在這裡。後來，看史蒂芬．金[40]小說改編的電影《刺激一九九五》（*The Shawshank Redemption*），再次覺得這麼厲害的人必然存在於這世界的某個角落，不過，反正不是我。

在相當長的一段時間裡，我總覺得自己沒辦法不隨波逐流。上大學的時候流行讀雙學位，於是我也跑到吉林大學混了個什麼「國際經濟與關係」專業的第二學位……可從畢業到現在，別說第二學位的證書，就是本專業的畢業證書我也一次都沒用過。那個時候，還流行大四學生考駕照，當然我也想辦法弄了點錢跑去拿了一個，讓班裡的同學們很是羨慕，可畢業之後賺到了足夠的錢才發現，自己總是在幾個城市間穿梭，買車是完全沒必要的事情，後來終於安定了，發現還是叫計程車更方便、更有效率，於是我至今沒有用過那本駕照，算算已經十多年沒有年檢了……

有人說「計畫總是沒有變化快」。這話聽上去挺現實，卻沒說到重點。計畫總是被變化打亂的深層原因在於：計畫過於長遠。事實上，無論變化多快，計畫總是要有的，只是在制定計畫的時候，應該考慮到變化，應該以自身的情況分析自己究竟適合制定多久的計畫。

39《基度山恩仇記》（Le Comte de Monte-Cristo），法國大文豪大仲馬所著，被公認為其最好的作品。

40 史蒂芬·金（Stephen Edwin King），是一位作品多產、屢獲獎項的美國暢銷書作家，曾擔任電影導演、製片人及演員。

以我為例。我曾嘗試制定年度計畫，卻發現自己沒這個能力完成。於是，在再次平靜接受自己天分平平這一事實的同時，我一口氣把計畫期限縮短到一個星期。透過實踐發現：如果一個計畫的期限只有一個星期，我就很容易堅持住，並且往往可以出色完成。這令我非常開心，因為我發現自己還是可以做一些事情的。而隨著時間的推移，我發現自己竟然可以慢慢把計畫期限延長，兩個星期、一個月，後來甚至可以制定一個季度的計畫！

直到近三十歲的時候，我才小心翼翼地把自己制定計畫的期限延長到一年。直到今天，我也依然以一年作為計畫制定的最長期限。依靠這些計畫，二〇〇〇年，我用了半年時間準備各種考試，而後跑到新東方應聘。幾經周折終於開始在新東方講課後，我用了一年時間把自己變成國外部學生評價最好的老師。再三年之後，我用了一年時間準備離開新東方——計畫創業。後來，我竟然發現一年時間根本不夠，於是又用了一年時間認真尋找方向……

在目標現實可行、方向確定的情況下，輔以計畫，才能成功。一般來講，期限越短、內容越清晰，目標就越容易實現。長期目標、人生理想固然要有，但理想這東西往往太遙遠，以致我們總是看不清楚。不過，看不清楚也沒關係，「千里之行，始於足下」，我們要做的事情只是一步一步走，把每一步都走好，走踏實。至於「千里」之外的終點，既然連看都看不清，就不用花時間去想了，因為想了也沒用。

在這裡，我只是樸素地用自己的經驗得出適合自己的結論：沒有人能替我做職業規劃。原因除了我固執的個性使我不可能把自己的命運交到別人手裡之外，還有一個經驗告訴我的硬道理：生活本身充滿了意外，並且，總是意外到無以復加的地步。

這並非僅是我個人的觀點，斯坦福大學的約翰．克倫伯特茲[41]教授在他的《幸運絕非偶然》（*Luck Is No Accident*）一書裡說：「我的一生以及整個事業都在被不可預期的事件影響著。」而他的調查發現，在三十五歲時仍然在做自己十八歲時最想做的事情的人，在整個樣本群體中占的比例小到可以忽略不計。

由此可知：做長期計畫顯然是正確並且必需的，但是，並非每個人都有制定長期計畫的能力。這種能力可躋身最重要的能力之位，擁有它需要掙扎、需要努力、需要從一點一滴做起。不要一上來就制定過長的計畫。哪怕制定一個星期的計畫，都不是很容易的事情——實際做一下就知道了。

如果你對你的將來充滿困惑，相信我，你並不孤獨。

然而，充滿困惑並不意味著你要不知所措。霧裡看花，誰都看不清楚，但我相信，只要不停地往前走，早晚可以走到一個鮮花盛開的地方，在那裡，無論霧有多大，我們總是可以看到那些「花」，因為距離已經足夠近了。

41約翰．克倫伯特茲（John Krumboltz），美國斯坦福大學教育與心理學院終身教授。

有些時候沒必要做計畫

估計沒有人會否認計畫的重要性。所有的時間管理書籍都會詳細地介紹制定計畫、執行計畫的基本步驟和技巧。可問題是，為什麼很多人買過這種書，並且無數次準備聽從那些專家的建議，最終卻無一例外地不了了之了呢？原因很多，一個特別重要的是：**計畫固然重要，行動更為重要**。

如果想做事，當然要行動。行動是改變自己的眾多方法中最有效、最直接的方法。很多時候，只要開始行動，哪怕事先並無計畫，往往也會有收穫。但是反過來，缺乏行動的計畫肯定沒有任何意義。

有些時候沒必要做計畫，原因只是任務非常簡單。例如，要鍛鍊身體，那麼計畫可能一句話就說清楚了：每天早上慢跑一小時。而沒有必要再想：應該堅持多久呢？因為答案非常簡單：一輩子，或者，能堅持多久就堅持多久。再如，要背單字，那麼計畫也非常簡單：每天背五十個單字。這件事更簡單，因為沒必要堅持一輩子。如果你是一位大二的學生，那麼估計三十天過後，你就可以通過大學英文四級考試了，因為這種考試沒必要、一般也不可能獲得滿分。如果你是一位大三的學生，那麼六個星期之後，估計你已經具備在托福考試中拿高分的實力了，因為你又不是升到大三才開始學習。可實際上呢？兩個月過去了，回頭一看，你可能只背了一百五十個單字……

有些時候計畫會稍微複雜一些。例如，想減肥，那麼除了每天做慢跑之類的有氧運動之外，可能還有一些其他的要求，類似不要吃油炸食品（可是所有的油炸食品都很香！）、少量多餐（可是餓的感覺很不爽！）、用水果蔬菜替代主食（可是我想吃肉！）、按時睡覺（可是今天凌晨有關鍵球賽的實況轉播！）……兩個月過去，回頭一看，你可能發現自己因為迷戀睡懶覺而沒怎麼跑步，瞞著教練偷吃了不少油炸食品，由於飲食不規律所以有些時候總是吃到差點撐死為止，不僅看了球賽轉播還看了很多的美劇，同時因此不得不熬夜把該做的事做完——當然，第二天一定要睡懶覺！

看到了吧，計畫無論簡單還是複雜，缺乏切實的行動就注定會失敗或者失效。我的經驗是：有些時候故意不做計畫反倒是有益的。幾年前我開始去健身房，就沒有制定任何目標和計畫，因為我覺得沒有什麼必要，反正運動總比不運動好，健康最重要。在這種情況下，我只做了一件事——堅持。儘管因為實在抽不出時間和精力，中間也有過幾次短期的中斷，可一旦忙得不可開交的階段過去之後，我會繼續定期去健身房。雖然也有過不願意再去的時候，但我知道那不過是大腦的想法，而不應該是我的想法——只要意識到這一點，就不存在什麼掙扎，直接往健身房去就是了。

兩年後的某一天，我突然覺得有必要制定一個比較專業的健身計畫了，因為我想好好利用一下那難能可貴的、能夠自由支配的幾個月時間（人一過三十歲，能夠自由支配的時間就越來越少了）。當我拿出紙和筆，不停地羅列細節的時候，我意識到一個重要的事實：其實，我剛開始健身的時候，完全不具備制定有效健身計畫的能力！那個時候，我不可能知道自己的哪些肌肉群相對強大，所以只要正常練習就好；我也不知道自己的哪些肌肉群相對薄弱、特別難練，現在必須有意識地加強練習。而幾年之後，我已然清楚自己應該如何合理安排有氧訓練和無氧訓練的比例，也知道在什麼時間自己會處於最佳狀態……

綜上所述，沒必要做計畫的原因主要有兩個，除了前面提到過的「任務其實非常簡單」之外，另一個原因是「初始狀態下，我們往往並沒有能力去制定合理有效的計畫」。做任何事情，都可能經歷相同的過程：逐步熟悉，小心摸索，失敗、失敗、再失敗，認真反思，捲土重來，直到成功。而最初，在我們對任務連基本的認知都沒有的時候，制定出來的計畫十有八九不過是空談。

在大多數情況下，我的建議是這樣的：如果想要改變自己，或者對自己目前的處境不滿意，那就一切從簡——找一個你覺得應該會帶來改變的任務，然後去做就是了。不要怕碰壁，不要怕失敗，那是必須經歷的過程。失敗並不可怕，因為人總是要失敗許多次才會得到結果，況且全天下又不是只有你會失敗，怕什麼？達成目標的關鍵在於每次受到挫折之後能否汲取教訓。只要能汲取教訓，然後自我調整，那就是進步。我們一生所做的事，大都是在試錯（Trial and Error），對於人生，沒有人能像解釋數學或物理學原理那樣給一條普遍適用的公式。永遠記住，馬上行動是最重要的[42]——儘管這句話已經有無數人說過無數次。

10. 清單

清單從來都是最有效的組織工具之一。據說用來組織或者管理的清單可以分為很多種，如任務清單、待處理清單、核對清單等。儘管我個人覺得那麼仔細地分辨這些概念沒有多大意義，但我確實認為清單本身非常有用，製作清單、運用清單確實是一種需要練習的重要能力。

先說一個清單給我帶來好處的例子。

很久以前，我發現自己到超市買東西之後經常懊惱：「怎麼又有兩樣東西忘買了呢?!」於是，我便養成了去超市之前列清單的習慣。具體的過程是：如果我決定今天去超市買東西，那麼，早上醒來，我會在一張紙上記下要買的東西，然後把這張紙貼在牆上的小白板上，而不是直接去超市。一般來講，到了上午九點，我可能會突然想起來還

---

42 當然，有些時候，有些行動必須拖延。例如，決定買個新潮手機的時候，故意拖延三個月，會享受到更低的價格；決定買輛非常中意的高級轎車的時候，故意拖延一年半載，也許會意識到當初的審美其實很有問題。我個人的經驗是：對我來講，所有的大額消費活動，乃至其他一切涉及金錢的活動，諸如投資之類，「馬上行動」的建議肯定不適用；相反，這種情況下，一定要拖延，拖得越久越好——再次強調，這僅是我個人的經驗。

有一件東西應該加到這個清單中，到了十點還可能要補一件，而十一點也許又要加上一件……下午兩點的時候，我就可以去超市了。每找到一樣東西，就在清單的相應位置上打一個勾；確定在超市裡找不到的，就在清單的相應位置上畫一個叉。這樣，我就不會因為忘記買某些東西而懊惱了。

製作這個清單的好處，我已經說清楚了。不過還有個細節需要說明：如果我沒有製作這個清單，那麼回到家之後為了自己的粗心懊惱不已時，我所面臨的情況可能有兩種——我要買的東西超市裡確實有，但我忘了買；我要買的東西超市裡根本沒有，再去了也沒用。

可以想像，當我懊惱不已卻又不得不重返超市，發現自己面臨的竟然是第二種情況時的反應——氣個半死，卻無可奈何。可有一點是確定的：時間已經被我浪費了。

當然，還有一種情況是當時忘了買，回家之後也記不起來，許多天後才想起自己還沒有買那件東西——實際上，這樣的人不在少數。

所以，製作一個清單，往往會使自己做事井井有條，並保證自己不會白白浪費時間。在長期使用清單的過程中，我發現有些經驗確實值得分享。

最方便的清單工具是紙和筆

最好有一個本子，裡面夾著一支筆——隨身攜帶。

我建議，儘量不要使用安裝在桌上型或筆記型電腦上的清單管理軟體——儘管那些程式都設計得非常好，但它們卻遠不如紙和筆來得方便、有效。桌上型電腦不大可能隨身攜帶，筆記型電腦倒是可以隨身攜帶，但遠比紙和筆笨重，而且從待機狀態恢復到工作狀態往往需要等待——更要命的是，萬一中途斷電還可能造成檔案損壞。現在雖然有很多更加精巧的電子產品，如個人數位助理（Personal Digital Assistant，簡稱PDA）、智慧型手機等，但我依然不建議就此放棄紙和筆[43]而完全依靠它們，因為它們的價格還是相對昂貴，作業系統及配套軟體依然不是非常可靠，電池續航問題還沒有得到徹底解決，輸入依然不夠方便……

紙和筆很難被完全代替的另一個重要原因是：除了紙筆，我們很難再找到可以用來隨手寫寫畫畫的工具了。很多時候，畫比寫重要，哪怕可能僅僅是畫一個圈或者幾個箭頭而已。

清單沒必要工整

清單的讀者往往只有我們自己，所以清單只要自己能看懂就夠了。

用最簡便的方式製作清單才最合理：大量的縮寫、箭頭、線條，以及各種各樣的符

43現在雖已有了像OneNote、EverNote、有道雲筆記這樣的全平臺筆記應用，以及Siri、訊飛這樣的語音辨識應用，隨身攜帶和快速輸入的問題已經基本解決，同時紙和筆的重要性也已經下降，但它們仍然不能完全代替紙和筆，畢竟使用紙和筆時出錯的可能性比使用電子產品時小得多。就算將來電子產品的軟／硬體素質有了相當的提升，考慮到墨菲定律，它們也難免會出問題。隨身攜帶紙和筆，至少可以在電子產品出現問題時進行補救。

號和圈框……除了極少數情況，一般來說，整理自己的清單、重新謄寫自己的清單，或者替自己的清單分類，幾乎都是徹頭徹尾地浪費時間。

每個人都有整潔的習慣，只不過表現的方式不同。例如，我可以忍受房間裡稍微亂一點，也常常拖上好一段時間才去理髮，但絕對不能忍受書架上的哪怕一點點不規矩，或者自己的電腦桌面上有任何多餘的圖示。這些整潔的習慣可能有價值，也可能無意義，這只有經過思考才能確定。就像我，曾經突然發現自己著迷於把各種清單做得工工整整，但這對實現清單的價值而言毫無意義，純粹是在浪費時間。想明白這一點後，我就開始有意識地控制自己，讓自己不要去做那些沒有實際意義的事情。

清單一定要隨手可及

如上所述，清單不用太規矩。可以用鉛筆、鋼筆、圓珠筆、簽字筆，或者任何其他可以寫出字的筆寫下——當然，不推薦使用毛筆。可以用任何一個本子上的任意一頁紙，可以用專門的黃色便利貼，也可以用牆上的白版……方便第一。

但有一件事需要照規矩來：清單必須隨手可及。如果你一整天都在家裡，清單記在你一抬頭就可以看見的白板上可能會好一些；如果你一整天都在辦公室，在辦公桌圍欄上貼黃色便利貼是不錯的選擇；如果你能確定今天要做的工作幾乎都是在電腦上完成的，作業系統內建的便利貼小工具用起來就非常方便；如果你今天要在外工作，可能會去好幾個地方，智慧手機或者隨身攜帶的小筆記本才是合適的選擇。

順帶一提，我並不喜歡那些花稍的、價格昂貴的、甚至是皮質封面的「高級筆記本」，往往中看不中用。搞笑的是，我在一個朋友那裡看到他有很多這種高級的本子，但都是新的。我很奇怪，問他為什麼不用，他說，這麼精美的本子，有點捨不得寫東西上去。我暈！對一個筆記本而言，精美與否其實並不重要，實現價值的關鍵在於隨時可以看到，隨時可以書寫和標記。

最重要的任務永遠只有一個

我見過很多專家講解任務的重要和緊急與否之間的關係，以及如何分配任務的優先順序。道理是很清楚的：先做既重要又緊急的；不重要又不緊急的當然不用理會；緊急卻不重要的，也可不必理會；可如果是重要卻不緊急的，反倒得優先處理……然而，透過我的觀察發現，大多數人面臨的真正問題並不是弄不清楚這個道理，而是無從分辨「真的重要」和「顯得重要」，以及「真的緊急」和「顯得緊急」。

判斷一件事情是否真的重要，標準只有一個：是否對目標（無論是長期還是短期）的實現有益。不過，判斷一項任務是否真的緊急，標準卻並不好找，因為人總會覺得每一件事都很緊急。

事實上，真正緊急的事少之又少，「十萬火急」幾乎只出現在故事裡。如果不信，你可以嘗試把所有覺得緊急的事情延遲一段時間再處理，如此堅持一個月左右。現實會讓我們明白，那些事情實際上沒有那麼緊急。所以，評價任務只需要一個判斷標準，那就是：它是否真的重要。再往後的道理一目了然：最重要的任務永遠只有一個——真正對實現目標有幫助的任務。

製作專門的下一階段任務清單

在按照清單逐一完成任務的過程中，我們會發現自己的創造能力激增。每次完成清單中的一個小項目，我們就會在心情愉悅的同時不由自主地展望未來，然後就有了新鮮的主意，甚至覺得自己太有才了！於是，我們會覺得這個清單的其他部分有修改的必要了……

但是，等一下！除非萬不得已，否則千萬不要在整個任務完成之前中途更改清單中的項目。一旦這麼做了，那隨之而來的就是發現自己「有必要」不停地更改這個清單中的某個或多個專案，最終甚至會導致整個任務永遠無法完成。

所以，如果有了什麼新鮮的主意，不用放棄——那太可惜了——只需要啟用另一個清單，標題是「下一階段任務清單」，把它們記下來就好。然後，馬上回到當前的任務清單，專注在現在應該完成的任務上。如果你又有了新鮮的主意，如法炮製即可。這樣做的好處在於：一方面，不會影響當前任務的進度；另一方面，在當前任務完成之後，那個「下一階段任務清單」上已經有相當數量、非常具體的待處理項目了，這些源於自己的新鮮主意，無法強求，做了歡喜。

替每個任務制定一個核對清單

每次我要出門的時候，都要在門口檢查自己是否帶了手機、鑰匙、錢包、水壺……逐一核對過後，才會把門鎖上。這就是一個利用核對清單來避免自己因為遺漏而浪費時間的例子，前面提到的去超市買東西的例子也是如此。

在實施計畫、完成任務清單中的每一個項目的時候，都應該提前給每一個專案制定一個檢查清單，用來保證當前任務確實能如預期一般完成。很多時候，尤其是在完成連續任務的時候，如果遺漏了某個方面，後續任務的執行就很有可能會因此中斷，繼而退回上一個當時以為完成、現在卻必須補充的環節——這種錯誤往往會導致大規模的時間浪費。

有的時候，檢查清單不一定要寫下來，因為：如果項目不超過七個，檢查完全可以在你的大腦中進行；很多專案已經非常熟悉，因此對應的核對清單你早已深諳於心。

另一些時候，任務的專案相對複雜，為了萬無一失，我們需要提前製作一個可以勾選的核對清單，逐一核對，避免缺漏。

清單一旦開始運作，就一定要執行到底

一事無成的最根本原因就是放棄。放棄的方法有很多種，最常見的是「換一個更好的方向」。如果確實是一個更好的方向倒也罷了，但事實上更好的方向並不存在，因為照此下去，「更好的方向」會不斷出現。千萬不要覺得認為自己能夠不斷地找到「更好的方向」的人不多，其實大家都會不斷地找到「更好的方向」。「方向越來越好」，成功的人又有多少？寥寥。

我從來都不相信「人人都能成功」之類的話，我頂多相信「其實人人原本都有可能成功」。我覺得，一個人最終成功的關鍵，並不是因為他曾經精確地計畫過自己的成功，而是堅持。走向成功的過程就好比專案的起點是南極，而終點在北極——無論最初往哪走，只要中途不改變方向，早晚會到達終點。但是，如果中途改變過方向，更極端的——經常改變方向，就怎樣都無法到達終點，甚至可能返回起點。所以，開始行動之前要先判斷清單所代表的任務是否現實。如果確實覺得自己能夠也應該完成這個任務，那就著

手去做，而且一定要執行到底。

11. 流程

無論是學習、工作還是生活，我們面臨的任務大都是重複性的。要想加快執行重複性任務的速度，只需在遇到重複性任務時先做完一次，然後馬上總結、整理，搞清楚流程，再靠進一步的實踐把它變成「閉著眼睛也能做好」的事。這是提高效率、減少失誤的根本手段。

在這裡，我拿撥打工作電話作為例子，而且我認為，這是最好的一個例子，因為幾乎沒有人認為自己「不會打電話」——「怎麼可能？我怎麼可能連打電話都不會?!」

場景一

大多數人是在有事的時候抓起電話就撥。可是，等等！你憑什麼確定對方現在就可以接電話？每個人的工作習慣、工作時間都不相同。例如，身處管理層的人通常可能需要參與更多的會議，日常工作也更加繁忙，所以，打電話給他們的時候，最好的通話時間很可能是在上班時間的前半個小時，因為他們通常是準時上班的，而半小時之後，他們要不去開會，要不正忙於處理其他事情。另一些人（尤其是那些從事與設計相關工作的人）往往是夜貓子，上午十一點以前給他們打電話很可能會令他們大為光火，而在凌晨給他們打電話他們卻不一定會覺得意外。

對應這個問題的一個良好習慣是，在電話簿中加上備註，記清楚此人通常情況下方便接電話的時間。另一個建議是，在無法確定對方是否方便接電話的時候，可以先發一條簡訊：「請問您方便接電話嗎？我是×××，有關於×××的事情找您。」其實，最好能在手機裡存一條這樣的簡訊範本，以備隨時調用。

場景二

大多數人在有事的時候抓起電話就撥。等等！你準備好要說什麼了嗎？你是否很討厭這種情況——剛剛放下聽筒，電話鈴又響起來，接通後聽到對方說：「真不好意思，剛剛忘了……」遇到這種情況，我想很多人都在禮貌地回答「沒關係」的同時，默默地在心中把對方劃入「不可靠」的那一類……

對應這個問題的一個好習慣是在電話旁邊擺上一本便條紙和至少一枝筆，以便在打電話前列出通話重點。通話時，每說完其中一個重點，就在對應位置做個標記。這樣可以確保通話邏輯清晰，也可以避免遺漏重要資訊。另外，這本便條紙也可以用於記錄通話過程中對方所提供的資訊。記筆記很有必要——相信我，大多數人的記憶力是不可靠的。生活中，去超市買東西回來之後發現少了一兩樣，頂多生一會兒悶氣；但是工作中，如果遺漏了一件事情，卻可能導致你失業，進而連續好幾個月都沒辦法再去超市買東西。

經常使用手機的人同樣很有必要隨身攜帶紙和筆[44]。把電話、紙、筆一起放在隨身的一個特別的地方，可以幫助我們節約很多時間。回憶一下我們見過的這種場景：有人手忙腳亂地翻著包，用耳朵和肩膀夾著手機，嘴裡說著「您等一下……不好意思……」接下來看到的說不定就是那人好不容易找到紙和筆，卻發現筆不能用……

場景三

大多數人在有事的時候抓起電話就撥。如果對方沒有接電話，就只好暫時作罷，往往到了第二天，才發現自己忘了還有這回事……也許一不小心就耽誤了大事。

如果工作電話沒有撥通，那麼最好用手機發個簡訊給對方，簡要說明一下事由。尤其是當你用公司的分機電話撥出去卻沒找到人的時候，對方可能由於種種原因錯過電話，但回撥時卻只能找到總機——因為他不知道正確的分機號碼。這是一個極其簡單的「想辦法站在對方的角度思考」的實例，可我經過觀察無比驚訝地發現，人們十有八九不知

44 很多時候我們都會發現，智慧型手機裡的筆記軟體是無濟於事的，因為手機被拿在手中，貼在耳邊，我們並無機會用眼睛看到手機螢幕，更別說在上面記筆記了……

道正確的做法。很多人因為跌入這樣簡單的陷阱而耽誤很多事情、錯過很多機會，卻不自知。

場景四

大多數人在有事的時候抓起電話就撥。電話接通之後直接切入「正題」，而對方猶豫了一下：「不好意思，請問您是？」

如果你撥打的是手機號碼，不要以為對方的手機裡一定存有你的電話號碼；如果你撥打的是固定電話號碼，不要以為對方一定能一下子聽出你的聲音——哪怕是再熟悉的同事。對方可能剛剛換過手機，通訊錄正在恢復階段；也可能正身處嘈雜的環境，無法聽清你的聲音……打電話時最莫名其妙的開場白就是：「是我……」更有甚者，有些人自以為是到連這兩個字都不說。私人電話也就算了，工作電話千萬別這樣。

另外，發簡訊給不常聯絡的工作夥伴的時候，在末尾加上自己的姓名，是一個並不麻煩而且能省掉很多麻煩的好習慣。

場景五

大多數人在有事的時候抓起電話就撥，而全然不考慮之後要溝通的內容裡是否有很多必須要用筆記錄的資訊，如電話號碼、郵寄地址、通信地址，甚至一些工作中必須用到的複雜參數等。你憑什麼確定對方現在手邊恰好就有紙和筆，可以隨時做記錄？就算對方手邊恰好有紙和筆，在電話中交代這類複雜的資訊時也經常會出錯。所以，有經驗且善於替對方著想的人會這樣說：「……您不用記，我只是先告訴您。隨後我會用郵件（或者簡訊）發個備忘給您……」

說到這裡，相信你應該能夠理解：其實，沒有人不會打電話，只不過絕大多數人會的確確實實只是「抓起電話就撥」而已。

有心人撥打工作電話是有技巧的。

▽確定對方最可能方便接電話的時間（難以確定的時候先發簡訊詢問）。

▽在撥打電話甚至發簡訊詢問對方是否方便之前，準備好一切計畫溝通的內容，做好檢查清單放在手邊，確保溝通過程中不會遺漏重點。

▽通話前把重要資訊整理成電子文本，在通話中做必要的更新，通話結束後，馬上透過電子郵件將備忘發給對方。

▽如果對方沒有接電話，則發給對方署名簡訊、告知詳細事由，並做好記錄，防止自己遺忘此次溝通任務。

▽……

另外，手機遺失是很常見的事情。一部手機的價格並不高，要命的是裡面的電話簿。今天，大多數人的手機裡都存有上百條聯絡人資訊，離開手機，有些人連家裡的電話號碼都記不住。電話簿的遺失或者損壞，不僅損失難以估量，還會讓人特別尷尬——要不停地這樣回簡訊：「對不起，我的電話簿沒了，請問您是？……」要避免這種窘況，就要養成定期備份電話簿的習慣。挑選一款能夠與電腦方便連接的手機很重要，而且儘量不要選那種要用特殊連接線的手機。另外，使用能夠與電腦（甚至與雲端存儲）快捷同步的手機能額外獲得的巨大好處是：電話簿中可以方便地保存更多電話號碼之外的附加資訊。

為常見任務制定流程是一個必須養成的習慣。一個人在梳理流程的過程中，會不由自主地思考當中的細節。有些人做事仔細，其實只不過是因為他們很早就養成了這個簡單的習慣而已。而另一些人，總感覺自己夠聰明，卻在實際工作中頻繁出錯，也只不過是因為他們尚未養成這個簡單的習慣而已。這個簡單的習慣，日久天長，會讓人與人之間產生巨大的差異。觀察一下身邊的人，你會很容易找到無數例證。

12. 預演

我學程式設計時用的電腦[45]還很簡陋，只有固化的 48KB 記憶體，連磁片都沒有。要是電源斷了，就什麼都不剩了。所以，寫好程式以後，要一遍遍地閱讀代碼，把自己的大腦當成電腦，想像每一行語言執行之後的結果……如此重複數次，再小心翼翼地將程式輸入電腦，還要反覆審核是否有輸入錯誤，然後才敢運行。

沒想到，這種工作模式成了我一生的習慣，我也因此受益無窮。直到現在，我在做任何事情之前，都會嘗試把將要做的事情的整個過程在腦子裡預演一遍甚至數遍。

有些時候，如果我面臨的任務比較複雜，大腦短期記憶容量不夠，就只好借助紙和筆（有些人更喜歡使用電腦上的心智圖軟體），用寫寫畫畫的方式來輔助自己預演每一個步驟。

需要執行的任務越重要，這種預演就越關鍵。只有經過大量的預演或者練習，我們才能夠在實際執行任務的過程中有出色的表現。這也是良性循環和惡性循環之間的選擇和差異。準備充分的人，常常會有出色的表現，最終能夠順利地完成任務，而這樣的經驗會使他更加堅信提前準備的重要。準備不充分的人，執行任務時必然表現欠佳，但不管表現多差，他也提前做了一點準備（或者自認為做了一點準備），但這樣的經驗卻會

45 參見第 1 章「我的案例」一節。

讓他覺得準備是沒什麼用的，至少是沒什麼大用的，於是下一次他還會採取同樣的行動，還會面臨相同的甚至更為嚴重的尷尬……

我認為，萬事皆可提前準備，萬事皆需提前準備。只有前期準備充分，才能在實際執行任務的時候有出色的表現。舉個例子，我在做新進教師培訓的時候，經常被新進教師誇獎：「李老師，你在臺上隨機應變的能力太強了！」對此我不敢謙虛——因為他們完全誇錯了，我自己太清楚自己的應變能力有多差。

我之所以「顯得」遊刃有餘，是因為之前做過太多的準備。之所以做那麼多的準備，是因為曾經出過醜——想像一下，在臺上講到一半突然發現自己說的某句話有不曾想到的歧義，是多麼窘迫的事情？所以，在任何一次演講的準備階段，我都會花很多時間認真考慮自己的每個觀點、每個事例、甚至每個句子可能引發什麼樣的理解和反應，然後逐一制定對策。只有這樣，我才可以安心上臺。

另一個很多人不相信的情況是，我有嚴重的「課前恐懼症」。每次上課前五分鐘，各種症狀併發：手心發癢、頭皮發麻、眼皮狂跳（有時候左眼，有時候右眼，有時候兩隻眼）、後背開始冒冷汗（冬天也一樣）……我通常要到開始講課五分鐘之後才能徹底擺脫這種恐懼狀態。自我二〇〇一年第一次上臺演講到現在，從沒有一點改善的跡象，只不過我已經比較習慣了。

我並不能克服恐懼，而是僅僅做到了習慣恐懼。然而，就算是這種退而求其次的「習慣恐懼」，都需要努力和掙扎。努力的方法，就是在課前做很多很多的準備工作。我甚至為此多多少少有了一些強迫症狀——準備的內容必須達到實際講課內容的兩倍以上，心裡才踏實。不過，這樣的恐懼倒成了動力，它使得我的很多課程和演講最終有了多個版本。我還會再把這些版本分別演練很多次。這樣的準備使我一旦進入狀態，就肯定無所畏懼。也因為知道了結果，我可以做到在開始的時候任憑恐懼陪伴。

我父親的一句話幫了我。他說：「相信我，你並不孤獨。」我之所以認為自己可以想出辦法解決對演講的恐懼，就是因為我知道很多人都害怕當眾演講。有些人甚至把「害怕當眾演講」與「害怕死亡」相提並論[46]。害怕死亡的理由自然不必說，而害怕當眾演講的原因，人們卻未必真的瞭解。其實很簡單——準備不足，所以害怕。

我曾因為覺得自己缺乏急智而自卑了相當長一段時間，直到讀了一本前蘇聯 KGB 特工的自傳才改變看法。我現在已找不到那本書，也想不起主人公完整的名字，只隱約記得好像叫「什麼年科」，姑且就稱呼他為「年科同志」吧。

書中提到，年科同志有一次被一群美國特工追殺，手中的左輪手槍裡已經沒有子彈，只能靠奔跑擺脫厄運。在這個過程中，他衝下一段長長的大理石臺階，跑著跑著，突然作出一個常人無法想像的動作——止步蹲了下來。在這段時間裡，追趕他的那些特工因

46 參見由大衛．沃倫金斯基（David Wallechinsky）搜集、整理、撰寫的《清單彙集》（The Book of Lists），以及史考特．伯肯（Scott Berkun）所著的《講演之道：一個專業演講家的告白》（Confessions of a Public Speaker）。電影《美國黑幫》（American Gangster，2007）裡也提到了這件事。

為高度和視角的關係，無法用槍射中他，同時，他因此贏得了寶貴的七八秒，得以從口袋裡拿出子彈裝進左輪手槍，打得追趕他的那些特工慌忙尋找掩體自保，而他最終成功逃脫。

年科同志後來回憶，當時他之所以能作出一個那麼令人震驚的動作，是因為在他腦子裡這個動作已經提前演練過無數次，而他也設想過不知道多少種逃跑時可能發生的狀況——他從一開始就知道自己早晚有一天會遇到那樣的追殺。他說，所有高級特工都明白一個簡單的原理：任何動作演練到一定次數，就能準確完成——甚至是在無意識的情況下——他只不過是把這個原理用到了極致而已。

13. 驗收

很多人做事半途而廢、不了了之的根本原因在於，從未想過要替自己執行任務時的表現設計一個驗收機制。最基本的驗收機制是針對最終結果的，部分有經驗的人因為在做事之前總是更關注步驟，並會按照需求將任務拆分成若干子任務，所以，他們甚至會為每一個步驟設計相應的驗收機制。

其實，我們每個人從小就開始接受這種訓練，而可笑的是，這種訓練從未達成設計者的目標，並且最終的結果總是恰恰相反。

這種訓練就是「考試」。

學校對學生學習任務的執行效果不僅有確定的驗收機制——考試，還將其細分為很多類別——小考、期中考、期末考。這本來是成功完成任務所必需的，而由於種種原因，長達十數年的所謂「正規教育體系」竟然幾乎使每一個經歷過的人討厭考試。

人們幾乎無一例外地討厭考試的原因非常多：很多老師不自覺地用考試刁難學生；有一些老師懶得把測驗搞得太難；只要考試，就一定有人作弊，這會讓另一些人覺得不公平。更深層的原因在於，只要是考試，必然只有少數人能獲得優異的成績——如果考試題目設計得確實合理的話（可惜這種情況非常少見），而這種結果只能說明大多數人之前做得不夠好。可是，又有誰願意承認這樣一個結論呢？

人們討厭考試的另外一個原因在於，考試不僅是驗收機制，還常被當作選拔機制。相應地，問題又來了：總是有人在考試時作弊，總是有人在考試結果出來之後搞黑箱作業。如果考得不好，必然失去機會；可即便考得好，也不見得能獲得機會，因為考試成績往往不是唯一的考量因素（這不是藉口，很多時候事實確實如此）……

更難辨的是，某個考試的目的究竟是驗收還是選拔，在很多時候難以區分。因為選拔是那麼重要——無論是對選拔者來說，還是對被選拔者來說——所以最終連整個教育體制都本末倒置地變成了「應試教育」……

正是考試的種種弊端，使人們憎恨考試——儘管人們從來離不開考試，也不曾離開考試。事實上，整個人生都可能是一場考試。然而，對考試的這些糾結，導致很多人在學校之外絕不肯自己考自己。

有趣的是，電子遊戲（這同樣算是一種「考試」）的設計者卻深諳個中之道。他們為玩家設計了詳盡的即時回報系統，包括經驗值、等級、寶物等。而且，電子遊戲不僅有正面回報系統，還有負面回報系統，例如一段時間不登錄就會減少經驗值等。這種回報系統其實就是設計精良的驗收機制。在這種驗收機制的「監督」下，每個玩家都不由自主地「加油幹活」，並且樂不思蜀[47]。

由此可見，驗收機制相當重要。從這個角度講，我們不管遇到什麼任務，都應該認真審視，同時向自己提出一個問題並要想辦法回答：怎樣才算「做好」？如果能把任務拆分成若干子任務，那麼確定「做好」的標準可能更容易達到，因為每個子任務的驗收標準可能已經自然存在，起碼有這麼一條：「如果這個做不好，那麼下一個就沒法開始……」

為了能落實驗收機制，我們應該在做一件事情之前，拿出紙和筆寫下每一個預定的

---

47 有時，我們會發現自己玩某個遊戲上癮了——明知道它占用了很多時間（這是客氣的說法，不客氣的說法是浪費了很多生命）卻忍不住繼續……擺脫這種沉迷的方法是找個作弊程式。使用作弊程式，實際上等於打破遊戲設計者所設計的驗收機制，使其無效，勾人上癮的因素也就減輕了。

驗收標準。經過第2章的討論，我們已經不會再選擇去做那種脆弱而又不現實的「完美主義者」，所以我們也不會設置過高的標準（也就是去設置恰當的標準）。走到另一個極端——完全沒有標準顯然是愚蠢的。而在任務（或子任務）完成時，拿出之前寫下的標準對照一下，我們就會發現，這種簡單的方法有著不可思議的神奇力量——它會讓我們注意更多的細節、進行更多的思考，並不由自主地更為專注。

從更高的層面上說，設計驗收機制也是任何一個領導者必須擁有的基本能力。哪怕你領導的只是一個很小的團隊，你也必然要向團隊成員指派各種各樣的任務。在這種情況下，如果你沒有設計驗收機制，最終的結果肯定會讓你非常失望，因為缺少驗收機制會使團隊成員對自己的工作品質毫不介意，長久下來，團隊的執行力將等於零，作為團隊領導者的你也必須承擔失敗的責任。

第4章 學習

認識你自己

——蘇格拉底

1. 效率本質

在第1章「我的案例」一節，我曾提到過我因運氣而學習了一些簡單的程式設計知識、因愚蠢而拒絕學習盲打的經歷。很多人常常拒絕學習，他們拒絕學習的理由和那些癡迷學習的人一樣——不知道它有什麼用。

如果說，車是人類腿腳的延伸——使人們走得更遠，望遠鏡是人類眼睛的延伸——使人們看得更清，電腦是人類大腦的延伸——使人們算得更快……那麼，學習就是人類所有能力的延伸——使人們擁有更多能力，並且往往主要取決於你花費的時間與精力。需要注意的是，這只不過是成本而已，尚未考慮收益。事實上，學習是投資回報率最高的行為。

可很多人並不這麼認為，我就見過很多「拒絕學習」的人。舉幾個例子。我曾經多次勸我的一個朋友花二十分鐘學習一下命令列下的批次處理方法，未果。他拒絕的理由是：「現在誰還用命令列啊？早就是視覺化作業系統的時代了！」我曾經多次勸我的另一個朋友花十分鐘學習一下 Google 萬用字元的使用，未果。她說：「不用那東西也一樣能找到自己想要的啊！」

我曾替他們著急，可是後來卻發現這是個「死結」。為什麼呢？第一，拒絕學習就不可能有機會知道學習之後的收穫；第二，由於不知道學習之後的收穫是什麼，也就不可能知道那收穫有多好、多大；第三，既然對學習的好處無從瞭解，自然就沒有學習的動力……

任何一個人如果曾經有學會某種技能的經驗，就會知道，在習得的那一瞬間，整個世界都會為之改變。換一種說法：因為有能力做更多的事情，他也就不再存在於原本的世界裡；因為學會技能，他擁有了另一個完全不同的世界。例如，如果一個人可以熟練使用一門外文，那他原本生存的世界就多了一扇門，跨過那個門檻，就是另一個世界——他比那些只能講母語的人多擁有一個世界。選擇癡迷於學習的人，正是基於這樣的體會：每掌握一項新的技能（是否足夠精通或者是否比別人強實際上根本不重要），就感覺自己像重生了一次。如此看來，其實每個人原本可以擁有的都並非只有一輩子，只不過是大多數人放棄了而已。以我來說，很多年前當我學會BASIC程式語言時，並不知道它會為我這一生帶來無窮的好處，甚至不知道自己已然脫胎換骨；當我學會當眾演講時，我的世界也跟著變了，我打開了一扇新的門；當我真正學會如何教書時，我發現自己已身處另一個世界……回顧往昔，我早已重生無數回。

事實上，有些人比其他人更有機會體驗這種「一生經歷許多輩子」的「詭異」感受。例如，演員。那些從影幾十年的演員，往往演技過人（所以才沒有被淘汰）；而他們過人的演技更多來自勤奮而非天賦——在每一齣戲中他們都會用盡一切方法去瞭解他們所飾演的角色。勞勃．狄尼洛[1]為了演好電影《蠻牛》（*Raging Bull*）中的拳擊手，先在幾個月內增重三十公斤，而後又在幾個月內減重三十公斤。梅爾．吉勃遜[2]為了拍好《梅爾吉勃遜之英雄本色》（*Braveheart*），曾經花費幾年時間去圖書館「做功課」。艾德．哈里斯（Edward Allen "Ed" Harris）為了在《快樂頌》（*Copying Beethoven*）中演好貝多芬，花了好幾年時間打磨自己的琴藝，揣摩貝多芬的心跡。劉德華為了演好《阿虎》，光是在能自然流露出虎落平陽的神態這一點上，就自願挨了許多頓打……將這些演員二十年前的照片和現在的照片對比，我們就會發現，他們最明顯的變化其實不是年齡，而是眼神——愈加深邃。我個人的理解是，他們演一齣戲就等於活了「一輩子」，如此，他們早已經活過不知道多少輩子了，眼神太難不深邃、不透徹。

「學習」最關鍵的一點是：任何知識的獲取，都是不可逆的。在知道它的那一瞬間，它就已經改變了一切，生活因它而變，卻無法還原。我們再也不可能對它視而不見、聽而不聞、置之不理，它瞬間就能根深柢固，無法剷除。例如，那些學過機率統計的人，在一般情況下是沒辦法掏錢買彩券的，因為買彩券這種行為在他們眼裡是對自己智商的侮辱。但與此同時，彩券是地球上最暢銷的商品（沒有之一），可見有多少人一生都未曾有機會瞭解那些重要的知識。

---

1 勞勃．狄尼洛（Robert De Niro），美國電影演員、製片人，以演技精湛聞名，曾獲得多項影視大獎。另一個在演藝圈裡無人不服的演員是克里斯汀．貝爾（Christian Bale），他曾為《克里斯汀貝爾之黑暗時刻》（The Machinist）減重，為《蝙蝠俠：開戰時刻》增重，後來又為了《燃燒鬥魂》（The Fighter）減重。

2 梅爾．吉勃遜（Mel Colm-Cille Gerard Gibson），美籍愛爾蘭裔澳大利亞電影演員、導演及製片。

「學習」的重要起點是：起碼學會一種技能。無論這種技能多簡單、多普通，學會之後總是可以讓學習者瞭解「習得」帶來的大不同。一旦擁有了一個起點，學習欲望就會像發了芽的種子，無論多大的石頭都壓不住——它會越來越茁壯，越來越堅強。其實，那些拒絕學習或者一不小心受了影響而把「學習」兩個字妖魔化了的人真的非常可憐，他們每天都在掙扎著想要「管理時間」、「珍惜生命」、「提高效率」，卻不知道他們因為當初不肯花十幾分鐘學習而導致後來少做了很多事情、錯過了很多機會，並且連只有一次的人生都沒有過好。

千萬不要拒絕學習。

2. 基本途徑

獲取更多知識幾乎是我們開拓自身心智的唯一手段。對絕大多數人來講，學習能力也許是一生中最重要的能力。讓我們先從獲取知識的基本途徑說起吧。

所有人獲取知識最基礎的手段就是「體驗」。

所謂「體驗」，通俗地說就是來自五官的感覺——視覺、聽覺、嗅覺、味覺、觸覺。

當我們看某一事物的時候，「看到」本身就是一種體驗。由此，我們知道長城是宏偉的、《快樂頌》是悅耳的、氨水是刺鼻的、川菜（或其他著名菜系）是可口的、石頭是堅硬的……人類就這樣依靠五感來初步認識世界。可以想像，人類從茹毛飲血到徹底瞭解熟食對腸胃消化及身體健康的好處，需要跨越怎樣的時空——火的獲得和使用是最大的限制，而對火的認識，從恐懼到駕馭的時間又無比漫長。

比「體驗」再高級一點的獲取知識的手段，是「試錯」。

我的一位大學同學，曾在一次聚會上令所有人大吃一驚。她為了證明自己會做菜，主動提議炒個宮保雞丁給大家吃。大家當然都非常高興。她進了廚房，幾分鐘後，發出了一聲尖叫。大家馬上圍過去，只見她眼裡噙著淚，把手指含在嘴裡呻吟。大家都很奇怪，誰也不知道究竟發生了什麼。問了半天才弄明白：她把油倒進鍋裡，然後開瓦斯，過了一會兒，因為搞不清楚鍋裡的油是否已經熱了，就把一根手指探進去試了試……我們集體目瞪口呆。

我猜，這位同學這輩子都不會再用手指來試油是否已經熱了。這就是「試錯」。試過之後，知道錯了，以後就不再犯了。當然，也許在試過之後，發現不僅沒錯，而且很正確，那麼，我們就獲得了一項新的知識或者技能。

「試錯」是如此重要，以至於在人類最古老的年代，「教育」是要靠鞭子的——做對了，可能會有獎勵，但做錯了，一定要受到懲罰。直到今天，仍然有很多的父母把懲罰當作主要的教育手段。

「試錯」往往需要勇氣。魯迅[3]先生曾說，「第一次吃螃蟹的人是很可佩服的」，「不是勇士誰敢去吃它呢？」「螃蟹有人吃，蜘蛛也一定有人吃過，不過不好吃，所以後人不吃了。」[4]

在「試錯」這個手段的基礎上，另一個聰明一點，但重要得多的獲取知識的手段是「觀察」。

我在上文講述的那個故事還有後續。當那位女同學的手指燙傷，大家目瞪口呆之時，屋子裡的另一個女同學喃喃地說：「哦，原來是不可以用手指頭的哦……」大家又愣了一下，繼而哄堂大笑。

「觀察」擴展了我們的學習範圍。我們依靠觀察常常可以從他人的經歷中獲得經驗或者教訓，進而將其轉化為自身擁有的知識。正所謂「他人亡羊我補牢」。

然而，「體驗」、「試錯」和「觀察」，都有局限。

首先，大量知識無法透過（個人親身）「體驗」獲得。例如：地球的構造究竟是怎樣的？沒有人有能力去體驗。太陽的溫度究竟是多少？沒有人有能力去親測。

其次，有些知識很難透過「試錯」獲得。例如，一位股票投資者，一般不會透過「試

3 魯迅，本名周樹人，原名樟壽，字豫才，又字豫山、豫亭，以筆名魯迅聞名於世。二十世紀中國重要作家，新文化運動的領導人、文化運動的支持者，中國現代文學的開山巨匠。

4 參見《魯迅全集．第七卷．集外集拾遺》中的〈今春的兩種感想〉。

錯」進行決策，因為一旦犯錯，他往往無法承擔其後果。另外，許多知識不能透過觀察獲得。例如，歷史研究者無法目睹幾百年前的歷史，最貼近的第一手資料也不過是遺物；人類在數千年文明發展的過程中觀察太空都只能靠肉眼，望遠鏡發明以後才稍強了一點，但即便如此，很多東西（黑洞等）仍然無法直接看到。

對「體驗」、「試錯」和「觀察」進行補充的，就是「閱讀」。閱讀是人們獲取知識的更加重要的手段，當然也是相對更加需要運用心智慧力的手段。

讓我們觀察一下周圍。由於沒有「閱讀」能力，人類之外的物種只能依賴最落後但很神奇的方式積累經驗——基因遺傳。

泰瑞・柏翰[5]和傑・費蘭[6]在《都是基因惹的禍》（*Mean Genes*）一書中提到，啄木鳥可以本能地採用最佳演算法獲取食物，而麻省理工大學的一位數學博士面對同樣的問題卻不見得可以迅速解決。啄木鳥的小腦袋在沒有接受過高等教育的情況下，是從何得知覓食方法的呢？答案是：透過基因遺傳。

人類原本也是透過基因遺傳積累經驗的。這些經驗現在還能觀察得到：沒有見過蛇的嬰兒只要見到蛇就會嚎啕大哭，但沒有見過槍的嬰兒卻不怕這個比蛇要恐怖無數倍的東西——人類在演化過程中不知道被蛇咬過多少次，可人類認識到槍的危險至今不過幾百年而已，在這麼短的時間裡無法形成可以透過基因遺傳的「天生」恐懼。

5 泰瑞・柏翰（Terry Burnham），哈佛商學院經濟學教授，哈佛商業經濟學博士。

6 傑・費蘭（Jay Phelan），加州大學洛杉磯分校生物學教授，哈佛大學生物學博士。

但文字的出現改變了這一切。文字的出現，使得人類的經驗積累不再僅僅依賴基因遺傳，人類開始使用文字記錄並儲存資訊、獲得知識、傳播經驗……現在我們已處於人類歷史上進步速度最為驚人的時代，「日新月異」這個詞已經不夠──「分新秒異」都不過分。

人類擁有文字之後，並沒有馬上因此獲得應有的「實惠」，知識的傳播與積累在很長一段時間裡依舊困難。從結繩記事到刻石頌德，從宣紙錄史到革皮藏圖，文字的載體在其發展歷程中幾乎從未易於保存、便於傳播。小說《西遊記》就生動地講述了這樣一個故事：在文字傳播極為困難的時代，獲取知識（取經）有多麼艱辛。

然而今天，文字的傳播已經前所未有地方便、容易。可以說是網路改變了一切：文書處理軟體、網誌程式（Blog Engine）、搜尋引擎……無數新技術使文字、經驗和知識的記錄、傳播、共用、檢索變得非常容易。今天，任何人只要稍有常識，就可以「出版」自己「體驗」、「試錯」、「觀察」的文字記錄。搜尋引擎簡單而又清爽的介面背後幾乎是宇宙量級[7]（用「海量」這個詞已經不夠）的資訊。知識共用的精神被前所未有地發揚光大，其最直接的也是意義最重大的產物應當是免費的維基百科。今天，只要擁有足夠的閱讀能力，任何人都可以透過網路獲得過去難以企及的「博士」級的知識量。

所有用過「飯統網[8]」或者「大眾點評網[9]」的網路用戶都可以體會到使用文字共

---

7 宇宙量級：按照Google於二〇〇八年公布的數字，當時他們已經索引了一兆個網頁，這個數量是銀河系已知星體數量的兩倍。

8 飯統網，二〇〇三年創立，源自中國北京的餐飲網路服務，使用者可以在網站上尋找喜愛的餐廳並訂位。是中國第一個提供線上訂位服務的網站，已於二〇一四年倒閉。

9 大眾點評網，二〇〇三年推出，中國大型網路評價平台，評價範圍廣泛，包括餐飲、電影院等生活娛樂店家。

用資訊和經驗的好處。以前，一個人即便從小就生活在大城市，也沒有辦法掌握並且檢索所住城市所有吃喝玩樂的好去處。沒有今天這種文字的共用，人們就不得不退回「石器時代」，失去很多享受生活的機會。

在這樣的時代，「閱讀」突破了個人「體驗」或者「試錯」的種種局限——「體驗」往往只局囿於自己，「試錯」也受限於自己的閱歷，而透過「閱讀」，我們卻可以得知他人「體驗」和「試錯」的結果（即所謂的「經驗」），進而獲得跨越時間和空間，跨越種族和國度的資訊——翻譯工具越來越先進，掌握兩種或者兩種以上語言的人數量也在不斷增加。

「閱讀」的前提是使用文字記載的前人經驗已經存在。閱讀也使快速的經驗積累成為可能——「對蛇（爬行動物）的恐懼」可能需要幾百代才能透過基因遺傳變成「天生的知識」，但有了文字之後，一代之間，人類就可能獲得千百年來累積的知識。現代人只需要小學、中學、大學總計十六年左右的時間，就有機會在學校裡把哥白尼、伽利略、牛頓，或者達爾文、門德列夫[10]，甚至愛因斯坦等歷史上的巨人們所擁有的全部知識收入腦中。

這裡，我還想引用電影《絕世英豪》（*The Count of Monte Cristo*）中的一個我看過無數遍的片段來講講文字的重要：

10 門德列夫（Dmitri Mendeleev），十九世紀俄國科學家，發現化學元素的週期性，製作出世界上第一張元素週期表。

身陷大牢的愛德蒙．唐泰斯終於見到挖了六年卻不幸挖到另外一個牢房的法利亞神父。

見面後，法利亞神父要求愛德蒙幫他挖地道：「為了報答你的幫助，我將給你一樣無價的東西……」

「我的自由？」愛德蒙的眼睛一下子亮了。

「自由是可以被剝奪的。」法利亞神父頗有些不屑，接著說道，「我會將我知道的一切知識教給你；我會教你經濟學、數學、哲學、科學……」

愛德蒙忽然又發現了值得自己興奮的東西：「讀書、寫字？」

法利亞神父愣了一下，發現愛德蒙是個大字不識的傢伙，頗有些無奈：「……當然。」

這時的愛德蒙已經根本無法拒絕了：「我們什麼時候開始？」

神父認為知識最寶貴，大字不識的愛德蒙卻只知道自由最可貴。可是沒有知識，精神怎麼會自由呢？精神不自由，肉體的自由又算得了什麼呢？精神的自由是誰也奪不走的。愛德蒙的重生從這裡開始。他開始識字，他開始深刻地思考，他不再只是一個雜食動物，而是一個可以天馬行空的人——尤其在他重獲肉體自由之後。

3. 主要手段

除了「試錯」、「觀察」、「閱讀」之外，「思考」，準確地說，**「正確地思考」，才是獲取真正意義上的知識的主要手段**。文字出現以前，人類已經能夠思考，但局限於已掌握知識的數量，當時的人類很難正確地思考。

很容易想像，遠古時代人們對因果關係的認識非常狹隘，而一切現實生活經驗都能讓他們體會「萬事必有因果」。當時的人們看到樹上的枝葉被風吹動的時候，當然可以理解為風是枝葉飄動的原因，但他們並不瞭解現代人小學時就能從教科書裡學到的知識——空氣流動形成了風。於是他們自然地這樣思考：「肯定是有什麼力量形成了風，可究竟是什麼呢？」在沒有任何「合理解釋」的情況下，他們會接著認為，「那只能是神的力量」，因為「萬事必有因果」。

「萬事必有因果」本身並沒有錯誤，問題出在人們不一定看到「因」就能想到正確的「果」，也做不到為所有的「果」找到正確的「因」。有時我們必須接受這樣的事實：

某件事（果）發生了，可是我們難以確定它的原因究竟是什麼；或者反過來：某件事（因）發生了，可是我們並不確定它的結果究竟是什麼。

思考、求知的過程，某種意義上就是探求因果關係的過程。在這個方面，達爾文的工作幾乎可以稱作奇蹟。湯瑪斯・索維爾[11]曾經這樣感歎：「達爾文不僅是生物學上的，更是人類思想發展史上的一個界標。[12]」

達爾文之所以偉大，是因為他幾乎是我們所能知道的第一個可以跨越幾百萬年的時間，並徹底擺脫「個體感知」局限去「正確地思考」問題的人。他也使得後來無數的人可以在此基礎上建立並完善一種突破人類個體局限的系統性思考方法——科學方法。

但是，達爾文正確思考的結論沒能迅速成為人類的共識，《物種起源[13]》和演化論[14]所走過的歷程，足以讓我們瞭解「正確地思考」有多麼不容易——

一八五九年十一月二十四日，在二十年謹慎的準備之後，達爾文出版了《物種起源》。據記載，這本書的第一版印了一千兩百五十本，在一天之內銷售一空，隨即在科學、文化、社會等領域引起巨大迴響。然而，這並不意味著達爾文「勝利」了，宗教「失敗」了。

一九二五年，即達爾文逝世後的第四十三年，《物種起源》問世後的第六十六年，

---

11 湯瑪斯・索維爾（Thomas Sowell），美國經濟學家、社會理論家、政治思想家、作家。

12 參見《學問與決策》（Knowledge and Decisions，1980），湯瑪斯・索維爾著。

13《物種起源》（On the Origin of Species），達爾文論述生物演化的重要著作。

14 演化論（Theory of Evolution），用來解釋生物在世代與世代之間具有變異現象的一套理論。

美國田納西州的一位中學教師斯各普斯（John T. Scopes），因在課堂上講解達爾文的演化論而被告上了法庭，最後被處以九十美元的罰款。這就是歷史上著名的「猿猴訴訟案」（Scopes Case）。

儘管「猿猴訴訟案」的判決只於田納西州生效，但仍然引起了廣泛的討論，直到一九六八年，美國高等法院才根據《美國憲法第一修正案》作出判決：學校可以講授演化論，因為這是科學。

一九八七年，一宗來自路易斯安那州的案件使得爭議再起。最終，美國高等法院判決：「要求學校在講授演化論的同時必須允許講授神創論」是違憲的。

一九九九年，堪薩斯州教育委員會投票決定：從標準化考試中剔除作為考試科目的演化論。有些專家認為，這是一個非常有效的阻止教師講授演化論的方法。

阿拉巴馬州的一些教科書上印著這樣的聲明：「演化論是某些科學家相信的學說，而非事實。」

在明尼蘇達州，一位認為神創論是確鑿科學的教師，因在課堂上發表對演化論的批評而被勸退。這位教師將學校告上了法庭。

二〇〇五年十二月二十日，美國賓州聯邦法院作出裁決：生物由某種高智慧設計師設計而成的「智慧設計論」是宗教理念，在公立學校科學課上講授該內容違反

《美國憲法第一修正案》。

大多數討論這個話題的文章，總是從宗教和科學相互對立的前提出發，力圖用這些事件證明宗教影響的強大。對於宗教，我有自己的理解和看法。但即便我是一個所謂「沒有信仰的人」，我也不會反對「信仰自由」，同時不應該、也無法強迫任何人放棄自己的信仰。

事實上，宗教和科學不一定對立。如果宗教和科學徹底對立，那麼就無法合理地解釋這樣一個事實：哥白尼、伽利略、牛頓等眾多科學巨人都有堅定的宗教信仰。直到今天，地球上還有很多科學家依然有著堅定的宗教信仰——儘管我們很難獲得一個確切的統計數字。

與科學一樣，宗教也是人們用來「思考」、「解釋」這個世界的工具，只不過，在解釋物理世界方面（如生命起源的根由、天體運轉的機理），現代科學已經逐步代替了宗教。當今宗教的重心已經轉移到另外一個更需要它的方面——人文領域。

在「演化論」、「神創論」及「神創論」的變體「智慧設計論」（又稱「神力設計論」）持續至今的爭議中，爭論雙方都對自己的看法確信無疑。關鍵的區別在於：達爾文的支持者，如果確實是在透徹理解其觀點之後堅定地支持的話，都是能夠運用心智力量擺脫自身感知局限的人；而達爾文的反對者，是那些心智力量尚未發展到可以用來擺脫自身感知局限的人，他們無法正確理解並完整運用新的思考工具——科學方法論——去思考問題，甚至並未意識到自己恰恰是由於這個原因而拒絕科學的。

今天，與「創世說」的觀點相反，嚴肅的科學雜誌上沒有發表過否定演化論的消息。一九九七年，美國華盛頓大學的吉爾凱瑞斯特[15]調查了列入原始文獻的數千種期刊[16]，想要找到關於「神力設計」或「創世說」的文章。他檢索了數十萬篇科學報告，結果一無所獲。後來，東南路易斯安那大學的佛蕊絲特[17]和凱斯西儲大學的克勞斯[18]用了幾年的時間分別獨立進行了同樣的調查，結果與吉爾凱瑞斯特的調查結果如出一轍。可以說，今天所有嚴肅的科學家都應該是相信並能夠理解演化論的——儘管他們同樣可能有自己嚴肅的宗教信仰。

我們知道，每個人內心都充滿了恐懼，而所有的恐懼其實都源於我們害怕未知。這樣看來，恐懼是永恆的，因為我們不可能無所不知。對此，索維爾的類比特別精巧：「在茫茫而又無限的未知空間裡，我們的『知識』只不過像其中的星球一樣，而星球與星球之間的空隙比那些星球本身不知道要大出多少倍。」所以，我們需要「信仰」、「希望」、「愛」、「奇蹟」，甚至「怪力亂神」等被學者們稱為「必要之幻覺」的東西去填補這些空隙才能心安。

---

15 吉爾凱瑞斯特（George W. Gilchrist），美國演化生物學家。

16 The Elusive Scientific Basis of Intelligent Design Theory。全文參見 http://gwgilc.people.wm.edu/PDFs/GWG_NCSE97.pdf

17 佛蕊絲特（Barbara Forrest），美國東南路易斯安那大學歷史學與政治學系哲學教授。

18 克勞斯（Lawrence M. Krauss），美國理論物理學家。現為美國亞利桑那州立大學基金會教授暨起源計畫主持人。

由此可見，很多人熱中討論的「愛因斯坦的宗教信仰究竟是怎樣的」或者「愛因斯坦究竟有沒有宗教信仰」之類問題的意義不大。因為，愛因斯坦也是人，他也一樣會心存恐懼或者敬畏，他也一樣要面對未知——即便他知道得比他同時代的其他人都多得多，可他已知的一切與未知的一切相比，不過是滄海一粟而已。所以，就算他有信仰，也並不令人驚訝；就算他有信仰，他信奉的也肯定不是那些拒絕科學的人所信奉的神。從這個角度上說，開啟心智、正確思考，更值得我們投入時間與精力。

4. 經驗局限

人類如果不會閱讀、不會記錄、不會表達、不會思考，會是什麼樣子呢？下面這個故事流傳頗廣[19]：

把五隻猴子關在一個籠子裡，籠子頂上掛著一串香蕉。實驗人員準備了冰水，一旦有猴子碰到香蕉，馬上就會有冰水澆向所有猴子。

一開始，有隻猴子想去拿香蕉，導致所有猴子都被冰水淋，之後，每隻猴子經歷

19 這個故事應該只是一個寓言而已。但大衛・加德納(David Gardner)在愚人網（fool.com）上發表的相關評價卻頗有意味：丹最近聽說了一個來自「心理學101」的實驗故事，「心理學101」的故事都相當有趣、發人深省，而且得出了重要的結論。我和丹都無法確定這個故事的真實性，然而，即使它從未發生過（我更樂於認為它曾經發生過），它仍然包含了精神上的真理。我與其他親愛的愚人網網友們一樣，將這種精神上的真理視為更深層次的東西，相對於科學真理來說，它有屬於自己的軌道。

過幾次同樣的嘗試，發現莫不如此。於是，猴子們不再試圖去拿香蕉了。

然後，實驗人員把其中的一隻猴子換出，換進一隻新猴子。這隻新猴子看到香蕉，自然馬上想要去拿。結果還沒等澆水，其他四隻猴子就對那隻新來的猴子一頓暴打。新猴子挨了幾次打之後，也不再試圖去拿香蕉了——怕挨打。

如此，實驗人員再把第一次實驗中留下的四隻猴子中的一隻換掉，換進另一隻新猴子。這隻新猴子看到香蕉，也是迫不及待想要去拿，當然，一切如前，等待牠的是其他四隻猴子的一頓暴打。最後，這隻新來的猴子也不敢去碰香蕉了。

最有趣的是，上次挨打的猴子，這次出手最重——其他猴子也許是出於自衛，但這隻猴子肯定是出於報復，因為牠並沒有被水澆過。

一段時間後，最初的五隻猴子都被換走了，剩下的五隻猴子並不知道冰水的存在，牠們只知道一件事情——誰要敢碰那串香蕉，就要遭到一頓暴打。當然，牠們的行為與自衛無關，全都是出於報復！

這個故事據說是用來說明傳統是如何形成的。其實，這個實驗只能部分說明某些荒謬的傳統是如何形成的。很多今天看起來沒什麼道理的傳統，當初確實曾經正確或者曾經最接近正確。這個故事真正讓我們看到的是，在知識正確傳播的過程中，語言、文字及邏輯思維有多麼重要。

讓我們就著這個故事繼續聯想：如果猴子們可以講話，那麼牠們就不用打架；如果猴子們能夠寫字，那麼無論換多少次、多少隻，新來的猴子都不用挨打（更不會無辜地被打）；如果猴子們能完整地使用邏輯，或許牠們最終會想出辦法躲避冰水並吃掉香蕉，進而可能對那些做實驗的人心存鄙視。

因為沒有足夠精巧的語言，也沒有可以使用的文字，那些猴子無法進行有效的交流和討論，也不大可能有機會發展出完整的邏輯思維能力，更不用說「正確地思考」了，所以，猴子們最終都不可能搞清楚香蕉和冰水是什麼關係，只是得到了一個結論——香蕉是不能碰的——至於為什麼不能碰，卻被完全曲解了。只看結果，不究原因，或者亂解原因，是一種多麼危險的想法和做法啊！正所謂「經驗主義害死人」。

談到這裡，我們已經觸及所有學習過程（或者說知識傳遞過程）中最大的障礙——經驗主義。所有的人或多或少都是經驗主義者，原因就是前文已經提到的：所有的人獲取知識最為基礎的手段就是「體驗」。「經驗」在一定的層面上是適用的，不能否定它的重要價值，但與此同時，必須認清「經驗主義」的局限。

個體的經驗有限

一個特別能說明問題的例子是「光噴嚏反射」（Photic Sneeze Reflex）。現在人們已經知道這是一種透過基因遺傳的特徵，大約有17%到35%的人有這種症狀。目前對這一症狀可信度較高的說法是：眼睛和鼻子的知覺受同一條三叉神經的支配，強烈刺激引發的防禦反應混淆在一起導致人打噴嚏。具體一點說，從眼睛進入的強烈陽光產生的信號令鼻腔誤以為這是種刺激，故欲以噴嚏的形式將異物驅逐出去。亞里斯多德（Aristotle）在《論問題》[20]第三十三卷中就曾提到過這個現象，可在當時，儘管他有這種體驗，也無法正確作出解釋，更大的難題是，讀到亞里斯多德著作的人，至少有65%無法用自己的經驗理解那段文字所記錄的現象。

一七九四年，英國化學家、物理學家約翰・道耳頓[21]發表了著名的《關於色彩視覺的離奇事實》（*Extraordinary facts relating to the vision of colours*）。從此，科學家們才開始對「色盲」現象展開研究，以對其作出更為全面、科學的解釋。從統計資料來看，至少有3%以上的人在色彩辨認上存在障礙。很容易想像，在此之前，色盲的人無法獲得來自其他正常人的任何理解，能夠獲得的可能只是嘲弄。

還有些時候，在無法突破個人有限經驗的情況下去理解周遭的事物和人，甚至會帶來驚人的災難。同性戀人群在社會上的種種遭遇就是很典型的例子。二〇〇四年十二月

20《論問題》（Problems），亞里斯多德（或假託亞里斯多德）針對不同問題進行追問的匯總集。

21約翰・道耳頓（John Dalton），十九世紀英國化學家、物理學家。近代原子論的提出者。色盲症患者及研究者。

一日，中國官方首次公開發布《同性戀白皮書》，稱中國目前處於性活躍期的男同性戀者超過一千萬人。在一些開放的西方國家，大約有5%至7%的男性承認自己是同性戀者或有同性戀傾向，女性的數量略少。目前，世界公認的資料是：同性戀人口占人口總數的2%到5%，且這個比例相對固定，同性戀人口不因社會的壓制或開放而減少或增多，只有隱蔽與顯露的區別。

同性戀現象不只是在當代存在，歷史上早已有之，而現在也沒有任何證據表明同性戀人口比例在增加。但是，僅僅因為大部分人無法突破自我經驗的局限，同性戀人群遭遇的慘劇難以想像（例如命運多舛的圖靈[22]）。

這些情況就可以解釋「為什麼人們總是異常痛苦於不被理解，並且在那麼強烈地認同『理解萬歲』之類口號的同時又常常無法理解他人」——每個人都或多或少受到自我經驗的局限，而這也是經驗主義局限的根源所在。擺脫自我經驗局限的難度有時是無窮大的，前面的三個例子可以很好地說明這個問題，即很多時候我們根據自身經驗，完全無法想像他人的體驗究竟是什麼樣的。

群體的經驗有限

群體經驗局限的根源是人類的壽命有限。目前還沒有發現哪一個人的壽命可以超過

22 圖靈（Alan Turing），二十世紀英國數學家、邏輯學家，被視為「電腦科學之父」。他亦是著名的男同性戀者，並因此遭到當時的英國政府的迫害，最終自殺身亡。

兩百歲。可是，哪怕是長達兩百年的時間，其對知識的積累和消化而言，也實在微不足道。從西元前三世紀希臘天文學家阿里斯塔克[23]猜想太陽應該是世界的中心到哥白尼提出「日心說」，大約經過了一千八百年；從亞里斯多德在《論問題》第三十三卷中記錄「強光可能導致噴嚏」到現代科學家們提出相對可信的解釋，已經過去了兩千三百多年。

達爾文的演化論，到今天也只不過是為少數人真正理解並堅信的科學學說。發生這種現象的真正原因在於，這是一個無法僅僅透過個人體驗而獲得的知識，甚至是整個人類群體的經驗無法涵蓋的知識。人類中有誰可以親身體驗從我們與猴子的共同祖先一直進化到今天的整個過程？如果有人真的可以全程經歷，他就會看到，他的某些親戚到今天還是猴子，而另外一些親戚慢慢變成了大猩猩，大猩猩的某些親戚慢慢變成了黑猩猩，黑猩猩的某些親戚後來變成了猩猩，猩猩的某些親戚最終變成了今天的人……說起來並不複雜，可事實上，這個人需要至少活兩百萬年才有機會看到某些大猩猩進化成黑猩猩。

個人面對無法親身體驗的知識，其表現往往為恐懼；而群體面對無法親身體驗的知識，其表現往往為瘋狂。有句話非常精闢：「很多時候，人們的善良出自於軟弱，而他們的殘暴只不過來自於恐懼。」哥白尼深知這一點，所以他直到臨終時才敢正式出版《天體運行論》。哥白尼的支持者布魯諾[24]就「嫩」了一點，或者說，表現得勇敢了一點，結果就被燒死了。

23阿里斯塔克（Aristarchus），古希臘天文學家，數學家。史上記載的首位提倡日心說的天文學者。

24布魯諾（Giordano Bruno），十六世紀文藝復興時期義大利思想家和哲學家。

不僅存在無法透過個體或者群體經驗獲得的知識，還存在與現有經驗相悖的知識

人們常說「經驗寶貴」，然而在某些時候，所謂的「經驗」恰恰就是我們前進道路上的絆腳石，甚至是我們進步時可能遇到的、稍稍出點差錯就無法逾越的鴻溝。

人們在理解新知識的時候，往往依賴過往的經驗，所以，在教育學中，「類比」是很多學者和專家相當推崇的教學方法。小學教師用煮熟的雞蛋類比地球的構造，使得小學生一下子理解了他們不可能親自體驗的知識——誰有能力劈開地球看看呢？中學教師用太陽系的構造類比原子的內部構造，使得中學生一下子理解了他們不可能親自體驗的知識——在相當長的一段時間裡，不是每個學校都能擁有足以觀察原子內部構造的場離子顯微鏡的。更為神奇的是，中學生對這一知識的理解依賴於一個無法透過個體體驗來獲得的經驗知識——太陽系的構造。

然而，使用類比理解新知識的前提是，這個新知識與某個「現存經驗」接近或者類似。可在某種程度上，有時候連「類比」這個神奇的工具都無能為力[25]，因為我們總是會碰到面對並嘗試理解的知識與現有經驗相悖的情況。

觀察一下就會發現，日常生活中主要的「溝通障礙」本質上幾乎都是由於溝通雙方無法讓對方理解與他們的經驗相悖的知識或資訊造成的。不誇張地講，目前幾乎所有關

25 使用 Twitter 的讀者如果有興趣的話，不妨嘗試一下向那些不知道 Twitter 的人講解一下 Twitter 究竟是什麼。即便是在 Twitter 已經流行多年後的今天，我們還是會發現講解仍然是很困難的。對方會不停地拿一些八杆子打不著的「類似物」打斷你的講解，令你乾著急沒辦法。

於溝通技巧的書籍中提供的解決方案都沒有真正說到重點。這種知識和資訊傳遞中的問題，不是僅僅透過「站在對方的立場上考慮問題」就可以輕鬆、徹底地解決的。儘管「站在對方的立場上考慮問題」確實是很有用也很難掌握的技巧，可當我們面對（或者說「背對」可能更準確一些）「站在雙方立場都無法考慮到的問題」時呢？儘管這時我們甚至可能不知道問題究竟是什麼，但有一點是確定無疑的——這種問題不僅確實存在，而且往往至關重要。

美國前第一夫人羅莎琳・卡特[26]就觀察到了這樣一個現象：「優秀的領導，能夠把人們帶到他們想去的地方；而卓越的領導，能夠把人們帶到他們應該去但是沒想過要去的地方。」這樣的思考和表述，說明羅莎琳・卡特不僅智商過人，而且心智足夠強大，強大到可以理解那些「卓越的領導」的地步。

在我看來，所有教育失敗的癥結也在於此。在人們探索未知、尋求真理的時候，困難大都來自如何正確地理解「與現有經驗相悖的知識」。從這個角度看，宗教已經沒有能力承擔這份工作，必須讓道給少數人已經掌握，並且正在使用也正在完善的方法——科學。科學方法是一個遠遠超出本書討論範圍的話題。我的建議是：**人在學生時期應該認真閱讀至少三本關於科學史和科學方法的書籍**。

這樣看來，人類也許是地球上最尷尬的物種：長期的進化使人類到達了今天這個高

---

26 羅莎琳・卡特（Eleanor Rosalynn Carter），美國第三十九任總統吉米・卡特的妻子。

27 參見《舊約聖經》，〈創世記〉11:1-9。

28 馬可・波羅（Marco Polo），十三世紀義大利威尼斯商人、旅行家、探險家。元朝時隨父親和叔叔經過絲綢之路來到中國，自稱懂得蒙古語及中文。回到威尼斯後，馬可・波羅在一次威尼斯和熱那亞之間的海戰中被俘虜，在監獄裡口述其旅行經歷，由魯斯蒂謙寫出《馬可・波羅遊記》。

度，但是每個人在出生的那一剎那，居然與其他動物站在幾乎同樣的起點上，心智要從零開始進化。

一個人在一生中，要用相當長的時間透過枯燥的學習和反覆的實踐來獲得文字運用能力（有些人透過努力能夠使用多種語言和文字）。有了文字能力，才可以透過閱讀擺脫種種局限、獲得更多知識。此外，人還要學會邏輯，並用科學的方法思考問題，才可能成長（或者乾脆用「進化」作為類比更好一些）為真正意義上的「人」——當然，一定有相當比例的、絕對超過半數的「人」在這條路上只走了一半就自以為是去了。

一不小心看穿了教育本質的人如果再稍微脆弱一點，就會無比失望，甚至絕望。我們無法接受這樣一幅畫面：一隻大猴子在賣力地「教」一群小猴子——要是一隻大猩猩教一群小猴子倒還強一點。可以想像，那些最終進化成人的小猴子，一路上要經歷多少殘酷的磨難?!

這個類比貌似過於尖刻，且讓人非常難以接受，但是不得不承認，這個類比不僅生動，而且準確，還沒有冒犯任何人。當然，估計也沒有誰願意對號入座。

《聖經》上說，上帝為了阻止人建造通天塔，混亂了人的語言[27]。但事實上，語言障礙從來都不是不可逾越的，頂多只是難以逾越罷了。七百多年前，馬可．波羅[28]在沒有金山詞霸、不懂艾賓豪斯遺忘曲線[29]、既不「逆向」也不「瘋狂」的情況下，學會了

29遺忘曲線是用於表述記憶中的中長期記憶遺忘率的一種曲線。最早由心理學家艾賓豪斯（Hermann Ebbinghaus）實驗後提出。在實驗中，艾賓豪斯使用了一些毫無意義的字母組合。透過記憶這些字母組合，並在一系列時間間隔後檢查遺忘率，匯總得出了這一曲線。因此，該曲線又稱艾賓豪斯遺忘曲線。

地球上最無從捉摸、容易忘記、難以研習的語言——中文。今天，地球上掌握多種語言的人越來越多，而在這種情況下，建造通天塔的另一個障礙終於浮現出來，那就是很多「人」可能一輩子都無法擺脫的「經驗主義」局限。

在這一點上，「類比」依然有著神奇的力量。關鍵的第一步是：記住並理解以上的例子，牢記在這世界上確實存在「與現有經驗相悖的知識」，再把這句話變成經驗，用它去類比未知，而後投入大量的時間和精力去學習和掌握「科學方法論」，掙扎著進化成為真正意義上的「人」。當然，必須聲明：無論是誰，都有放棄進化的權利。

5. 自學能力

我常常暗罵現在的大學本科教育[30]。不誇張地講，今天的本科教育很大程度上已經忘了「本」。本科教育之「本」在於培養學生的自學能力。從理論上講，一個人本科畢業之後，應該有能力自學他所需要的任何知識。

可是，今天所謂的本科教育由於種種原因，或明顯、或隱晦、或有意、或無意地使大多數畢業生在畢業的時候依然不具備基本的自學能力。更要命的是，本科教育不僅沒

30 中國的大學本科相當於台灣的大學四年，大學專科則等於台灣的三專。

能讓相當數量的學生學好本專業，甚至令他們對自己的專業產生了憎恨。

面對這種情況，單純抱怨是沒有用的，在偶爾罵罵，證明自己還是個有七情六欲的正常人之後，還是應該花時間弄清楚自學能力究竟是什麼、應該如何掌握及運用自學能力才對。

自學能力的基礎是閱讀理解能力

從初中畢業之後，大多數人都會拒絕承認自己閱讀能力低下，可這僅僅是幻覺。很多人根本不具備基本的閱讀能力，頂多是「識字」而已（搞不好識字量也很有限）。

「閱讀理解」這件事說起來簡單，做起來其實難得很。閱讀是能夠識別文字的人接收資訊的過程，故在閱讀之前就肯定要有一個辨別所接收的資訊是否可靠和有效的過程——這顯然要依賴長期培養的辨別能力。輸入完成之後，資訊要經過大腦進一步處理：需要記憶的，就要記住，並且可能要依賴複習才能真正記住；不需要全部記憶而又有用的，就要用文字存檔，並且要想辦法保證將來能夠找到；新輸入的資訊與曾輸入的資訊如果類似卻不完全相同，就要花時間仔細分辨，以免將來使用的時候出差錯；新輸入的資訊與曾輸入的資訊如果有關聯，就要想辦法研究清楚——要知道，大腦中儲存的資訊要多到一定程度才可能「融會貫通」……

對「人類的大腦是如何存放裝載資訊的」這個問題，科學家們研究了很久也沒有答案。而我們可以想像，那肯定要比受過專業訓練的圖書館管理員所做的事複雜許多倍，但很多人卻想當然地以為自己不經訓練就完全可以勝任——真是不自量力。

檢索能力建立在相當熟練的閱讀理解能力的基礎之上

文字是人類區別於其他動物的根本標準之一，但是，大多數人往往並不重視文字。這也難怪，就好像上一節提到的「人類也許是地球上最尷尬的物種」。不過，人類最終還是擁有了文字，從某種程度上擺脫了這種尷尬，可這並不意味著所有人都可以獲得足夠的文字理解能力。事實上，大多數人都有嚴重的閱讀障礙：不少人高中畢業之後就不再讀任何書籍，偶爾看看報紙雜誌上的短文（或者網路上的文章）也常常斷章取義——他們不是故意的，而是無法認真、仔細地把每個字都看清楚，更不用說揣摩字裡行間的邏輯關係了。那些突破了閱讀障礙的人，隨著自身知識的不斷累積（不停地閱讀、觀察、理解、交流、沉澱、篩選），終究會發現圖書館的好處。當然，在圖書館體系尚未真正有效建立的地方，網路幾乎成了最後的救命稻草。從這個意義上說，搜尋引擎就是網路價值的終極體現（這樣看來，某些搜尋引擎讓結果頁面被商業利益所左右的做法是多麼令人憎恨）。當我看到很多本科畢業生甚至研究生，僅僅因為不善於利用圖書館資源和搜尋引擎，而無法找到實際上唾手可得的有效資訊的時候，無法不深深地感到悲哀。

寫作能力在自學能力中占據重要位置

這裡提到的「寫作能力」，不是寫小說的能力，不是寫詩歌的能力，不是寫劇本的能力，也不是寫散文的能力，只是寫作能力中最基本的一種——寫出簡潔、有效、準確、樸素、具體的說明性和說理性文章的能力。

我國的教育把語文和文學過分緊密地聯繫在一起，以至於有時忘了文字本身最重要的意義，而文學，只是文字應用眾多領域中的一個而已。這個事實也許很多人不願意接受，但靜下心來想想，在我們的文化中，如果真的少了一部《紅樓夢》或者《西遊記》，實際上並不會影響今天人們刷信用卡買東西、用網路查資料、乘飛機出行、餓了吃飯、病了服藥、睏了睡覺。日本沒有渡邊淳一、大江健三郎[31]，一樣可以有索尼這種超級企業；美國沒有梭羅和海明威，一樣可以打贏第二次世界大戰，成為超級大國；英文今天主宰全球的原因並不是英國有莎士比亞、培根、狄更斯和柯南·道爾。中國的語文教育忘記教會學生，如何用簡潔、有效、準確、樸素、具體的文字記錄自己的知識和經驗，以便將來透過共用獲得更多的知識和經驗。所以，中國人做不出 Linux[32]，做不出維基百科，寫出來的網誌大多是無病呻吟的心情日記。請注意，我並沒有任何鼓吹「文學無用」

31 大江健三郎，日本當代存在主義作家。曾獲一九九四年諾貝爾文學獎。

32 Linux，一種自由和開放源碼的作業系統，使用 Linux 內核。

的意思，我只想說：從人類的整體發展情況來看，除了「文學」，文字還有更多其他的責任，如傳遞資訊、累積經驗、共用知識等，而且對大多數普通人來說，後者可能更為重要。

實踐能力是自學能力最終轉化為真正價值的根本

我看到過一句令人非常震撼的話：很多人正是因為沒有目標才不停地「學習」。許多人都曾感歎：工作之後才知道什麼真正有用，可「書到用時方恨少」。如果一個人不是很懶惰，那麼什麼時候開始學都不晚！知道自己需要的是什麼之後，真正的學習才算開始。例如，學英文：很多人天天在學卻從來不用；背單字堅決不造句，卻去練習什麼詞根詞綴記憶法或聯想記憶法；背了那麼多單字，卻從不讀英文文檔，從不寫英文文章。當然，偶爾還是要說英文的，但僅限於「Hello! How are you? I'm fine, thank you, and you?」之類。其實，掌握兩千個基礎詞彙、瞭解基本文法規則之後，就應該去「用」英文了。舉個例子，看本專業的英文原版資料就是很好的使用英文的機會。有不認識的單字，查字典嘛。每個單字都認識，但整句話就是看不懂，查文法書嘛。查過一圈還是搞不明白（其實發生這種情況的機率並不高），問老師嘛。可是，我所見到的絕大多數學生英文程度沒有進步的本質原因只是懶惰，他們在第一步就已經放棄了。我經常遇到問老師「這個單字是什麼意思」的學生——這樣的學生，連字典都不願意查（別說查不到，今天的字典種類很多，另外還有網路，查不到的機率實在極其微小），更別說查文法書了。有時候，我甚至覺得我能在新東方做英文教師僅僅是因為我會查字典、翻文法書，再加上一個儘量搞清楚一切 的心態而已。可為什麼有那麼多人連這種最基本的實踐都不願意去嘗試呢？

看清了這些，我們就應該認真思考一下自學能力了。自學能力的打造就是從我們認真對待它開始的。它就像戀人一樣，你對它好，它才對你好。完全靠自己學一樣東西吧——管它是什麼，並且一定要學好，學到比相當數量的人都好。如果真的做到這個地步，那你就不僅是一個完整的人了，還是一個相當優秀的人。這時，你完全可以對自己說：「你太有才了！」我個人的建議是去自學一門電腦程式語言，因為電腦程式語言的相關資源在網路上分布廣泛、極易獲得，而且優秀的資源使用的語言往往是英文，這又順帶練習了英文閱讀理解能力——想想吧，肯定不僅是一舉兩得。

永遠保持開放的心態

我們的大腦有一個運行機制叫做「選擇性輸入」，其具體表徵在很多人身上都有體現：他們只能聽到自己喜歡聽的，只能看到自己想要看的。其實，這個機制算不上缺陷，

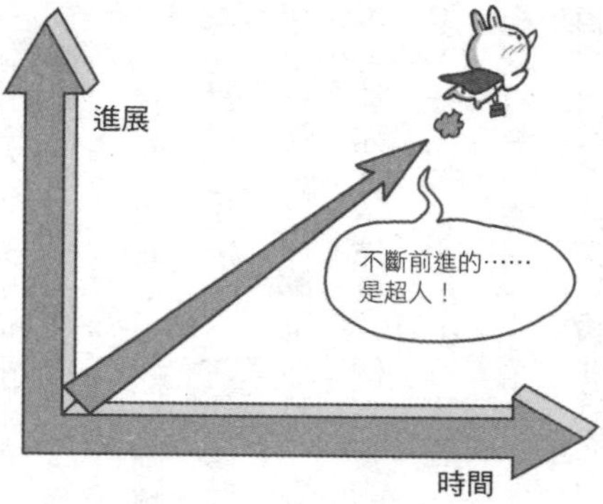

很多時候，它對我們來說屬於「自我保護功能」。

然而，對一個掙扎著發展自己心智的人來講，「選擇性輸入」就是一個可怕的敵人。對抗「選擇性輸入」的最好辦法就是借助我們最好的記錄工具——紙和筆——有條件的話，最好固定一段時間來把那些目前暫時無法理解的、支持的、反對的、無所謂的論點和觀點記錄下來。對無法理解的，寫下自己當時的疑惑；對支援的，記錄幾個理由或者實例；對反對的，同樣記錄幾個理由或者實例；甚至對那些無所謂的，也記錄其原因。一個有著這樣良好記錄習慣的人會獲得他人無法擁有的處理資訊和知識的能力——「反芻」。這種「反芻」能力是我們避免成為「選擇性輸入」受害者的重要保障。

瞭解學習的過程

所有的學習過程從進展方式上來看都是類似的，

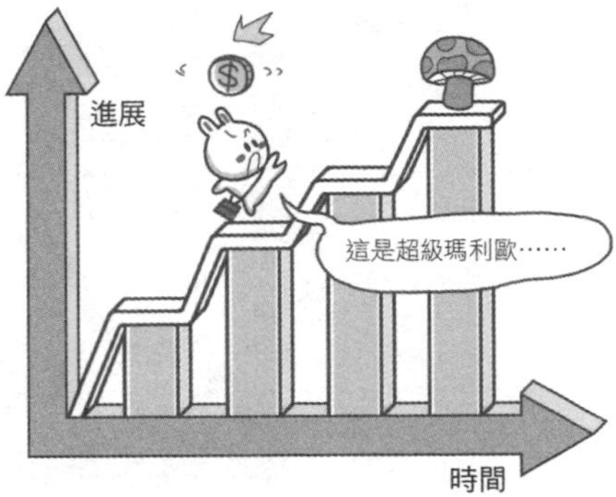

但它並不為所有人瞭解。一個說不上太蠢但也足夠蠢的幻想是：只要努力，就可以不斷地進步。實際上，在學習的時候，進展和時間的關係肯定不是線性的——想要「一分耕耘，一分收穫」基本不可能。

這個關係曲線更可能是階梯狀的：學習過程中有很長時間一點進展都沒有，但從某一刻開始突飛猛進，而後又是長長的一段所謂「平臺期」。

事實上，這個階梯可能沒有圖上顯示得那麼陡峭。如果放大一點，階梯的每一級可能是這樣的：在學習的任何一個階段，都會有一段時間進展緩慢。只有經歷積累的過程，「量變到質變」的效果才會出現，才有可能突飛猛進。

但許多人往往在只行進了一小段時間後，就因為覺得進展「過分」緩慢而開始動搖，以至於從來不曾體會「突飛猛進」的感覺。然而，這樣慢慢動搖直至最終放棄的人，在其漫長的一生中總是會遇到身邊的

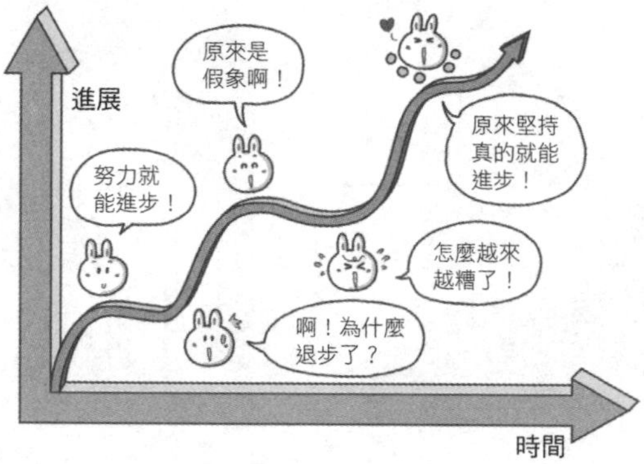

某些人正在「突飛猛進」。在不願意承認自己曾經犯下錯誤的情況下，那些最終放棄的人會給自己一個貌似「最合理」的解釋：「哎呀，他肯定有什麼訣竅！」

當然，更現實地說，這個曲線應該是一個並不規則，上下起伏，但總趨勢上升的曲線。打個比方，有點像跳華爾滋——先進兩步，再退一步。

說到這裡，我們可以看到，如果把學習中時間和進展的關係理解為純粹的線性關係，那我們最終根本不可能獲得滿意的進展。其實，沒有哪個人可以長時間忍受失望。這樣看來，曾經的放棄，往往不是因為沒有毅力，只是因為對時間和進展的關係理解錯誤——在頻繁失望甚至絕望的情況下居然堅持了那麼久，我們原來是這麼地有毅力啊！

第5章

思考

我想知道上帝是怎樣創造世界的……

我想知道祂的想法，

其他都是細枝末節。

——愛因斯坦

1. 勤於思考

遇到問題動腦子想一想其實是根本不費力氣的事情，可偏偏很多人最常說的一句話是「想那麼多累不累啊？」這話相當古怪，特別是從作為地球上唯一擁有龐大大腦額葉的物種的成員——一個「人」的口中說出來。

誰也說不清，為什麼會有那麼高比例的人懶得思考、不願思考、害怕思考、厭惡思考——這個比例保守估計不會低於80%，而且，剩下的20%中甚至又有80%常常用錯誤的方法思考。綜合來說，在全人類中，能用簡單且清楚的方式把問題想明白的人幾乎不到4%。而這4%的人，絕大多數最終選擇了沉默或者成為負面力量的幫兇。從這個角度看待歷史，可能會得到令人膽寒的結論：人類發展史就是極少數想明白了的人不停掙扎的同時，被絕大多數想不明白的人謾罵、侮辱、陷害、謀殺的歷史。

人都有大腦，閒置還是使用，是個問題。有腦子卻不用等於沒腦子。如果用，那麼「應該怎麼用」就是一個更重要的問題。這是一個人的選擇，這是一個人的奧德賽[1]。海妖[2]的歌聲無孔不入——而我們除了耐心之外沒有任何其他抵禦工具，「路漫漫其修遠兮，吾將上下而求索」。

思考，更準確地說，**獨立思考**[3]**，只不過是從別人那裡知道一個結論的時候，自己**

1《奧德賽》(Odyssey)，古希臘的著名史詩之一。

2 海妖是指塞壬(Siren)，希臘神話中人首鳥身的怪物。

動腦重新推演一遍，看看得出結論的過程有沒有漏洞和不合理的地方，衡量一下結論到底有沒有道理的過程。這個過程沒那麼複雜，也沒什麼玄妙，不過是一個正常的有腦子的人應該做的事情而已。

一旦開始嘗試獨立思考，我們就會發現，陷阱無處不在。這些陷阱直接導致無數人放棄思考——因為在很多時候，思考雖然不費力氣，但實在是太麻煩了。為了避免麻煩而把思考推給別人是一種常見的解脫手段，由此，大多數人身上出現了大量「迷信權威」的現象，只不過程度不同。「迷信權威」本身就是一個典型的陷阱：權威的意見可能更加準確，可是，權威也好、專家也罷，濫竽充數的實在不少。為此我們不得不常常採取「求人不如求己」策略。這也展現了一個無奈的事實——我們生活在一個信任成本極高的社會。

在深入探究思維陷阱之前，先讓我們多花一點時間討論一下「迷信權威」這個問題。在常見的思維謬誤中，「訴諸權威」與「訴諸情感」一樣被列為有邏輯錯誤嫌疑的辯論方式。首先，權威不一定正確；其次，對正確的權威資訊很多人的理解並不正確；再次，權威可能別有用心；最後，權威可能並不存在。不過從另外一個角度講，迷信權威誠然不對，但鄙視一切權威無疑也有偏頗——總是有真正負責任的專家、權威存在。現在的問題是：我們應該在多大程度上相信權威？

3 我個人一直堅持把片語「Critical Thinking」理解為「獨立思考」，而非「批判性思考」或「批判性思維」。「批判」一詞在中文語境中有不少與「Critical Thinking」並不相干甚至相左的含意。「批判」這個詞，從新文化運動（二十世紀初反對中國封建文化的思想啟蒙運動）開始直至今日，批判總是與「階級」、「立場」這類詞有著緊密的聯繫，而與「思考」、「思維」、「思維方式」、「思考方式」並無關聯，偶爾有關聯也常常是對思考和思維起著負面的作用。

訴諸權威，本質上源自人們對確定的渴求。面對未知，我們希望有人能夠清楚解答；面對爭議，我們希望有人能夠一錘定音。可我們總是無法如願。其實這也沒什麼可抱怨的，因為我們就生活在一個不確定的世界裡。然而，沒有幾人願意最終面對不確定的答案、不確定的結果。這樣看來，「固執己見」和「六神無主」應該是相近詞。

正確對待權威並非易事，但是很多人不能正確對待常識就真的令人非常震驚。觀察一下生活，觀察一下人群，我們會發現很多人對權威迷信到漠視常識、遺忘常識的地步。我們的思維誤區中有一個盲點——「一廂情願」，這個東西再加上源自無知、恐懼、懶惰的「迷信權威」，就幾乎必然會出現漠視常識、遺忘常識的結果。

錢理群[4]曾回憶[5]道：

> 一九五八年……當時《中國青年報》報導：貴州省金沙縣（中國最窮的地方）一個社創造了單季畝產水稻三千零二十五斤的紀錄。幾天之後，《人民日報》報導：甘肅省某社在二分五的山地上，一青年突擊隊創造了畝產馬鈴薯一萬七千四百一十斤的全國高額豐產紀錄。緊接著，《人民日報》報導：河北省靜海縣陳官屯用五天時間建成一個水利發電站。《浙江日報》報導：浙江省一個多月發展的民辦學校達八千五百一十六所。新華社報導：河南省遂平縣衛星農

---

4 錢理群，中國現代文學研究者、作家，著有以魯迅和周作人為中心研究的專著和散文隨筆多部。

5 參見《話說周氏兄弟：北大演講錄》，錢理群著。

業社五畝小麥產二千一百零五斤。一天後，湖北省穀城縣東尼社宣布：畝產二千三百五十七斤，創了新紀錄。兩天後河南衛星社又放第二顆衛星：畝產三千五百三十斤。四天後，河北省臨漳縣紅光社又宣布畝產高達三千六百五十斤。同一天，同屬湖北穀城縣的星光社宣佈創四千三百五十三斤新紀錄。二十天後，河南省西平縣和平社又宣布，達到畝產七千三百二十斤。一個月之內神奇般地上升，各路諸侯都是「各領風騷三五天」。到九月一日一顆特大衛星把全國人都驚得目瞪口呆：河北省徐水縣宣布，畝產山藥蛋一百二十萬斤，要創造一棵白菜五百斤，小麥畝產十二萬斤，皮棉畝產五千斤，全縣糧食畝產二千斤的高產衛星。《人民日報》報導，徐水人民公社將在不遠的將來把社員們帶入人類歷史上最高的仙境，這就是各盡所能，各取所需的自由王國的時代，跑步進入共產主義。毛澤東非常興奮地跑到徐水，問：糧食產這麼多放到哪兒去？肉產那麼多，怎麼吃呀？[6]

這一句話使全國都瘋了。中國人的想像力就充分發揮了。由全國大煉鋼鐵，全民大產糧食，到全民寫詩。到處是賽詩會，異想天開，奇思狂想。吉林省八積壘賽詩會上，一人朗誦：「今年是個豐收年，秋後糧食堆成山。不知糧食打多少，壓得地球亂轉圈」。又有一個高聲叫道：「這不算啥，聽我的——社裡麥穗插雲間，

6 這段敘述即中國歷史上這名的「大躍進」中的現象之一。在當時，不只鋼鐵，當局也鼓勵農產增產，各地為了響應，虛報作物產量，稱作「放衛星」。當時時值蘇聯發射第一顆人造衛星，使衛星成為流行語，高產量田地也稱為衛星田。

麥芒刺破玉皇殿。麥根扎到龍王廟，嚇得東海波浪翻。」掌聲剛起，又有人喊道：「聽我的——深耕細作產量高，一棵玉米穿雲霄。彩雲拴著玉米腰，嚇得月亮彎彎腰。」做夢到了登峰造極的地步。

我當時在北大讀書，也捲入了這樣的狂潮。計畫一天要寫幾百首詩，整夜不睡地寫，比誰大膽，誰善於狂想、做夢。

千萬不要以為這只是歷史，不會再次發生。這不僅是歷史，還是人性的弱點——再過千萬年都不見得單憑基因遺傳和突變可以淘汰的人性弱點。人們對邏輯學習的忽視，以及對自己在邏輯上的欠缺少有自知之明，並非是今天才如此，而是千百年來一直如此。

很多很多年前，有人嘲弄「東施效顰」。究竟是因為西施漂亮，所以她的一舉一動，哪怕皺眉捂胸，都嫵媚動人呢？還是因為西施身體太差，經常皺眉捂胸，所以才顯得漂亮呢？這是東施一生都沒有想明白的事情。兩千多年後，我們還是能看到東施「轉世」人間，化身無數——不分男女老少，甚至不分種族。

權威不是用來迷信的，權威在更多時候本應該是我們認識世界的輔助工具，而且我們在某些方面需要權威的同時，自己也會儘量成為某個方面的權威，這是社會大分工的基本意義。但權威卻被很多人濫用，更有甚者，在濫用權威的同時淪為權威（無論是不是真正可靠、可信的權威）的奴隸。這還是本末倒置，東施附體。

獨立思考的一把鑰匙是這樣的——

首先要瞭解：權威不一定等於正確。進一步要明白：就算權威正確，也只是權威表達了正確，而非正確屬於權威。最後要清楚：準確地說，權威只是權威，正確就是正確，它們倆任何時候都不是同一件事。

從另一個角度看，拒絕獨立思考、把思考的工作交給別人，不僅不省時間，恰恰相反，非常浪費時間——甚至浪費一生的時間。

舉例來說，在工作崗位上，有些人就像頂著一顆木頭腦袋，只做上司要求做的事情，但往往連被要求做的事情都做不好。很多時候，這些人並不是偷懶，而是長期養成的習慣（迴避思考的思維模式）造就了他們的行為模式——他們根本想不出該做什麼，所以只求把上司交代的任務完成以保住飯碗。可是，他們甚至連該怎麼做好那些被交代的任務都想不清楚，因為他們的腦袋從未「用進」、只曾「廢退」，早就退化成了實心木頭，沒什麼用處。

而另外一些人（肯定是少數），在接到任何任務之後，都勤於琢磨，思考該任務的目標、實質、意義，再據此思考完成該任務的方法。於是，他們會為了完成任務、實現目標，去做很多上司原本未曾交代的事情。最終，他們不僅能完成任務，還常常有很多意外收穫……

這就是差別。前者往往在一個工作崗位上「兢兢業業」、「勤勤懇懇」，卻「一無是處」、「碌碌無為」，後者卻在同樣的時間裡「一步一個腳印」，「步步高升」……後者逐漸會擁有更多的機會，占據更大的平臺，最終與前者成為兩個完全不同的世界的人。

很多人就是這樣，堅持拒絕思考，然後用天下最累的方式生活而不自知。大哲學家羅素[7]曾觀察到這個現象，他為之奇怪並感歎：「很多人寧願死也不願思考」，然後戲謔道，「實際上，他們確實死得很快。[8]」

2.思維陷阱

維基百科上有一個頁面標題為謬誤列表，上面列出了常見的形式邏輯錯誤和非形式邏輯錯誤。但實際上，導致人們犯下這些邏輯錯誤的最重要的原因只有兩個——概念不清和拒絕接受不確定性。

7 羅素（Bertrand Russell），二十世紀英國哲學家、數學家、邏輯學家，同時也是活躍的政治活動家，致力於哲學的大眾化、普及化，曾獲諾貝爾文學獎。

8 出自《相對論入門》（The ABC of Relativity）。

概念不清

人們為了能夠認知、思考、交流，必須不停地創造新的概念。可以想見，最初人類只有一些很具體的實義概念，如肉、水、火、牛、蛇等。隨著對周遭的認知程度越來越廣泛、越來越深入，人類開始創造一些概念以指稱那些看不見、摸不著卻又確實存在的東西，如毒、氣、智等。有些概念一直沿用到今天，是因為那些認知從一開始就是正確的，或者到現在也沒發現有必要丟棄。然而，更多的概念（準確地說，無數的概念），則在人們不停地修正認知、追求真理的過程中被更正或者丟棄。

「燃素」（Phlogiston）就是這樣一個概念。這一概念出現在十七世紀，當時人們尚不瞭解燃燒的機制，也不瞭解空氣的成分，只有一個籠統的「空氣」概念，沒有氧氣、氮氣之類的概念，更不用提「氧化作用」了。但是，人們需要對某些現象作出解釋。於是，有化學家提出了「燃素」的概念，對應的理論是：可燃燒的物體中含有一種物質，即「燃素」，所以它們才能燃燒。當然，今天這個概念已被徹底棄用，與此相關的理論也早已被證明是錯誤的。

在相當長的一段時間裡，那些今天已經被棄用的概念並非一無是處。哪怕是那些今天已經被證明為錯誤的東西，在人類的求知過程中依然扮演著不可或缺的角色——因為進步過程從本質上看其實就是不斷地「試錯」。然而，如果一些概念在早就可以證明其無效、無用，甚至在只能造成曲解和誤導的情況下依然被堅持使用，就是非常荒唐的事情了。中國歷史上五行、八卦、風水之類的概念就是如此，即便它們早已是不具備「適用性」的概念，依然有很多人基於種種目的、種種原因、種種訴求，把它們死死抱住，讓它們一次又一次地死灰復燃。

我們對這個世界的認知充滿了困難。我們不停地修訂和增補一些必要的（或者至少是暫時必要的）概念，證偽和丟棄那些錯誤的、不必要的概念，就是為了能把這個世界看得更清楚。我們與我們所生存的世界之間就好像有一層毛玻璃一樣，我們把運用的概念打磨得越準確，就相當於把那層毛玻璃打磨得越透明，把這世界看得越清楚。但是，如果讓一些錯誤的、不必要的概念死灰復燃，就會把那層毛玻璃弄得更厚、更不透明——所謂「混淆視聽」。

其實我們說某個人「腦子清楚」，就是指那個人的腦子裡沒有那些亂七八糟的、毫無必要的、不講根據的、混淆視聽的概念。或者說，他可以清楚地瞭解那些概念是什麼樣的，以至於一切在他的腦子裡都非常清楚。

學習任何知識最重要的一點，就是搞清楚它所有的基礎概念。不誇張地講，任何一個學科的所有知識，都是由這些概念一點一點搭建起來的。一般人看見房子，不會覺得磚頭有多麼重要；但是對建築師來說，磚頭分為好多種，每種功用都不同——這就是內行和外行的區別。我年紀很小的時候，母親教我：「讀教科書，要先把所有概念都記下來，暫時不懂的就死記硬背。把概念牢記於心，就可以透過以後的學習和實踐反覆審視它，並形成透徹理解。」這一教誨對我的幫助非常大，以至於我上學期間從未覺得哪個科目太難。後來做了老師，有機會大量觀察，才發現幾乎所有的學習困難和思維困境，是因為之前在學習基礎概念的時候不加重視造成的——沒有例外。

所謂「腦子混亂」的人，其主要特點就是把根本不是一回事的東西當作一回事。因為他們建構世界的概念是粗糙、混亂、未經細分與整理的，所以他們的世界也只能是粗糙、混亂、無法理順的。例如，「不恰當比較」、「無關類比」是很常見的邏輯錯誤，可是很多人犯這類錯誤，往往是無心的，只不過因為他們的概念太亂、太含混，才會把迥然相異的東西當作差不多的東西，甚至乾脆當作同一個東西。這樣的人看問題永遠只能看到表面，有時甚至連表面都看不清楚，當然談不上「穿過表象看到實質」了——

不知道「目標」與「計畫」之間區別的人，意識不到自己可能會因為死守計畫而最終無法達成目標……

不知道「政府」與「國家」之間區別的人，往往難以溝通——不要輕易與之交流，否則你可能會因此麻煩不斷、禍患無窮……

不知道「科學」、「科普」與「科普作者」之間區別的人，會相互罵來罵去，全然不顧邏輯的存在……

不知道「上學」與「學習」之間區別的人，其中一些可能會因為自己有博士學位就瞧不起中專[9]畢業的人，另外一些可能會因為自己只有中專文憑而憎恨那些有博士學位的人……

不知道「一個人」與「一個人的看法」之間的區別的人，要麼可能迷信權威，要麼可能把自己當作絕對權威……

很多學生討厭歷史課，其實只是源於沒弄明白「歷史」與「歷史書」之間的重要差異[10]……

反過來，永遠都是那些能把概念理解透徹、區分清楚的人才能清楚地思考，進而改變整個世界——

華盛頓等人想明白了「三權」是可以分開的，造就了今天的美國；

鄧小平弄清楚了「政治」與「經濟」是可以分開的，造就了今天的中國；

有程式師琢磨出「內容」與「表現形式」是可以分開的，於是，在「超文字標記

---

9 相當於台灣的高職。

10 學習任何一門學科，都最好先去讀一下該學科的發展史，這是最好的起點。可惜，大多數人一直討厭歷史……

11 超文字標記語言（HyperText Markup Language，縮寫為HTML），是網頁使用的一種電腦語言，可以用來結構化資訊（如標題、段落、列表等），也可用來在一定程度上描述文檔的外觀和語義。

語言[11]」之外有了「層疊樣式表[12]」，整個網路隨之改變……

所以，本書強調「時間不可管理」、「我們只能管理自己」，並非咬文嚼字。「時間管理」和「自我管理」是完全不同的概念——焦點不同，方法不同，效果不同……但是，很多人沒想過這件事，在他們的世界裡，這兩個概念從來沒有被仔細定義、認真區分過，故而他們的思考和判斷在這方面都是模糊的，據此作出的決定即便是對的，也不過是撞大運得來的而已。而「撞大運」的特點是：這次運氣好，會導致將來運氣必然不好，因為運氣好的機率不可能很高——根據「運氣」的定義，機率高了，就用不著運氣了。

拒絕接受不確定性

前文曾經討論過，遠古時代的人遇到問題後，因為篤信「萬事必有因果」，所以會在沒有任何「合理解釋」的情況下認為問題產生的原因「只能是神的力量」[13]。不誇張地說，神與怪，都只是人們基於種種原因堅決「拒絕接受不確定性」而產生的「應景解釋」而已。前文也曾經提到過一個我們必須接受的現實：未知永遠存在。從本質上來看，不確定性和未知是一回事。

拒絕接受不確定性的一個根源在於害怕複雜、奢望簡單。誰不希望一切都是簡單的

12 層疊樣式表（Cascading Style Sheet，縮寫為CSS），是一種用來為結構化文檔（如HTML文檔）添加樣式（字體、字型大小、行間距、顏色等）的電腦語言。

13 參見第4章「主要手段」一節。

呢？[14]可現實往往就是複雜的。

不接受，或者不勇於接受不確定性，會直接導致很多認知上和邏輯上的錯誤。由此引起的邏輯錯誤實際上是心理問題，而並非只是欠缺邏輯訓練。很多人接受過邏輯訓練，依然常常掉進邏輯錯誤的陷阱，原因在於他們從本質上就是不現實的人。所有「倉促的結論」、「草率概括」、「過度簡化[15]」，從根源上來看，都是由拒絕接受不確定性造成的。所有的粗暴二分法也是拒絕接受不確定性所造成的結果——犯這種邏輯錯誤的人，往往暗自希望自己的二分法能夠概括一切情況，卻在不知不覺間把不確定的因素排除在外。

3. 因果關係

人類的思考離不開對因果關係的分析。人們根深柢固地認為因果關係無所不在，而大多情況下事實也確實如此。可問題在於，因果關係分析往往並不像看上去那麼簡單，人們也常常由於基本歸因謬誤而得出錯誤的結論且不自知，進而莫名其妙地作出錯誤的決定，走上錯誤的路。走在錯誤的路上，時間越久，效率越高，結果越可怕。

---

14 有些人非常可笑，他們一方面害怕複雜，同時又迷信複雜。有時候道理簡單明瞭，他們不相信，非要相信玄的東西；有時候方法既簡單又有效，他們不相信，以為只有複雜的手段才能解決問題……

15 還有一些人喜歡「過度複雜化」，這是另一個極端。美國漫畫家魯布．戈德堡（Rube Goldberg）曾經在漫畫中形式創造出一種過度複雜、結果只為了做簡單動作的機械裝置，後來這種過度複雜的裝置被稱為「魯布．戈德堡機械」。

基礎

分析任何因果關係，例如「因為A，所以B」，基本上只需要從三個層面去審視：

▽A不一定是B的理由[16]。

▽A不一定是B唯一的理由。

▽A不一定是B最重要的理由。

舉個例子，有些人認為「電視破壞了人與人之間的溝通[17]」。他們之所以如此認為，基本上是因為他們觀察到了一個現象，即現在的人看電視的時間越來越長（A）——這是一個確實存在的真實現象；與此同時，他們觀察到了另一個現象，即現在人與人之間相互溝通的時間越來越短（B）——這也是一個確實存在的真實現象。而這兩個現象又好像明顯有一定的聯繫：每天只有二十四小時，花在這裡的時間越多，花在那裡的時間就越少……於是，這些人就用「因果」邏輯關係把這兩個現象聯繫了起來，得到結論：B之所以發生，就是因為A……

可是事實上：

▽的確有些人因為電視看得太多，導致不與他人溝通，但另一些人即使不看電視

16 請參考後文的「雙盲測試」和「自我實現預言」兩節。

17 這也是一道托福作文題：Television has destroyed communication among friends and family.

也不會與他人溝通，他們可能會酗酒、吸毒……

▽就算電視是溝通被破壞的原因，也不見得是唯一的。例如，某個人白天丟了工作，回家之後心裡有氣卻不願意告訴家人，於是一聲不吭地坐在那裡看電視，這時，「不溝通」的表面原因是「看電視」，而深層原因是「失業的煩惱」。

▽既然電視不見得是溝通被破壞的唯一理由，那它也不一定是最重要的理由。事實上，人與人之間不溝通的根本原因可能在於人們普遍缺乏基本的溝通技巧。

如此看來，「電視破壞了人與人之間的溝通」這種觀點，或者說這種觀點之後的因果關係，是無法被大多數人接受和站不住腳的。

另一個需要注意的非常重要的情況是，有些時候，相關聯的兩者間是「互為因果」的。我能想到的最誇張、最誤導人的把互為因果的關係謬解成因果關係的例子，是教科書中的一個觀點：外因透過內因起作用[18]。它的意思是，如果有什麼東西發生了變化，那麼根本原因只有一個，就是內因。即使外因有作用，也是透過內因引發的，所以，根本原因還是內因……

可事實根本不是這樣。外因會影響內因，內因同樣會影響外因。它們相互影響，互為因果。

[18] 參見第2章「現狀無法馬上擺脫」一節。

以一個特別好玩的現象為例：在某種意義上，學生的水準決定教師的水準。

這話並沒有說反。師生之間的有效溝通，肯定不僅是教師單方面的灌輸。越是用心的教師，越關注學生的回饋；越是用心的學生，越關注教師對他的回饋的回饋。顯然，這種溝通不僅是雙向的，還隨著雙方的用心程度不斷增強。

這和下棋是一樣的道理。據說，棋藝到了一定程度，棋手就會不由自主地挑選對手，因為跟高手下棋就會進步，但反過來，與「臭手」交手多了，自己的手也會變「臭」……優質的學生，對他們的教師來說，不僅是令人愉悅的教學對象（學生一點就通，老師沒有不開心的），更重要的，他們還是對教師的挑戰——這些學生有著長期而且優秀的學習經驗，也因此擁有相對良好的判斷能力，隨時可能提出一般教師無法回答的問題。經過一段時間的累積，雙方都會因為教學和溝通發生巨大的進步——只要雙方都夠優秀、足夠用心。

不過，大多數人是不用心的。所以現實常常是這樣的：

▽教師不用心。

▽教師「不用心」本質上就是「怠慢優秀學生」。

▽優秀學生都離他而去。

▽留下的都是缺乏判斷力的學生。

▽這樣的學生很好「對付」，他們甚至依然給教師足夠的「尊重」。其實，越差的學生越可能產生「崇拜」心理，而這個看起來很弔詭的現象其實非常正常。

▽在這種情況下，教師的境遇竟然是「越差越好」。當然，不能差到平均水準以下，那樣「連傻子都會看出來」。

▽教師很爽，學生很爽……大家一起爽，各自毫無進步，甚至退步了也不自知……

光陰似箭，日月如梭，一晃幾年過去，這樣的教師在能力上就被「固化」了。固化之後再想轉變（如果有足夠心智覺醒的話），不僅痛苦，而且艱難。當然，我觀察到的更多情況是：這些人會為自己的尷尬找出一種可以讓自己心安的解釋，就好像某些不招人待見的醜女對自己從未收到過情書的解釋是「我才不像她（某個美女）那樣作風不正派呢」一樣。

所以，環境會「非常智慧地」對身處其中的每一個人作出與其行動相應的回饋——大多數人都沒仔細想過這件事。這樣說來，不管我們用心與否，我們都在對周遭的環境不停地發出相應的信號，而構成環境的人會接收到這個信號並作出相應的回饋——不管是有意的還是無意的，不管是有針對性的還是無針對性的……從另一個角度講，作為一個活生生的人，我們當然也會不停地接收各種各樣的信號——儘管我們可能並非意識清楚地瞭解這些信號之中的大多數是在回應自己先前發出的信號——不管願意還是不願意，有意識還是無意識，我們都會或多或少地根據它們作出自己的進一步回應……無形之間，我們就被環境塑造。可是，與此同時，正在塑造我們的這個環境，也是我們自己（參與）塑造的……

以上的分析告訴了我們一個深刻卻又清楚的道理：要做一個用心的人，要用心做事，因為這世界其實也有「心」。

雙盲測試

沒有哪一個領域可以像醫學領域那樣處處存在「人命關天」的決策。所以，開發、研製、應用各種醫藥和醫療手段都需要小心翼翼，研究和實踐隨時隨地都是如履薄冰。不管是中國的扁鵲、李時珍，還是古希臘的希波克拉底，從本質上來看，都是因為在實作中分辨因果關係的能力異於常人才成為「神醫」的。然而，即便是這種「神醫」，也極大程度地受到自身及自身經驗的局限。而從現代醫學的角度來看，他們絕稱不上「神」，他們對疾病的各種理解及治療手段甚至可能不及格。

醫學的發展過程，對人們認識「安慰劑效應」有著很重要的影響。現代醫學對安慰劑的認識是從畢闕[19]開始的。一九五五年，他在《安慰劑的神奇妙用》[20]一文中分析了十五個臨床試驗，遍及一千零八十二個患者，得出的結論是：平均 35.2±2.2% 的治療效果來自安慰劑。安慰劑效應的一個比較好的通俗解釋版本是電影《火柴人》（*Matchstick Men*），有興趣的讀者不妨找來看看。

為了消除安慰劑效應的影響，鑒定醫療方法是否真正有效，人們進一步發明了「雙盲測試」檢驗方法。在雙盲測試出現之前，可以說，醫學和醫療領域基本還處在「黑暗時代」。毫不誇張地說，雙盲測試的出現標誌著現代醫學文明的開始。這裡用以下的例子簡單說明一下雙盲測試的操作方法。

> 一種新的藥物研製出來後，需要測試並明確其真實效果才能投入使用。研究人員會招募一群病人作為被測試者。被測試者分為兩組，一組服用新研製出來的藥物，而另外一組服用看起來一模一樣但沒有任何藥力的安慰劑。他們無從知曉自己服用的是藥物還是安慰劑——事實上，他們都認為自己服用的是藥物。此為「一盲」。不同於測試者，發放藥品的工作人員知道測試者中一定有服用安慰劑的，但這些工作人員也不知道自己手中的哪些是新藥，哪些是安慰劑。他們的工作只是把標著號碼的藥盒發給相應編號的測試者。此為另「一盲」。研究人員則要在

---

19 畢闕（Henry Knowles Beecher），二十世紀美國醫生，在麻醉學和醫學上曾作出重要貢獻。

20 〈安慰劑的神奇妙用〉（The Powerful Placebo，1955），畢闕在該文中首次強調了「雙盲測試」在臨床試驗上的必要性。

「局外」觀察、記錄、監視被測試者（病人）的治療效果。服用新藥的被測試者中可能會有一部分人病情好轉，而服用安慰劑的被測試者中也可能會有一部分人病情好轉——這是可以觀察到的。將服用安慰劑後病情好轉的比例與服用新藥後病情好轉的比例進行比較，就可以瞭解新藥的實際效果。如果兩個比例相當（如均為30％），就說明新藥幾乎是無用的，它的作用與沒有任何藥力的安慰劑差不多。

可是，服用「安慰劑」的被測試者病情怎麼可能會好轉呢？他們服用的不是沒有任何藥力的安慰劑嗎？問題就在這裡。儘管服用的是安慰劑，但被測試者自己卻以為是新藥，也會因此積極配合「治療」（例如按時進餐、按時睡覺），同時，被測試者的心理狀態會因服用「藥物」（其實是安慰劑）發生改變，而「藥物」會影響他的生理狀態——起碼一個人的心情會影響他的免疫系統的狀態。事實上，很多疾病都可能不藥而癒（最明顯的例子是輕度感冒和輕度過敏）。而實際的調查結果也顯示：人群中有差不多⅓的人更易受到（來自他人或來自自身的）心理暗示的影響。也就是說，他們更可能在服用安慰劑後病情真正好轉。

舉一個例子。二〇〇〇年之前，約有六千五百名病人接受了名為「經心肌雷射血管再生術」（Transmyocardial Laser Revascularization，簡稱 TMLR）的心臟手術。簡單地說，該手術就是用雷射在心臟上面燒灼一連串小孔或通道，來試圖減輕心絞痛造成的嚴重胸痛。然而，紐約雷諾克斯－希爾（Lenox Hill）心血管研究院的心臟病學專家馬丁．萊昂[21]懷疑這種手術的實際功效。於是，萊昂與同事設計出了一種技術性偽裝，前後為二十五個醫療中心的五百名病人分別給予雷射心肌血運重建術治療或模擬療法治療。經過一系列研究，萊昂在二〇〇〇年經導管心血管治療大會上發表了他的相關報告，得出結論：「兩種治療效果完全沒有差別」。長達六個月的研究表明，治療組和安慰組在運動能力改善方面顯示出相同的效果，兩組表現出的改善程度也相同，「這種雷射療法，曾經被吹捧為改善心絞痛和提高運動能力的新手段，但它其實只是一種有效的安慰劑。」

現代人很難想像過去的人是怎麼活過來的——中國人得了癆病要吃人血饅頭（魯迅的小說《藥》裡有詳細的刻畫），美國人不管是什麼病，只要嚴重了就使用放血療法（據說美國總統華盛頓[22]就是被放血療法弄死的）。這些事現在幾乎不會發生了，但我們今天所生存的世界其實依然沒有想像中那麼光明。觀察一下教育領域：有多少教師真心宣揚的方法能夠通過雙盲測試？理論上的比例應該低得驚人。這種情況沒有引起重視只不過是因為在教育領域中很難應用雙盲測試作為檢驗手段罷了，如是，「魚龍混雜」的現象自然無法避免，我們也便只能「見怪不怪」。

21 馬丁．萊昂（Martin B. Leon），醫學博士，美國心血管研究基金會和經導管心血管治療大會的創始人。

22 喬治．華盛頓（George Washington），曾任美國獨立戰爭時大陸軍的總司令、美國第一任總統，兩次連選連任。

儘管很難用雙盲測試檢驗教學手段，但這種思考模式仍然可以給我們提供一種審視教學手段和學習方法的理論依據。由此我們可以想到，無論是什麼學習方法，都可能有⅓的人由於安慰劑效應而宣稱自己確實受益（注意，他們無意欺騙，他們是真誠的）。很多人宣稱某種學習方法神奇，可能只是因為他們確實看到了很多的「成功案例」，卻沒看到或者忽略了更多的「失敗案例」（他們同樣並非故意）。

現在的問題是，既然總有⅓的人的學習會受到安慰劑效應的影響，最終學習效果出現之前我們又無法確定究竟是哪⅓的人會受到這種影響，那我們要不要提前告訴他們真相呢？如果我們告訴他們，也就意味著我們實際上在使那⅓的人（儘管我們並不知道那⅓的人究竟是哪些人）失去獲得奇蹟的機會；如果我們不告訴他們，也就意味著我們將浪費⅓的人的時間和精力。考慮到學習是大部分年輕人主要的日常行為，正在學習的人群中又以年輕人居多，這時浪費的就不僅僅是時間和精力了，還有青春，甚至生命。

自我實現預言

莫頓[23]教授發現了這種現象，並將其命名為「自我實現預言」——如果人們相信某件事情會發生（事實上其原本並不見得一定會發生），那麼這件事情最終真的會發生。

希臘神話中就有這樣的故事：

23 莫頓（Robert King Merton），二十世紀美國著名社會學家。

底比斯國王拉伊奧斯與王后約卡斯塔生下俄狄浦斯之後得到神諭。神諭中說這個孩子終究會弒父娶母。為了躲避厄運，拉伊奧斯刺穿了新生兒的腳踝，令牧人將孩子丟棄在野外等死。

可是，執行命令的牧人於心不忍，把孩子偷偷送給了柯林斯的國王波呂波斯。波呂波斯很喜歡這個孩子，把他當作親生孩子撫養。俄狄浦斯長大以後，得知了神諭，也就瞭解了自己將會弒父娶母的命運。為了避免神諭成真，他便在不知道國王波呂波斯與王后並非自己的親生父母的情況下，離開了柯林斯，並且發誓永遠不再回去。

離開柯林斯的俄狄浦斯一路流浪。當他走到底比斯附近的一個岔路口時，與一群陌生人發生了衝突，失手殺了人，其中就有他的親生父親拉伊奧斯。

當時的底比斯被獅身人面獸斯芬克斯所困。斯芬克斯抓住每個路過的人，要求他們解答自己提出的謎題，如果解不出，斯芬克斯就會將對方撕裂吞食。

底比斯為了脫困對外宣布：能解開謎題者可獲得底比斯的王位並娶前任國王的遺孀約卡斯塔為妻。俄狄浦斯解開了斯芬克斯的謎題，繼承了底比斯的王位，亦在不知情的情況下娶了自己的親生母親為妻，生了兩男兩女。

俄狄浦斯登上王位之後，底比斯不斷發生災禍與瘟疫。於是，俄狄浦斯向神祇請示。最後，在先知提瑞西阿斯的揭示下，俄狄浦斯才知道他是拉伊奧斯的兒子，弒父娶母的不幸命運最終應驗。震驚不已的約卡斯塔羞愧地上吊自殺，而悲憤不已的俄狄浦斯則刺瞎了自己的雙眼。

莫頓教授用銀行擠兌的例子說明了自我實現預言的機理：

一家銀行本來運作得很正常，但不知什麼原因，出現了這家銀行要倒閉的流言。流言越傳越廣，導致越來越多的人信以為真，有人為防意外而跑到銀行把自己的存款提走。恐慌情緒蔓延，並且變得愈加真實，更多的人衝進銀行提走自己的存款……最終，擠兌發生了，銀行真的倒閉了。

自我實現預言的運作機理頗有些令人迷惑：好事很少心想事成，壞事往往無中生有。但這也不是不能解釋：或許這與人類大腦中根深柢固的「恐懼情緒」有關——喜悅會使一個人停下行動去享受喜悅，而恐懼卻恰恰相反，會引發一個人馬上採取行動去避免危險。事實上，這種出於恐懼的決策幾乎總是事與願違。

自我實現預言幾乎無所不在，它也使因果分析變得更為複雜：自我實現預言實現的那一瞬間，一個原本並不存在的原因竟然「無中生有」變成了真正的原因。

這些年我見證過的驚人最甚、範圍最廣、影響最深的自我實現預言，發生在學生群體中：大多數中國學生之所以最終未能掌握英文，其實就是自我實現預言的實現。

最近幾年，中國考托福[24]的中學生漸漸增多。與此同時，出現了一個有趣的現象：中學生的托福平均成績比大學生高出許多。在中國的大學校園裡，托福成績超過一〇〇分就算是高分了，一一〇分以上的少之又少。可是，在中國的中學校園裡，托福成績超過一〇〇分不足掛齒，超過一一〇分也不稀罕，甚至連一一五分以上的成績都相當常見。

兩代學生之間為什麼會出現這種驚人的差異？一個比較恰當的解釋是，上一代學生實現了自我實現預言。現在正在中國大學校園裡學習的學生，大多從未相信自己可以很好地掌握一門外文。以英文為例，在小學六年、國中三年、高中三年、大學四年，總計十六年的時間裡，他們被要求掌握約四千五百個詞彙[25]，而這個要求翻譯一下就是：

學英文很難的！十六年掌握四千五百個詞彙，你就很了不起了！

再翻譯一下：

---

24 托福（The Test of English as a Foreign Language，簡稱TOEFL），是由美國教育考試服務中心（ETS）舉辦的英文能力考試。大多數的美國大學或研究所要求外國學生在申請時給出達到一定標準的托福考試成績。

25 相當於大學英文四級詞彙大綱的詞彙總量。

每年你能掌握的詞彙不到三百個，平均每天不到一個……你很笨！學英文很難！

這樣的資訊被悄悄植入大多數學生的腦海，他們不明就裡地相信了。相信的結果就是自我實現預言的實現。不止這些學生，之前的許多代人，都是「一輩子學不好，一輩子很努力」，而結果則是越學越差……

在《把時間當作朋友》出版一年半以後，我撰寫了另一本書——《人人都能用英語》。我試圖透過一本書的篇幅，論述過往失敗的英文學習者是怎樣被植入的想法左右了一生，最終又是如何實現那個自我實現預言的；再進一步論述，與此同時，有多少新一代的學生擺脫了那個自我實現預言的詛咒，而後竟然可以把外語學得比母語還好……《人人都能用英語》從本質上來說，是《把時間當作朋友》的英文學習應用版本。《把時間當作朋友》主張用正確的方法做正確的事情，而《人人都能用英語》主張正確的事情是「習得」英文、正確的方法是「用」英文[26]。

小結

分析因果關係是我們在決定是否接受某個觀點之前必做的功課。所謂的思維縝密，

26 注意，是「用」英文，而不是「學」英文。

其實並非常人想像的那麼高不可攀，事實上可能恰恰相反——做到並不難。很多人做不到的原因無非兩個：一，習慣性拒絕思考；二，不懂得應該如何思考。而前者往往是由後者長期作用造成的。

想做到「思維縝密」其實很容易——從現在開始，在相當長的一段時間裡（如六個月），時時刻刻注意自己的或者自己被灌輸的每一個念頭，辨別其中的因果關係，逐一應用以上提到的種種原則。用不了多久，我們就會發現，自己的辨別能力突飛猛進。從我得到的回饋可以看出，實踐這個方法的人常常收穫驚喜。其實，那就是重生的感覺。

4. 相關命題

這個話題要從我遇到的一件小事說起。我曾經有一位教 GRE[27] 課程的同事，他是一個非常自信的人，可偏偏英文發音很差。其實，這本來沒什麼，發音差對學習第二語言來說很正常，不丟人，可偏偏他很在意這一點。

有一次，我聽到一位學生與他的談話——

學生：……老師，不知道我該不該說……

27 Graduate Record Examinations的簡稱，是由美國教育考試服務中心（ETS）主辦的標準化考試，用來測驗大學畢業生的知識技能掌握情況。在很多英語國家，特別是美國，GRE 成績被作為研究生錄取的標準之一。

四種命題及其關係

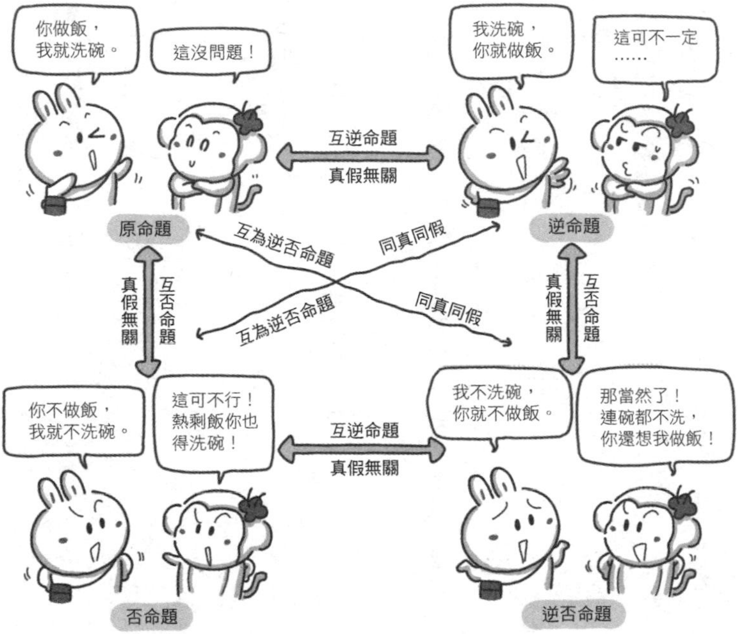
你做飯，
我就洗碗。
這沒問題！
原命題
我洗碗，
你就做飯。
這可不一定……
逆命題
互逆命題
真假無關
互為逆否命題
同真同假
同真同假
互為逆否命題
真假無關
互否命題
真假無關
互否命題
你不做飯，
我就不洗碗。
這可不行！
熱剩飯你也
得洗碗！
否命題
互逆命題
真假無關
我不洗碗，
你就不做飯。
那當然了！
連碗都不洗，
你還想我做飯！
逆否命題

老師：你說！

學生：你講的英文我聽不懂……

老師：……那老外講的英文你聽得懂嗎？

學生：呃……聽不懂……

老師：那不就得了！

學生啞口無言，紅著臉低著頭走了。

可事實上，這位老師明顯是在強詞奪理。他的意思是：

既然老外講英文你聽不懂，那麼你聽不懂我講的英文不是再正常不過了嗎？

再翻譯一下：

老外講的英文是標準的，你聽不懂；

所以，反過來，你聽不懂的英文不是不標準的，簡化一下，你聽不懂的英文就是標準的；

所以，你聽不懂我講的英文，因為我講的就是標準的……

翻譯過後，反應再慢的人也看得出來這肯定沒道理，肯定有哪裡不對。其實，這是原命題與逆命題的關係問題[28]，中學的數學課本上就有：原命題為真，它的逆命題不一定為真。然而，在生活中，許多人不知不覺就把原命題和它的逆命題等同起來。有心理學家曾經做了調查，經過幾年統計得出的結論是：有70%以上的人分不清楚原命題和逆命題之間的區別[29]。

反過來不一定成立。

發生在我身上的另一件事也格外能說明問題——

有一天，我在Twitter上隨口說了一句：

腦殘者最好玩的地方在於他們認為別人才是腦殘呢。

多少出乎我意料的是，很快就有人這樣回復：

這很明顯將陷入悖論：假如笑來不認為別人是腦殘，如何得出以上結論；如果認

---

28 四種命題及其關係
原命題：若p，則q
其逆命題：若q，則p
其否命題：若$\neg p$，則$\neg q$
其逆否命題：若$\neg q$，則$\neg p$
原命題為真，其逆命題不一定為真，其否命題不一定為真，其逆否命題一定為真。（符號「$\neg$」指「非」）

29 參見《認知心理學》（Cognitive Psychology: A Student's Handbook，2000），邁克爾·艾森克（Michael W. Eysenck）、馬克·基恩（Mark T. Keane）合著。

為別人是腦殘，根據其理論，他自己才是腦殘。

我實在沒辦法在Twitter那一百四十個字的空間裡講清楚原逆否命題的道理，只能補充說：

「腦殘者最好玩的地方在於他們認為別人才是腦殘呢」這句話本身並不意味著「認為別人腦殘的人才是腦殘」。

《異數》的作者葛拉威爾在其成名作《引爆趨勢》中提到了一個現象：禁菸運動往往帶來反效果，越禁越吸引未成年人，因為突破禁忌總會帶來一些微妙的快感。很多未成年人開始吸菸，並非因為吸菸很酷，而是因為他們看到吸菸的人很酷[30]——例如隔壁那個很酷的姊姊。

實際上，這種認知也是因為分不清原命題和逆命題之間的關係造成的——

原命題：很酷的人都吸菸。

逆命題：吸菸的人都很酷。

30參見《引爆點》第七章個案研究（下）——自殺、抽菸、不會上癮的香菸。

結論：我也想酷，所以，我要吸菸。

事實上，每天有無數的人因為分不清原命題和逆命題而被他人左右。混淆原命題和逆命題，抹殺兩者之間的差別，是廣告設計者最常用、最捨不得放棄的手段——因為它很有效，正如之前的統計數字所表明的，至少對70％的人有效！

5.舉證責任

也許你曾遇到過這類對話——

甲：我要……

乙：那麼做有什麼好處？

甲：呃……那你說，有什麼壞處？

乙：……

甲：那就這麼定了！

（甲究竟要做什麼在這裡並不重要，重要的是，在甲的眼裡，乙「啞口無言」就是甲的勝利。）

另一個本質上一樣的例子是——

甲：有人能活兩百歲以上！

乙：……胡扯，我還真沒見過活過兩百歲的！

甲：你沒見過就沒有啊？你必須找遍全世界才能證明確實沒有！

（不要誤解，這確實是發生在二十一世紀的對話。）

這兩個例子的共通之處在哪裡呢？

在第一個例子中，甲聲稱要做某事，那麼，「證明那麼做是有好處的」這個責任應該由甲來承擔，而不是由乙去「證明那麼做有什麼壞處」或者「證明那麼做確實一點壞處都沒有」。即便乙真的證明了「那麼做確實一點壞處都沒有」，也並不能證明「那麼做真的有什麼具體的好處」。

在第二個例子中，乙反駁的是甲聲稱的「有人能活兩百歲以上」，而「乙不能證明地球上絕對沒有兩百歲以上的人」本身，並不能反過來證明「有人能活兩百歲以上」。「找出一個超過兩百歲的人」，是甲的責任，而不是乙的責任。

「誰主張，誰舉證」不僅是一個法律術語，它涉及生活的各個方面。可惜，大多數人並未在意。事實上，不懂「舉證責任」就是一個思考時「誤入歧途」的常見原因[31]。

不明白「舉證責任」的人，邏輯沒辦法清晰，腦子沒辦法清楚。這幾個字看上去似乎沒什麼了不起，但有人因此落榜（迷信了某種詭異的學習方法），有人因此離婚（胡亂猜疑直至搞毀一切），有人因此破產（採取了錯誤的策略進而陷入不可逆轉的困境），有人因此出家（原因請自行揣摩）……他們的共同點是——至死都想不明白問題究竟出在哪裡。

說理之時，針對某一論點，對立雙方的舉證難度並非總是對稱的——事實上，幾乎總是不對稱的。

首先，舉證難度受舉證人能力的影響，因為每個人的學識和專業不同。例如，在爭論轉基因食品是否安全時，那些常年專注於該領域的人比那些從未認真考察過該領域的人更容易拿出有力的證據。儘管專家不見得永遠正確，但這並不能改變另外一個顯而易見的事實：每個人的能力是不同的，無論是理解能力、觀察能力，還是獲得有效資訊的能力。

---

31 思考時誤入歧途的原因基本上都能歸結於知識的貧乏。不懂統計學，所以不知道統計樣本有效性的核定；不懂機率，所以常常害怕不確定性；不懂科學方法論，所以從未聽說過雙盲測試……

其次，舉證難度受當時所在社會的整體知識水準（甚至文化）的影響。今天，我們可以輕易地從網路上找到在太空中拍攝的地球照片，並進一步證明「地球是圓的」。證據太容易獲得，以致結論被認為「沒必要證明」——因為結論早已被認為是事實了。然而，在兩千年前，想證明同樣一件事情，類似的證據可沒有那麼容易獲得。

除此之外，舉證難度還受需要證明的結論與當時社會普遍接受的知識相符程度的影響。例如兩千年前人們認為：

大地是平的[32]
大地可能是個球體
大地應該是個球體
大地就是個球體

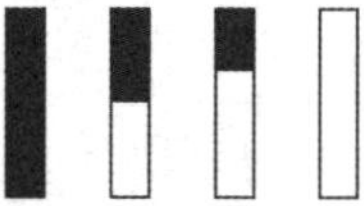

今天人們認為：

地球是圓的
地球不是圓的

32 在命題後面的柱狀圖中，灰色色塊表示難度。

發生這種改變是因為我們今天已經有了確鑿的證據證明地球是圓的。然而，有另外一些事實卻不見得被普遍接受，例如世界上究竟有沒有鬼魂。儘管對科學家來說，這是顯而易見的、無可爭議的問題，但對相當多的人來說卻未必。於是，普遍來看，證明以下結論的難度各不相同。

鬼魂存在

鬼魂也許存在

我不知道鬼魂是否存在

鬼魂可能不存在

鬼魂根本不存在

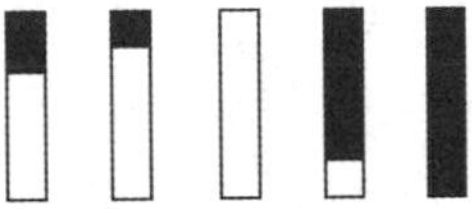

當然，你還可以想像，對某些人來說，如果證明鬼魂根本不存在的難度是十，那麼證明鬼魂存在的難度是零。

由於舉證難度的不同，爭論雙方的境況常常處於這種狀態：

▽其中一方肩負沉重的舉證責任。
▽另外一方則享有來自假設的恩惠。

舉例來說，兩千多年前，如果一個人觀察到船出海之後，並不是一下子消失在視野中，而是逐漸變小；更為重要的是，先是船身消失在水平線之下，而後是船帆一點一點地消失……於是，他斷定，大地肯定不是平的……它也許是圓的。

可是，這與當時普遍為人們所接受的「知識」並不相符，甚至完全相反——那時幾乎所有的人都認為「大地是平的」。在這種情況下，當這個人參與討論，並且提出自己的看法時，就負有沉重的舉證責任，而不相信他的人則享有來自假設的恩惠。

那麼到了今天，我們是不是就自動享有來自假設的恩惠了呢？也不一定。因為我們總是可以遇到一些「固執」的人。事實上，現在地球上依然有一個社團相信「地球是平的」。

當有一方（有意或無意地）拒絕承擔舉證責任的時候，討論就沒法正常進行下去了。拒絕承擔舉證責任的方法很簡單，連那些不懂舉證責任的人都可以自然而然地運用：提出一個觀點之後，要求對方進行反證。

他們的邏輯是：既然你無法證明我是錯的，那麼我就是對的。這是一種典型的邏輯錯誤，即「訴諸無知」。

這裡的邏輯漏洞來自「他的對」與「他的錯」其實並非是像「對」與「錯」那麼簡單的「非此即彼」的關係。例如，對任何一個現象來說，錯誤的解釋可能有無數個。即便我們無法證明其中一個解釋是錯的，事實上它依然是錯的。

而與此同時，證明肯定論斷的難度與證明否定論斷的難度也相差巨大。在多數情況下，證明否定論斷要比證明肯定論斷難得多。

例如，比起證明「你欠我十萬元」來看，「你沒欠我十萬元」的舉證難度要高出許多——甚至沒有辦法證明。

所以，要求對方證明「你沒欠我十萬元」，如果無法證明，就認定「你欠我十萬元」，明顯是純粹的無理取鬧。

因此，儘管很多人連「舉證責任」這個概念都沒聽說過，卻可以僅憑潛意識就知道其中的難易之分，進而將其運用到狡辯之中。更可憐的是那些已經開始狡辯卻不自知的人——他們已經誤入歧途，卻以為自己在「努力尋找答案」。

6. 案例局限

用案例說理的方法，估計源自一九八〇年代中期哈佛商學院首創的「案例教學法」。

在哈佛商學院剛剛起步的時候，教授們就發現根本找不到合適的教材。他們首先想到的解決方案是去採訪那些頂尖的商人，詳細地記錄這些卓越的領導者正在做的事情和做事情的方法，也就是所謂「個案」。經過一番努力和分析，這些教授發現他們不可能拿著這些「個案」照本宣科，因為事實上根本就不存在既定的「標準」來衡量「為什麼會成功」、「為什麼會失敗」。在這種情況下，教授們採取了不同於以往的方法來指導學生：讓學生們先去認真閱讀這些「個案」，然後認真準備課堂討論，並提出進一步的行動方案。基本上，到今天為止，這種「教學模型」依然是這樣運用的。

案例教學法固然相對先進，但跟其他教學方法一樣，它也有局限，很容易陷入一些常見的謬誤。可是，很多書籍都把哈佛商學院「承認有缺陷但不得不使用」的案例教學法當作天經地義的方法，導致各種各樣的邏輯錯誤隨處可見。

其中最為常見的邏輯錯誤就是「以偏概全」——某種經驗在某個人身上應驗了，並不意味著該經驗在所有人身上都會產生作用。例如，不少書籍曾這樣用愛迪生舉例說理：

愛迪生活了八十四歲，一生的發明有一千一百多項，對自己成功的原因，他曾這麼說：「有些人以為我之所以在許多事情上有成就是因為我有什麼『天才』，這是不正確的。無論哪個頭腦清楚的人，如果他肯努力行動，都能像我一樣有成就。」愛迪生的名言是：「天才是1%的靈感，99%的汗水。[33]」

「努力行動」並不是成功的唯一原因。例如，顯而易見、至關緊要，但並不經常被提及的是，愛迪生有幸出生在一個智慧財產權保護體系相對完善的國度。如果再深入追溯的話，愛迪生的巨大成功有一個相當重要的原因——他運氣好，有一位偉大的母親。愛迪生八歲上學，但僅僅讀了三個月的書，就被老師斥為「低能兒」而攆出校門——在任何一個地方，閒著沒事跑到雞舍用自己的身體孵雞蛋的孩子，都可能被大多數老師認為是「低能兒」。從此以後，他的母親成了他的「家庭教師」。母親良好的教育方法，使得愛迪生對讀書產生了濃厚的興趣，他不僅博覽群書，而且一目十行、過目成誦。不妨假設一下，愛迪生若是出生在十九世紀末的中國……

事實上，這個世界上也有另外一些人，採取了與「努力行動」恰恰相反的行為模式，同樣獲得了成就或者取得了成功——儘管表現形式有所不同。例如，巴菲特買進他認為值得持有的股票後，就只採取一個等同於「不努力、不行動」的策略——等待賣出時機。

33 曾有傳言稱這句話是斷章取義，原話是「天才就是99%的汗水再加1%的靈感，但這1%的靈感遠遠比99%的汗水重要」，但事實上愛迪生只有說過「天才是1%的靈感，99%的汗水。」

對像可口可樂這樣的股票，巴菲特甚至乾脆在買入之後不採取任何動作。甘地的[34]「非暴力、不合作」策略，也與「努力行動」恰好相反。

注意，我並不是說「不應該努力行動」——我是一個相信「應當努力」的人。我認為，巴菲特在買入可口可樂股票之後「永遠持有」也是需要努力才能堅持的行動，而甘地的「非暴力、不合作」更是需要更多的心智力量才可以實踐的行動。

我要說的是，愛迪生的「案例」只能告訴我們：愛迪生非常努力、非常勤奮、熱愛工作、熱愛生活。但是，這個「案例」無法證明：一個人只要跟愛迪生一樣「非常努力、非常勤奮、熱愛工作、熱愛生活」，就可以獲得與他一樣的成就——明顯還需要很多其他因素。其實，愛迪生是不是一個特別努力的人，本質上與我們沒什麼關係，我們該努力還得努力，不應該僅僅因為別人努力或者不努力，我們就放棄努力。

儘管很多時候我們只能利用案例來說明道理，就像本書第1章「我的案例」一節裡那樣。可是，在使用案例說明道理的時候，要時時刻刻注意案例和結論之間的實際邏輯關係，儘量避免以偏概全。

34 甘地（Mohandas Karamchand Gandhi），二十世紀印度政治家帶領印度邁向獨立，脫離英國的殖民統治。他的「非暴力」哲學思想，影響了全世界的民族主義者和爭取和平變革的國際運動。

7. 對立論證

在第1章「我的案例」一節，我們討論過這樣一種情況：人們可能基於一模一樣的原因作出截然相反的決定。換句話說，就是用同樣的論據證明截然相反的論點。生活中，我們常常遇到這種情況，只不過表現形式多少有些不同。例如，有些時候，我們遇到的是「同樣的現象，截然相反的解釋」。

一個很常見的例子是，工作中總有一些人抱怨老闆或者上司愚蠢。可是，上司真的愚蠢嗎？我們並不排除在有些情況下，上司確實很愚蠢的可能性——沒有人十全十美。

然而，另外一個解釋可能更合理：在大多數情況下，一個人如果不做事，是不會暴露自己的缺點的，因為人只有在做事的時候才會暴露缺點。這也是大多數人並不自知的一個重要原因——他們正在做的事情往往是別人要求他們做的。在任何一個部門或團隊裡，上司做的事情全都是顯性的，是所有下屬或者成員都看得見的；而下屬之間、成員之間往往並不清楚對方正在做什麼。於是，下屬們更容易「共同」看到上司的缺點。錢鍾書[35]先生有一段很有趣的描述[36]：「事實上，一個人的缺點正像猴子的尾巴，猴子蹲在地面的時候，尾巴是看不見的，直到他向樹上爬，就把後部供大眾瞻仰，可是這紅臀長尾巴本來就有，並非地位爬高了的新標誌。」

35 錢鍾書，二十世紀中國作家、文學研究家。妻子楊絳為翻譯家、作家，女兒錢瑗為北京師範大學教授。

36 參見《圍城》。

抱怨上司「愚蠢」的人和能夠發覺「上司的愚蠢可能有另外的解釋」的人，得到的結論和採取的行動往往截然相反。因此，時間在他們接下來的經歷中所產生的伴隨作用也截然相反。這裡，時間再一次選擇與心智強大的人做朋友，他們會向左頁圖般考慮這個問題。

仔細觀察一下就會發現，那些不停抱怨「上司的愚蠢」的人基本上有一個共同點：他們不過是把「上司很愚蠢」作為自己偷懶的藉口。他們並不清楚自己的可笑與可悲：既然上司那麼「愚蠢」，自己又為什麼要用寶貴生命中的大部分時間為這個「愚蠢」的上司工作？那些少數能夠提出建設性意見的人是不會抱怨「上司很愚蠢」的，他們要不想辦法幫助上司解決問題，要不在愛莫能助的時候自行離開。

實際上，所謂的「情商」，簡單從根源上來看，還是思考能力的問題。舉個例子，所謂的「積極心理學」主張「凡事要從積極的一面去理解」。事實上，這種觀點失之偏頗。有些結論有對立的論據，有些現象有對立的解釋。許多人意識不到對立論證的存在，只不過是因為心智未被開啟，不懂得運用恰當的思考工具而已。一旦意識到對立論證的存在，應該「哪一個更合理、更現實就接受哪一個」，而非「哪一個更積極就接受哪一個」，因為後者只是自我欺騙而已。積極的並不總是好的，哪一個極端理想主義者（以及他們的想法、理念）不是積極的呢？

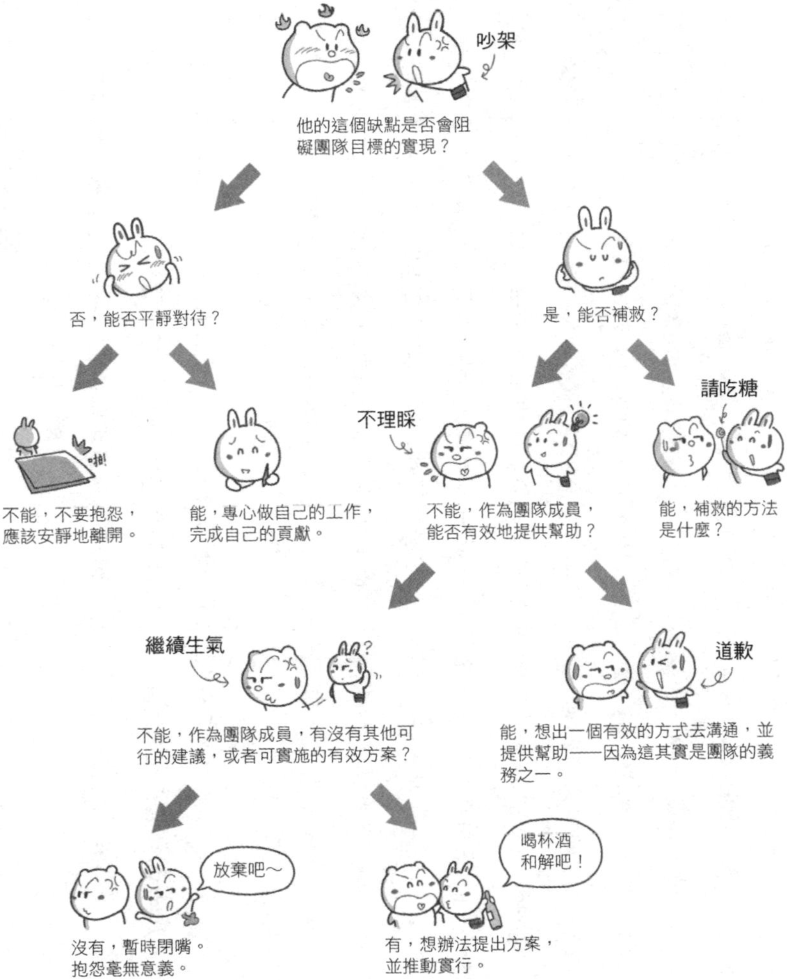

吵架
他的這個缺點是否會阻礙團隊目標的實現？
否，能否平靜對待？
是，能否補救？
啪！
不能，不要抱怨，應該安靜地離開。
能，專心做自己的工作，完成自己的貢獻。
不理睬
不能，作為團隊成員，能否有效地提供幫助？
請吃糖
能，補救的方法是什麼？
繼續生氣
不能，作為團隊成員，有沒有其他可行的建議，或者可實施的有效方案？
道歉
能，想出一個有效的方式去溝通，並提供幫助——因為這其實是團隊的義務之一。
放棄吧～
沒有，暫時閉嘴。抱怨毫無意義。
喝杯酒和解吧！
有，想辦法提出方案，並推動實行。

8. 張冠李戴

有時候，論點和論據之間儘管全無邏輯關聯，卻可以用一種「顯然合理」的姿態綁在一起——好像還有那麼一批人熱中於如此操作，因為他們發現這樣張冠李戴、胡攪蠻纏竟然非常奏效。看看下面這個令人哭笑不得卻流傳頗廣的故事：

一個星期六的早上，牧師正在準備第二天布道的講稿。他的妻子有事出去了，小兒子在一邊吵鬧不休，嚴重干擾了他的思路。心煩意亂之中，牧師隨手拿起一本舊雜誌，從裡面挑出一幅色彩鮮豔的世界地圖，撕成碎片，丟在地上，對兒子說：「約翰，如果你能拼好這張地圖，我就給你二角五分錢。」牧師以為這件事會花掉兒子整整一個上午，但沒過十分鐘，兒子就拿著拼得完完整整的地圖敲響了他的房門。牧師對此十分驚奇，他問道：「孩子，你怎麼這麼快就拼好了？」「啊，」小約翰說，「這很容易。地圖的另一面有一個人的照片，我試著把這個人的照片拼到一起，然後把它翻過來。我想如果這個人是正確的，那麼，這個世界也就是正確的。」牧師笑了，爽快地付給兒子二角五分錢，對他說：「謝謝你！你替我準備了明天布道的題目——如果一個人是正確的，他的世界就會是正確的。」

那些講完這個故事的人跟著會意味深長地說：

「這則故事給我們的啓示是——如果你想改變你的世界，改變你的生活，首先應改變自己。如果你的心理狀態是積極的，你的生活就會是快樂的；如果你的心理狀態是消極的，你的生活就會是憂傷的。」

這個解釋的邏輯完全是混亂的。就算結論正確，有思考能力的人也應該拒絕那些邏輯混亂的論證過程。這個故事能符合邏輯地告訴我們的道理是：換一個角度，也許能找到很簡單的方法來解決複雜的問題。而牧師的結論，也是講述這個故事的「成功學大師」們轉述的結論是：如果一個人是正確的，他的世界就會是正確的。其實，這不過是偷換概念，連「類比說理」都算不上。

要命的是這種混亂的邏輯竟然真的可以帶來理解上的驚喜。於是，無數人不由自主、不加分辨地將其接受。可是，愚蠢地接受正確的結論有什麼用呢？這確實是一個意味深長的故事，也確實可以得出很多有趣、有益的結論。但是，拜託，能不能先做一個有邏輯能力的人再說呢？

另一個關於「態度改變一切」的例子也給我留下了深刻的印象。我知道也相信「有些時候，僅僅態度上的改變真的可以帶來不同的結果」。然而，我認為用以下的邏輯來讓我接受，或者讓任何人接受，都是行不通的——

將字母A到Z分別編上1到26的分數（A=1, B=2, ……Z=26），然後比較不同單字的分值：

▽Knowledge（知識）得到96分（11+14+15+23+12+5+4+7+5=96）；

▽Hard work（努力）也只得到98分（8+1+18+4+23+15+18+11=98）；

▽Attitude（態度）才能左右你生命的全部，因為它能得到100分（1+20+20+9+20+21+4+5=100）——滿分。

得出結論：態度改變一切。

拜託，講點邏輯好不好？事實上，用這種方法計算，結果等於100的單字多得是：

▽Alienation（疏遠）

▽ Apoplectic（中風患者）

▽ Boycott（聯合抵制）

▽ Cacophony（雜音，刺耳的音調）

▽ Chimpanzee（黑猩猩）

▽ Connivance（縱容）

▽ Coyness（羞怯）

▽ Flurry（慌張）

▽ Frisson（顫抖）

▽ Impotence（陽痿）

▽ Inflation（通貨膨脹）

▽ Pussy（小貓，陰户）

▽ Socialism（社會主義）

▽ Status（身分、地位）

▽ Stress（壓力）

▽ Surcharge（超載，追加罰款，額外費）

▽ Syndicate（財團）

▽ Tuppence（微不足道的東西）
▽ Turkey（火雞，無用的東西）
▽ Wednesday（星期三）
▽ Wholesale（批發）

以上列出來的只是我在英國國家語料庫英文詞彙表中找到的一千多個詞中的一小部分名詞而已。形容詞 useless（無效的）如果按照這種演算法，結果也等於100。對此，網路上有人不客氣地這樣寫道：「所以說，勤奮工作與知識會讓你靠近頂峰，態度則可以讓你到達頂峰，而『胡說八道』（bullshit）卻可以讓你超過頂峰。」——因為『胡說八道』（bullshit）這個單字按照這種算法得到的數字是大於100的103！

9. 辨析感悟

反思能力是人類獨有的能力之一，儘管如此，我們還是常說「光想是沒用的[37]」，因為反思的結果並不一定有價值，很可能頂多是「感悟」，離「道理」還差十萬八千里。

生活中這樣的現象俯拾即是。舉例來說，有個女人懷孕了。消息一傳出，她就將開

37 「光想是沒用的」對應的英文大概是「ideas are cheap」。

始獲得來自四面八方各種各樣的「忠告」、「建議」或者「指導」。她很是慌張，畢竟這是第一次，儘管之前她也曾想盡一切辦法學習、準備，但還是無法避免慌張。而那些忠告、建議和指導聽起來都很有道理，起碼至少有一定的道理，可要命的是，這其中還有一些實際上相互衝突但也都好像各自有點道理……最終，是否聽取了那些忠告，是否落實了那些建議，是否接受了那些指導，都不重要——無論有沒有那些東西，孩子終究是要出生的——他可不管媽媽慌還是不慌，懂還是不懂……而孩子出生的那一瞬間，母親會突然意識到，之前那些令她無所適從的各種忠告、建議、指導的絕大部分在她身上並不靈驗。這是為什麼呢？

很簡單，這位母親之前所聽到的大多數消息其實不是「道理」，而只是「感悟」。並非只有科學家才要遵循「大膽假設、小心求證」的原則，也並非只有專家級別的新聞工作者才要分清「看法與事實之間的區別」，其實每個人都需要清楚地認識「道理」和「感悟」之間的巨大差異[38]。

並非所有的「感悟」都不是「道理」，但確實在更多時候，「個體經驗」往往存在著這樣或那樣的偏差。分不清「感悟」和「道理」是很危險的，不僅誤己，還可能誤人——好心辦壞事的往往都是那些分不清「感悟」和「道理」的人。

然而，分清「道理」和「感悟」卻並不那麼容易，儘管原則相當簡單明確：「道理」

38 這一節所講的內容與本章「案例局限」一節非常類似。它們的區別在於，「案例」往往來自別人的經歷，「感悟」往往基於自己的經歷。如此，人們在分析自己的感悟時，更難排除安慰劑效應（可參考本章「因果關係」一節中關於雙盲測試的內容）。

應該是普遍適用的，而「感悟」只來自個體經驗。請不要誤會，我並不是說「感悟」都是沒用的，我是在說，「感悟」不一定是普遍適用的，非普遍適用的「感悟」與普遍適用的「道理」不一樣，很多的「感悟」是有局限的，甚至可能是具有很大誤導性的。

舉一個常見的例子。每個人都渴望成功。基於某種原因，所有被認為成功的人也都樂於分享他們成功的經驗。當那些衣著光鮮的人站在臺上侃侃而談的時候，哪怕他們事實上相貌平平，也會讓聽眾覺得光彩照人。他們說的每句話、每個詞，都彷彿飽含深意，擲地有聲，字字珠璣。台下的人，儘管腦子裡浮想聯翩，但還是有意掙扎著聚精會神，恨不得把每個字都記下來，再回去「反芻」。

可是，聽眾應該有自己的智慧。只有瞭解了溝通的基本原理，才能避免淪落到「人家說什麼就信什麼」的境地。一方面，我們傾聽任何人講話的時候，都不應該帶著防備、質疑的心態，那樣可能會讓我們遺漏重要的資訊，因為心態會成為有色眼鏡，使得我們只能收到過濾之後的資訊。但另一方面，我們最終如果對所獲得的全部資訊不加分析、不加思考地全盤接受，也同樣是危險的、有害的。

首先，成功者其實沒有必要、沒有義務，也往往沒有足夠的時間去講述所有的細節。相信我，如果僅僅用財富、權力、地位來衡量成功（即世俗意義上的成功），那麼所有的成功背後都有數不盡的磨難，同時，也往往充斥著大量不可告人的細節。例如，中國某大企業的老闆肯定不會對所有人說他在受到各個方面的巨大壓力後才作出某些決定。追求巨大財富的人是如此，追求巨大權力和至高無上地位的人更是如此。

在某些事情上，每個人都應該有沉默權。那些正在分享所謂「成功經驗」的人，也應該享有這樣的權利。就好像美國員警經常說的那樣：「你有權保持沉默。你所說的一切都將作為呈堂證供。」[39]只要不是在特殊的極端情況下，任何人都沒有權利要求其他人講述事情的全部細節。但是，如果某個人把他們說的當作全部，把他們沒說的當作沒有，那麼這個人的智商就跟寓言中那個掩耳盜鈴的傢伙屬於同一個水準了。

其次，幾乎所有的成功者在講述自己成功經歷的時候，都會有意無意地誇大自己為成功所付出的代價，誇大自己曾經面臨和戰勝的困境，誇大自己最終成功的難度。他們不是故意的，只是因為他們也是人，他們和所有的普通人一樣，都有不同程度的虛榮心需要獲得滿足。他們現在的成功是已經確定的了，所以，這成功榮耀的程度就取決於難度，即：起點條件越差，成功顯示出的難度就越高；難度越高，獲得的掌聲就越多，被其他人認可的程度就越強烈。最終的目的，就是讓盡可能多的人對他們佩服得五體投地。

他們這麼做，還有一個潛在的原因：保護自己。每個獲得巨大成功的人，最為緊迫的任務就是保護自己的既得利益。這跟下棋沒什麼區別，不僅要不斷地「進攻」，還要穩固地「防守」。他們如此誇大自己為成功所付出的代價，想表達的潛在含義是：要知道，

39 源自「米蘭達警語」（Miranda Warning）。

成功可不是說來就來的，是需要付出很大代價的，你還是好好想想吧。這是另外一種形式的「恐嚇」，和「欲練神功，必先自宮」的警告在本質上沒有什麼區別。

他們這麼做的原因，還有來自觀眾或者聽眾的支持。大多數人喜歡聽成功者講述他們的艱苦經歷——越艱苦越好，越「苦大仇深」越喜聞樂見。絕大多數人的一生都是平平淡淡的，甚至包括那些成功者中的很大一部分——如果我沒猜錯的話。電影之所以精彩，有兩個原因：首先是藝術加工，其次是壓縮時間——把一生的故事用一兩個小時講出來，不波瀾起伏、驚險刺激才怪。然而，真實的生活卻不可能天天波瀾壯闊、起起落落、驚天動地。事實上，沒有誰的心臟可以承受得了這樣的生活。

一方面，大多數人一生都不會領悟「平平淡淡才是真」的道理。另一方面，很多人在潛意識裡希望所有的成功者都是透過艱苦奮鬥才獲得成功的，因為他們覺得只有這樣才能解釋自己的「不成功」，才能更為自然地接受自己的「不成功」。他們潛意識裡的想法如果表達出來可能是這樣的：「看，成功多難呀！要付出那麼多代價才可以呢！我還沒付出那麼多代價，沒成功很正常嘛……」事實上，對那些渴望成功而又尚未成功的人來說，成功人士「苦大仇深」、「血淚斑斑」的經歷是一種多大的安慰啊！

另外，更為重要的是，就算那些成功者並非有意隱瞞或者有意誇大，他們在講述自己的真實經歷時，依然可能產生種種偏差。成功者，或者那些被認為成功的人，依然是人，不是神。既然他們還是人，就很可能有認知偏差[40]，例如人類大腦具有的一個自我保護功能——遺忘痛苦。

所以，成功者在給他人講述自己的成功經歷的時候，往往會有意無意地掩蓋那些令他們追悔莫及的錯誤。因為那些經歷太痛苦了，以至於他們的大腦自動把那些記憶抹掉了——如果他們的大腦功能健全的話。對於「掩蓋錯誤」這件事更為合理的解釋是：他們不是故意的，只是不知道每個人固有的認知偏差給他們造成了怎樣的影響而已。他們當然會講述自己曾經遇到的困境，但你有沒有注意到這樣一個有趣的現象：在他們的講述中，他們最終會用無比頑強的精神擺脫那些看似不可逆轉的困境——這樣的講述換來的當然是熱烈的掌聲。那麼，他們有沒有到現在都無法解決的困難呢？我不相信他們沒有，除非他們活在另外一個世界。

還有，一定要瞭解這樣一個事實：有些時候，「成功者」的經驗沒什麼用，因為那些經驗根本就是錯誤的，而這一點「成功者」自己可能也不瞭解。例如，他們遇到了一個經濟飛速增長的時代，無論做什麼都賺錢，並且賺得很多，所以從宏觀上來看，根本就不是他們自己所認為的寶貴經驗產生作用，而是宏觀經濟給了他們這樣的機會。但是，有誰願意承認自己的成功跟自己的經驗沒有關係呢？人類普遍擁有的一個認知偏差就是：把成功攬到自己身上，把失敗歸咎於別人或者壞運氣。這在心理學上有個術語——

40 認知偏差（Cognitive Biases），在心理學上經常提到的概念，後文還將細加論述。

自利偏差（Self-serving bias）。從這裡我們就可以知道，那些「成功者」這麼做的時候往往並不是有意欺騙——他們甚至是出於好意。

最後，要知道，有些「寶貴經驗」即使正確，放到別人身上也可能並不那麼靈驗。最可能讓一個人誤入歧途的，就是他對自己的瞭解。長輩們總對我們說「人貴自知」，他們忘了說的，甚至可能完全不知道他們真正應該說的其實是：「人貴自知——難哪！」回想一下上一次聽完成功故事不由得內心澎湃的狀態，你就知道有自知之明是多麼難能可貴了。當然，沒必要為自己那麼容易內心澎湃感到自卑，所有的人都會這樣——只不過程度不同罷了。

例如，成功者常說，他們並不在意錢，他們知道人格的可貴。但是，大部分聽眾和他們不一樣。大部分聽眾現在沒有足夠的錢！相信我，絕大多數人，在沒有錢的時候，對「人格可貴」的理解很難非常深刻。人活著是要吃飯的，一個人的家眷是不應該被餓著的，在基本條件都不能保障的時候，「人格有個屁用」就成了很多人的選擇。崔健是這樣描述的：「若是為了愛情，歌曲算個屁；若是為了生命，愛情算個屁。[41]」這是大實話，而大實話往往不可能動聽。其實，這並不是玩世不恭或者憤世嫉俗的說法，只是有勇氣接受現實的人對生活的平靜描述。

這裡提供一個很實用的建議：與其關注成功者，不妨反其道而行之——努力從失敗

41 參見崔健二〇〇五年專輯《給你一點顏色》中的《紅先生》。

者身上汲取經驗。

不要說模仿成功者，就算觀察成功者也很困難。成功者很多，但是，我們身邊真正的成功者卻很少。成功背後的東西很難看清楚，所謂成功的真實性也很難判斷，成功者們又會有意無意地美化和包裝他們的經驗，而這一切，都在干擾我們的判斷。不過，觀察失敗者卻相對容易得多，因為失敗者的失敗往往是明顯的、確定的，失敗的真正原因也往往很容易查証（儘管失敗者會找各種各樣的藉口）。並且，我們身邊失敗者的數量，顯然要多於成功者的數量。如此，我們也就有了更多的觀察機會。

有了這樣的認識，我們就會經常碰到所謂的「幸運」——當你馬上就要犯錯誤的時候，有人先犯了同樣的錯誤。不過，僅僅「專注於汲取教訓，而不是幸災樂禍」這件事本身都不容易做到。

經過這些分析，可以知道，有一句話值得牢記：人家說什麼你就信什麼，挺傻的。只有經過自己的仔細分辨，真正成功者的寶貴經驗才是無價的。需要額外注意的是，一方面要多花心思分辨，另一方面要多花時間真正瞭解自己，以便能夠避開「一概而論、生搬硬套」可能帶來的災難。

10. 克服恐懼

「道理都明白，可就做不到」也許是無數人在生命中無數次遭遇的尷尬。日常生活中，那些原本是討論者，後來卻變成了「為爭而爭」的爭辯者，常常並非故意。他們只是像醒過來後最終還是要咬農夫的蛇一樣，展現出了他們難移的本性而已。

人性中究竟有什麼東西如此「邪惡」（這裡並非貶義，只表示負面），如此頑固，如此普遍，如此讓我們無可奈何呢？答案很簡單——恐懼。恐懼又會帶來另一個更有殺傷力的品性——懦弱。

思考訓練書籍裡總是提到阻礙人們正確思考的諸多障礙，例如我的更好、死要面子、拒絕改變、順從多數、簡單粗暴的分類、自我欺騙……所有這些最終都可以歸結於人性中根深柢固的恐懼和恐懼帶來的懦弱。

人們總是喜歡用善惡區分一切，但這其實是一件很無聊的事情，沒有什麼實際意義。更有意義的區分是「強」與「弱」。在很多時候，所謂的善良，只不過是懦弱的表現。人們說高耀潔[42]很善良，肯幫助那些「愛滋病村」村民，我卻寧願說，高耀潔老奶奶是個很堅強的人，因為她的堅強，使她有真正善良的資本。有人說那些「賺了黑心錢」的人捐出大量金錢給慈善機構是偽善，我卻寧願說，不得不承認這樣的人實際上也確實很

42 高耀潔，中國河南中醫學院退休教授，婦科腫瘤專家，愛滋病防治工作者，被譽為「中國民間防愛第一人」。

「強」，於是他們有資本作出「偽善」的事情。「強」與「弱」才是自然界中真正存在的本質，「善」與「惡」往往只是弱者一廂情願的定義。

人類作為注定會老死的物種之一，天生就充滿了恐懼。因為害怕自己的死亡，所以人們寧願相信存在某個叫做天堂的地方；因為害怕失去親人的痛苦，所以人們寧願相信轉世投胎、輪迴再生；因為害怕強者而又不能面對自己的懦弱與無能，所以人們寧願相信「惡有惡報、善有善報」。成功者害怕自己的既得利益受到損害，於是在「分享」成功經驗時著了魔一樣地誇大自己遇到的各種障礙，同時卻對起著決定性作用的「運氣」絕口不提；碌碌無為者如飢似渴地享受成功者的「分享」，在聽到成功者遇到難以逾越的困難九死一生的時候潛意識裡暗暗歡喜——原來我沒成功是有原因的啊！

小時候我很奇怪為什麼《聖經》裡反覆提到「七罪宗」（貪婪、色欲、暴食、嫉妒、懶惰、傲慢、憤怒），卻絕口不提人生最大的敵人「恐懼」，以及「恐懼」這個惡魔的小鬼「懦弱」？那根深柢固的恐懼可是一切「惡」的根源，那懦弱才是「原罪」啊！後來我明白了，宗教最需要的實際上是「恐懼」。為了讓人們嚮往天堂，便設計了一個令人生畏的地獄。沒有令人恐懼的地獄存在，天堂又如何令人嚮往？

人人都有弱點，因為人人都會有恐懼。恐懼需要克服，勇氣需要培養。事實上，「勇氣需要培養」這句話裡面的「培養」不如換成一個更簡單的詞——積累。勇氣與智慧一樣，是依靠積累獲得的。當一個人只有一點點勇氣的時候，就期望他可以「除暴安良」、「替天行道」、「匡扶正義」是非常幼稚且不現實的想法。一個人的強與弱，實際上就相當於他的勇氣減去他的恐懼之後的分數——如果是正數，那麼他是強的；如果是負數，那麼他是弱的。所有人的起點都是負數。但凡是人，都要經過很多的掙扎才能使這個算式的結果變成正數。並且無論是誰、無論這個人有多強，都不可能完全消除恐懼。勇氣可能等於零，恐懼卻永遠大於零。

古人說，人貴自知。擺脫「自以為是」陷阱的一個重要前提就是正視自己的恐懼，因為恐懼永遠存在。現今的自然界中，絕少有動物以人為主食，但還是經常出現人被其他動物咬傷或吃掉的事情，這主要是因為那些動物被嚇到了、害怕了，才會主動出擊。同理，那些突然放棄討論，轉而「變」得不理性的人，只不過是因為在那一瞬間讓恐懼占了上風，而勇氣消耗殆盡。不要以為自己擁有無比的勇氣，不要以為自己沒有恐懼，總有那麼一個時刻，我們的勇氣不能抵禦我們的恐懼。所以，我們有什麼理由不能理解別人的恐懼呢？

11.輔助工具

儘管我們使用語言表達我們的思維，可是，思考和表達並不總是一前一後。有些時候，我們的思維會因我們所使用的語言（表達手段之一）而受到各種各樣的影響。恰當而又正確地使用語言，可以幫助修復思維漏洞。一旦明白個中道理，我們就會發現，**語言就是一個便宜（甚至免費）而又有效的輔助工具**。

在我的成長過程中，父親常常幫助我糾正不良的語言習慣。有一次，他看到七八歲的我指責別人說髒話，就告訴我：「其實有時候有些話『話糙理不糙』……其實不說髒話的人不一定不『髒』；偶爾說點髒話有助心理健康。」這事我就不多做解釋了，相信讀者很容易明白這是多麼真實而又健康的教育。

這些糾正中令我印象最為深刻的，是父親禁止我在任何情況下說類似這樣的句子：

……本來（原本）就是嘛！

現在想來，真的要感激父親，他就那樣簡單而又「粗暴」地用幾個星期的時間使我一生不再使用這樣的句型。這種句型在生活中只有一個用處——找（最後的）藉口。

長大之後，我曾在一部關於某重大新聞事件的電影裡看到報社老闆這樣呵斥一位剛入行的記者：

永遠不要再跟我說「我認為……」了！你的看法關我屁事？我要的是事實……

從那之後，那個毛頭小夥就刻意讓自己寫的句子都用「事實上」作為開頭，而為了配得上這個開頭，在後面的陳述中，他真的不知不覺地剔除了很多「偏見」。直到被電影裡的這個小細節觸動，我才明白，原來在很多領域，有些「思維訓練」其實只是需要更改語言習慣。想明白這些，我再次在心裡狠狠地感激了一下父親。

以下一些句型最好經常使用，因為特別有助於獨立思考習慣的養成，並且也有刺激思考的作用：

▽……是一回事，而……是另外一回事。

▽……和……其實根本不是一回事。

▽……不一定……

▽……可是，這並不意味著……

▽……也許還有另外一種可能性（解釋）。

▽……看起來像……可是……

▽……而事實卻可能遠比看起來的更為複雜（簡單）。

▽……然而，（這個論述）反過來（陳述）卻不一定成立，因為……

▽……其實很可能與……根本就沒有任何關係。

▽……和……之間不一定是單純的因果關係，它們也可能互為因果。

▽……和……之間的比較也許沒有任何意義。

▽……其實不過是表面現象，其背後的本質是……

▽……有一個通常被忽略的前提。

▽……儘管聽起來很有道理，然而卻完全不現實。

▽……也許有人會說……但是這種質疑卻……

這些句型看起來簡單，卻往往能帶來不同凡響的思考結果。

平時遇到任何問題的時候，都不妨把這些句型套進去填空——就當作思考遊戲——要不了多久我們就能體會這種遊戲的有趣之處。不出意外的話，我們會發現自己的思維因為這些句型的運用而不由自主地發生了巨大轉變。例如，「……和……其實根本不是一回事」這個句型往往在瞬間就能使一個人的腦子更加清楚。

而另外一些句型，則要刻意迴避。例如這句話：

……難道就沒有一點可取之處嗎？

當我們試圖批判一個錯誤立場的時候，即便是在完全正確地批判的情況下，也總是會遇到這樣的抵抗（往往來自那些不知其所以然的所謂「同情者」）：「……難道就沒有一點可取之處嗎？」

這樣的詰問常常奏效，只不過奏效的方向並不是駁倒批評錯誤立場和觀點的人，而是讓發出這樣詰問的人自己據謬而喜，讓被批評的人錯上加錯（很多人分不清「自己的觀點被批評」與「自己被批評」之間的重大差異），讓更多不明就裡的人受到更嚴重的誤導。

幾乎沒有什麼立場和觀點能像單細胞動物一樣純粹——每個立場和觀點都是由許多其他的立場和觀點構成的，或者是被許多其他的立場和觀點影響的，就像「多細胞有機體」。哪怕由成千上萬個對的立場和觀點拼成的立場和觀點，也不見得整體上是對的，更何況那些確實有一點可取之處，但其他地方千瘡百孔的立場和觀點呢？

要是「……還是有一些可取之處」可以成為我們必須擁護，或者不得反對某個立場或觀點的可成立的理由的話，我們就幾乎必須擁護所有立場、不得反對任何立場了。

例如，法輪功聲稱自己是弘揚「真善忍」，在這一點上，它的大多數信徒都是真心認同的，但僅僅因為它也有一些可取之處就不能批判它，就一定要擁護它，或者反過來說，就可以縱容它去誤導更多的人嗎？（當然，是否要用現行的方式打擊它，是另一個需要嚴肅討論的問題。）

再如，已經被廢除的一夫多妻制就真的一點可取之處都沒有嗎？從某種意義上講，無論從經濟學還是從生物學上來看，允許一夫多妻可能比強制性地一夫一妻更有利於資源有效分配。但是，就是因為一夫多妻制也有這樣的可取之處我們就要擁護它，就要退回去而取消現在的一夫一妻制嗎？

「……難道就沒有一點可取之處嗎？」這個常見的句子還有一個變體：「我發現……還是很有一些道理的！」唉，那不是廢話嗎？就算是在希特勒的《我的奮鬥》裡也有很多相當有道理，甚至相當精闢的觀點。但為什麼全世界都要禁掉這本書呢？就算跳大神[43]的也有可能說中那麼一兩次，但為什麼我們一次都不能信呢？閉上眼睛矇對一次一點也不難——即便是一隻壞掉不走的錶，一天之中起碼還能對兩次呢。

「我發現……還是很有一些道理的！」常常成為很多人把垃圾當寶貝的唯一理由。

43滿族巫師在祈神祛邪時跳的舞蹈，請來神明附身以達到治病、占卜、甚至與死者對話的效果。

可是何必呢？那些真正有道理的部分，不一定只在那裡存在啊！垃圾裡當然也可能有些寶貝，但是在寶貝已在眼前、用都用不完的時候，為什麼還一定要跑到臭氣熏天的垃圾堆裡「淘寶」呢？這道理儘管簡單，但總是被很多人忽視，小則誤導自己，大則誤導別人，巨則誤導至少一代人。三歎。

再看一個最浪費時間的，也因此必須迴避的句型：「要是……就好了！」這個句型是用來表達後悔情緒的，而「後悔」是最浪費時間的——無論如何，這種情緒都於事無補。當人們遇到生活的尷尬時，腦子裡將不由自主地冒出用這個句型所表述的念頭：

▽我要是孫悟空就好了！
▽我要是有錢就好了！
▽我要是沒結婚就好了！
▽我要是當初多讀點書就好了！
▽我要是在美國就好了！

之所以在遇到尷尬時會冒出這樣的念頭，是因為大多數人早明白一個簡單的道理：我們所面臨的今天很大程度上取決於我們的過去。可是，時間的固有屬性決定了被它穿透的一切都將凝固成歷史，無法更改——無論後悔的程度多麼強烈，都無濟於事。

冒出這種念頭的另一個原因是我們無法接受自身的現實局限。每個人來到這個世界的時候，都不是完美無缺的，並且，無論怎麼努力，也注定不會有完美的人生。於是，個子矮的人希望自己高一些，醜陋的男人希望自己帥一些，難看的女人希望自己漂亮一些，老去的人希望自己（起碼顯得）年輕一些，肥胖的人希望自己苗條一些，骨瘦如柴的人希望自己健壯一些……當然，我們還是需要努力，因為努力可以使我們達到相對完美或者接近完美。

過去的事情是無法更改的，現在的煩惱是無濟於事的。所以，只要我們是一個旁觀者，就能無比容易地看出這些想法是多麼不現實。把這些不現實的句子轉換成現實的版本，就是這樣的：

▽「我要是孫悟空就好了！」——可是你不是孫悟空。所以，你沒有七十二根毫毛變出七十二個你幫你寫作業，你也沒有金箍棒，不能招惹眼前這個大塊頭。

▽「我要是有錢就好了！」——可是你沒有錢。所以，用錢能解決的問題不是你能解決的問題。

▽「我要是沒結婚就好了！」——可是你已經結婚了。所以，無論你多麼喜歡眼

前這個女人，只要你開始採取行動，麻煩就會接踵而至。

▽「我要是當初多讀點書就好了！」——可是你當初沒有多讀書。所以，現在你追悔莫及也沒什麼用。

▽「我要是在美國就好了！」——可是你還在中國。所以，美國的那些好事大多跟你沒有一丁點關係。

過去的事情是無法更改的，現在的煩惱是無濟於事的，但是將來的尷尬也許是可以避免的——如果現在的行動沒有出錯的話。換句話講，為了避免將來的尷尬，必須在今天採取正確的行動。所以：

▽改掉直到交作業期限的前一天晚上才寫作業的偷懶習慣，先做完作業，再去用力玩。如果你確定對方不是一個好人，那就趁早離他遠一點，最好不要讓他知道你的存在。

▽不要為現在沒錢而煩惱。打起精神來，從今天開始想辦法賺更多的錢。如果賺更多的錢很難，少花一點、多省一點，也是一個很好的途徑。

▽想想看，離婚是不是一件可行並且容易的事情。如果不是的話，就算你順利離

婚了，將來萬一又要與眼前這個女人離婚，可能仍然非常不容易、不可行。

▽從今天開始多讀一點書，多學一點東西。儘管學東西對任何人來講都不容易，但只要堅持，大多數技能都可以比較熟練地掌握。

▽先解決目前的麻煩。而後，如果真的覺得美國更好，那就從今天開始準備移民——需要做的事情非常多，努力吧！

很多時候，一個人不現實就是因為他的想法不現實。而這個人的想法不現實，往往是由他所使用的句型決定的——無論怎麼替換都只能造出不現實的句子。另外，「要是……就好了！」這種念頭不僅無益，甚至可能是有害的，因為這個句型會衍生出一個很恐怖的句型：「要是……就好了！但……」

▽「我要是孫悟空就好了！」——可是我不是孫悟空。但我可以耍賴不交作業！我也沒有金箍棒。但我可以弄一把刀……

▽「我要是有錢就好了！」——可是我沒有錢。但我可以去借，借不到還可以騙，實在不行就去偷、去搶……

▽「我要是沒結婚就好了！」——可是我已經結婚了。但管它的，反正眼前這個

女人也不知道……

▽「我要是當初多讀點書就好了！」——可是我當初沒有。但我可以去弄個假的畢業證書，反正現在用假證書的人太多了，要不然那些賣假證書的怎麼賺那麼多錢啊……

▽「我要是在美國就好了！」——可是我還在中國。但我可以想辦法偷渡，或者做點什麼事，然後去美國使館尋求庇護，說不定還能混張綠卡……

所以，當腦子裡閃出類似「要是……就好了！」的念頭時，要馬上提醒自己「停！這個念頭最誤事了！」或者「停！這個念頭最沒用了！」要想知道類似「要是……就好了！」的念頭有多麼可笑，不妨想想我們常常聽到的一句話：

要是我不浪費那麼多時間就好了！

可是，我們已經浪費了那麼多時間，現在竟然還在浪費時間！

第6章 交流

須知參差多態，
乃是幸福的本源。

——羅素

1. 學會傾聽

正如沒有人認為自己不會說一樣，幾乎沒有人認為自己不會聽。可事實上，大多數人並不懂得應該如何有效地傾聽。從某種意義上講，交流的有效與否往往更取決於聽者而非說者，反過來說，失敗的交流往往源自聽者的疏忽。不誇張地講，傾聽能力的強弱，幾乎能夠決定一個人的命運，因為絕大部分時間裡，任何一個人的生存和發展都依賴聽某些人的話，或者，反過來，依賴某些人聽他的話。

人們總以為傾聽能力是與生俱來的，並且自然而然地認為閱讀能力比傾聽能力更難養成（也就想當然地認為閱讀比傾聽更重要）。這種認識導致正規教育體系在長達十多年的教育過程中，從未有過針對母語的「聽力」課程。教師在課堂上對一屆又一屆的學生重複教授同樣的內容，而台下的學生居然永遠只有少數能夠全面把握教師所講述的資訊——傾聽能力的巨大差異也許是這種永恆尷尬的最好解釋之一。

人類講話的速度往往遠低於思考的速度，所以我們在傾聽的過程中常常會出現走神的現象。剛開始走神的時候，持續時間不會太久，也許只有幾分之一秒，但就在這一瞬間，大腦也能處理許多信號。因此，當大腦「神遊」歸來之時，我們往往發現自己並未錯過什麼重要的東西。於是，大腦又開始自動走神，這一次可能要比之前更久，因為大腦早已「證明」過自己「遊刃有餘」。而當再次歸來之時，大腦也許還會「驗證」自己並未錯過什麼……於是，走神的次數越來越多，時間越來越長……

如此這般下去，終究會出現真正錯過重要資訊的情況。

另外，說者為了講解清楚來龍去脈，往往不得不把重要的資訊，如重要的事實、迂迴的說理、意味深遠的結論，放在後面。從總體上來看，說者發出的資訊越來越重要，可是聽者接收的資訊卻越來越少、越來越零散。

經過一次又一次的走神，聽者「驗證自己並未錯過有效資訊」的判斷就很可能只是幻覺。我們的大腦有一種模式拼接能力：在處理零散資訊的時候，會不由自主地將它們按照某種之前曾經遇到過的模式拼接起來——並總是以一種我們自以為有意義的模式。九一一[1]發生時，人們在雙塔煙霧中看到的「魔鬼面孔」就是個典型的例子。

這也可以解釋生活中經常出現的這樣一種情況：

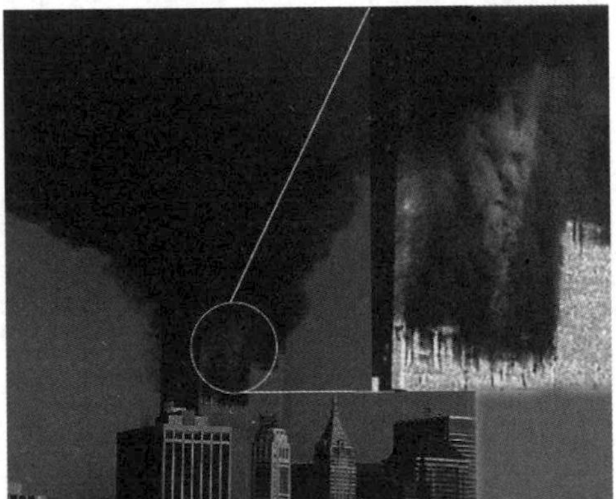
雙塔煙霧中的「魔鬼面孔」

1 九一一是二〇〇一年九月十一日發生在美國本土的一系列自殺式恐怖襲擊事件，導致紐約世界貿易中心雙塔倒塌，五角大樓部分損毀。包括恐怖分子在內，共有兩千九百九十六人在這次襲擊中死亡。

甲向乙提起「你當初不是說……」的時候，乙大驚失色地喊「天哪，我什麼時候說過……」不能排除乙記憶力差的情況，連自己說過的話都不記得，但是另一種情況更可能發生——甲把乙說的話完全理解成了另一個樣子，甚至可能與原意相反。這也就導致另一種讓人無奈的現象產生：人們只能聽到自己想聽到的，只能看到自己想看到的。

然而，模式拼接能力也不是全然無用的東西，否則我們的大腦就不會進化出這種能力了。但是，它也有相當大的副作用：很多人並不是「不懂裝懂」，而是「真誠地相信」自己確實懂了——託模式拼接能力的福。

另外，並非每個人都需要同等的傾聽能力。如果我需要獲得更多資訊甚至更多知識，傾聽能力就非常重要，對未來的影響也相當大。而如果我是「獨行俠」，那麼就算我是聾子又如何呢？反正我連話都不用說。但是，一旦我需要與他人協作，無論是作為團隊成員還是團隊領導，都馬上會極度依賴傾聽能力——自己的和他人的。

人並不是天生就有模式拼接能力的，這種能力依賴一定的已知資訊。如果一個人從未在什麼地方見過所謂的「魔鬼面孔」，那麼他就不會在濃濃的煙霧中「識別」出那張「魔鬼面孔」。從某種意義上說，模式拼接能力是學習的副產品，它會隨著已有資訊的增多而越來越強大，葛拉威爾說的「閃念」其實指的就是這個東西。

儘管這種模式拼接能力與世間萬物一樣有固有的局限，但它也跟世間萬物一樣，能夠被「有心人」主動利用、主動控制。對「有心人」來說，幾乎一切問題的解決方案都源於「自知」。因為擺脫局限首先要去瞭解局限、瞭解它的根源；而除了時間之外，人生中的局限大多來自自身。

以「自知」為起點審視模式拼接能力的運作機理，我們很容易得出結論：必須想辦法獲得一種或者一些能夠用於鑒定已知資訊有效性的知識。我把這類知識稱為判定類知識，以區別於其他知識（我將其稱為概念類知識）。生活中，有些人比另外一些人更懂得「眼見不一定為實」的道理——這就屬於判定類知識。一九五〇年代之前，人們還不懂得雙盲測試的重要性，所以也基本上不具備鑒定一些特定資訊的有效性的能力。

不得不感歎的是，從某一個領域中誕生的重要理念傳播擴散到生活中其他領域所需要的時間，往往長得超乎人們的想像。例如，電腦領域的「物件導向程式設計[2]」是一個革命性的概念，儘管目前各個領域的精英們都已經漸漸開始使用這個概念（如《無間道》這類劇情複雜的電影就是運用這種概念才拍出來的），但所有人都能理解這個概念的那一天還遙遙無期，若是等，不知道要等到哪輩子（如亞里斯多德在兩千三百多年前提出的「三段論[3]」到今天也不是所有人都能理解）。再如，雙盲測試目前普遍被認為是一個醫學概念，可事實上，這個概念可以應用到幾乎所有涉及認知的領域——教師群體中普遍存在的各種各樣的（甚至相互矛盾的）教育方法、祕訣，甚至所謂的「理念」，

2 物件導向程式設計（Object-oriented programming，縮寫為OOP），程式設計範型，同時也是一種程式開發方法。它將物件作為程式的基本單元，將程式和資料封裝其中，以提高軟體的重用性、靈活性和可擴展性。

3 在傳統邏輯中，三段論是指其中一個命題（結論）必然地從另兩個命題（前提）中得出的一種推論。

大多禁不起雙盲測試的考驗，可是這個群體中的大部分人根本就沒聽說過雙盲測試的概念，更不用說理解它的重要性了。

有了一些判定類知識後，我們在日積月累的過程中，要儘量用這些知識可靠地鑒定自己大腦中所儲存的已知資訊（大多是概念類知識）的有效性。這並不是要在交流的時候做的事情，但是在交流進行的每時每刻，這些已知資訊都在起作用，而這些資訊的有效性決定了交流過程中「理解」的品質。因為人在理解一樣東西的時候，都會不由自主地調動一切已知資訊去和它進行對配。

這個提升傾聽能力、改善交流狀況的解決方案並不直觀，也因此往往被拒絕，或者乾脆被忽略。人類就是不喜歡不直觀的東西，因為不喜歡，自然就不接受，反過來，對不能接受的東西，也自然越來越不喜歡。這種傾向究竟有多嚴重，從一件事情就可窺見一斑：直到大學階段，學校才開始正式教導學生「寫論文之前要做研究」，可是最終大多數學生還是反過來寫論文——先隨便弄出個結論，而後再去做能夠驗證那個結論的研究。

然而，對「有心人」來講，這是一場正常的、必需的、不可迴避的、曠日持久的，甚至最終是有趣的、一個人的戰鬥。不斷收集、整理、修正自己的判定類知識，就好像是為自己編織一張「濾網」，以阻止無效的概念類知識的進入。同時，這張「濾網」也應該是雙向的，可以把概念類知識中有效的部分留下，而把無效的部分排除。所謂「有心」，其實就是指有這張「濾網」。人與人「濾網」品質的區別，很可能就是人們所說的思考能力的區別。

聽者走神更重要的原因在於他們並不知道聽的時候可以用多餘的腦力做些什麼——不知道正確的是什麼，而同時又會不由自主地去做些什麼，最終的結果當然就是做錯。

在瞭解「應該做什麼」之前，有必要先瞭解一下「最不應該做的是什麼」。

為了真正做到有效傾聽，最需要克制的就是「過早質疑」。儘管我們都知道不應該不假思索地全盤接受對方所說的一切，人們總在提倡的「質疑精神」也是非常可貴的，但是，在傾聽的過程中不善於控制自己、隨興發出質疑，是最妨礙有效傾聽的行為和心理。

說者不可能一下子把所有的必要資訊講完，尤其是在說者必須展示一個複雜的說理過程及其繁瑣但又重要的細節、事實、證據之時。打斷對方的講述，提出自己的質疑，不僅提高了說者有效表達的難度，更增加了自己獲得對方講述全貌的難度。這並不是偶然的：不成熟的人、思維簡單的人更傾向於頻繁地插話，並且他們總是認為「我已經瞭解你要說什麼了……」沒有人從一開始就成熟、強大，但只要有一兩次能夠真正忍住自己發出質疑欲望的經歷，就可以得到足夠的教訓，並進一步養成耐心等待到最後再發出疑問的習慣。事實上，如果真的能把這種欲望克制住，人們往往會驚訝地發現：聽到最後一刻的時候，自己對講者論述內容的理解發生了變化，自己的疑問也發生了本質上的變化——不管是好還是壞。

「過早質疑」同樣會造成幻覺——覺得對方的論證不堪一擊。可事實總是與此相反。道理很簡單，講者剛剛開始自己的論述時，駁斥他的難度是最低的，於是「過早質疑」的人總會產生自以為是的幻覺，進而落入自己設置的陷阱，同時自我感覺良好。

「過早質疑」的另一個副作用是它會讓聽者不由自主地進入排斥狀態。儘管我們並不能像閉上眼睛一樣關上耳朵，但我們確實可以像「視而不見」一樣做到「聽而不聞」。大多數人在未經訓練的情況下，在聽的過程中只有兩種狀態——接收和排斥。總有一些人更容易盲從，那是因為他們在聽的過程中更多地處於接收狀態；而總有另一些人更加頑固，那是因為他們在聽的過程中更多地處於排斥狀態。

稍加思考就會發現，排斥狀態更應該被提防。接收狀態本身並不一定有害——除非「接受」一切「接收」進來的東西。但是，排斥狀態會使一個人處於永無進步的狀態，因為拒絕接收，所以無法接受——「接收」並不等於「接受」的道理不是每個人都懂（這也是一個簡單而又實用的判定類知識）。

為了讓自己聽得更有效率，我們要牢牢記住這個簡單而又實用的原則：就算需要質疑，也一定要等到對方把話說完。

那麼，應該做的是什麼呢？

在傾聽的過程中，我們可以利用多餘的腦力處理兩個方向的資訊：「回顧」與「預期」。

所謂「回顧」，即使說複雜了聽起來也很簡單：說者剛剛都講了些什麼？

可是，相對於閱讀過程，傾聽過程的記憶難度要高出許多，因為在閱讀過程中可以隨時返回重讀，而在傾聽過程中往往需要打斷說者才能「回顧」。問題在於，打斷說者幾乎總是「不好」的——要就不禮貌，要就不恰當，要就不可能……遇到「長篇大論」（不含貶義）的時候，隨著傾聽時間的延長，記憶的難度將會不斷增加。

「發現自己遺忘了太多資訊以至於無法理解」會造成巨大而又無法解決的壓力。這種情況出現的時候，幾乎所有人都會產生「見鬼去吧」的情緒——這是唯一看起來「無害」的出路。

大多數人會對自己的記憶力過分高估。這個幻覺來自每時每刻都有一些確實可以記得住的東西，而記不住的東西則恰恰因為沒有被記住所以看上去「並不存在」。換言之，每時每刻都有「我記得住」的證據，而「我記不住」的證據基本上難覓其蹤。這也就是為什麼總有那麼多人真誠地相信自己考試成績差是因為「沒發揮好」。

相信自己的記憶力比自己估計得差（甚至差很多）是去除這一幻覺的一個行之有效的方法，因為只有相信這個事實，才能夠在傾聽的時候有意識地為了真正記住而反覆（認真）回顧。在一些重要場合（課堂、會議等），也會因此真誠地借助輔助工具（筆記、照片、錄音等）來幫助記憶。很多人從小就對老師「一定要記筆記」的建議置若罔聞，準確地講，這種行為並非出自對老師的忽視或者鄙視，而是出自信任自己記憶力的「幻覺」。

只有記得住要點，才能夠理順要點之間的邏輯關係。但更多的時候，理順邏輯關係本身並不難，因為說者總是會用「因為……」「所以……」「其次……」等語言線索來組織自己的內容。可是，有效傾聽、有效理解的關鍵在於那些隱含的資訊。準確地講，那些隱含的資訊不是「聽」到的，而是「想」到的——動用自己「多餘」的腦力想到的。

說者的內容可以分為兩類：事實和看法。如果是事實，那麼我們就要花時間想想「他所陳述的內容真實性如何」。如果是看法，那麼我們就要花時間想想「他的這個看法／意見的根源在哪」。再講下去好像就應該是邏輯學的內容了，可是絕大多數人之所以邏輯混亂，並不是因為邏輯這東西太難學，而是因為他們根本就不願意去「想」——覺得「想」太麻煩。

其實，只要肯花費時間和精力去「想」（不過是用上文的兩個「提問」作為起點而已），很多原本不可能「聽」到的內容就會「自動」浮現，而這樣做的人最終幾乎都會發現自己「邏輯能力超強」——起碼比自己想像的強。人真是奇怪的存在，要麼錯誤地高估自己，要麼錯誤地低估自己——也許這恰恰是「估」這個動作的必然結果。

如果能夠記住要點，並肯花時間和精力搜尋隱含的資訊，聽者便有能力去做下一件更重要的事情：預期。

所謂「預期」，其實只不過是猜想「講者下一步可能會講什麼」，但這個運用「多餘」腦力作出的動作卻有諸多好處。首先，它將自動集中聽者的注意力；其次，它有助於聽者正確把握和組織說者論述的內容；最後，它能使聽者「聽到」更多原本「聽不到」的資訊。

最後，我們還要養成一個重要的習慣：**一旦決定傾聽，就要主動幫助說者進入「傾訴」狀態**。

在課堂上、會議中，打斷說者往往不禮貌且沒有必要，甚至會浪費他人的時間、分散他人的注意力。不過，作為聽者，尤其是能被說者看到的聽者，給予說者鼓勵性的信號會使說者更容易地進入「傾訴」狀態。儘管我個人極端反對欺騙，但是，我發現哪怕遇到不喜歡的說者和內容（人們往往會因為討厭內容而討厭說者，或者反過來，因為討厭說者而討厭內容），適度控制自己的反感情緒對獲取資訊也會有極大的正面作用——既然坐在那裡，「聽而不聞」就是浪費自己的時間。

然而，當面對面交流的時候，聽者的反應會在很大程度上影響說者的狀態。儘管人們討厭自己講話時被打斷，但是也沒有人喜歡對沒有任何反應的聽者講話。從本質上來看，傾訴其實只有兩種：第一種是不顧一切地說出來（例如在教堂裡隔著紗窗向神父懺悔），第二種是講給喜歡聽的人。所以，給予說者適當的反應，是聽者為了有效傾聽必須做的事情。

在自己狀態不佳、心不在焉的時候，「馬上停止談話」是對雙方都有利的事情。一旦聽者決定傾聽某人的話，就要想辦法調動自己的所有感官去感受說者的一切表達方式，包括他的眼神、姿態、動作等，隨時隨地盡可能地去想像說者正在經歷的情緒狀態。一旦聽者開始有意識地做這些事，就會不由自主地真正進入「傾聽」狀態。而後，更為重要的是，由於聽者的專注，說者也將不由自主地進入更深的「傾訴」狀態。

有些人可能會覺得以上描述不知所云，這是正常的，因為絕大多數人都誤以為「聽」是一個被動的動作，而「說」是一個主動的動作。可事實並非總是如此。善於傾聽的人往往會付出很大的努力——因為他們早已習慣，所以並不覺得也不可能覺得辛苦。另外，在很多時候，說者儘管在說，但他們的這個動作也許是被動的。回想一下，我們曾有多少次聽到一個人在一口氣說了很多話之後感歎：「我怎麼會說這些？」

除了情緒上的反應，我們在更多時候需要透過邏輯上的反應來實現有效傾聽。如果一個人足夠敏感的話，他就能體會出「那你的意思是……囉？」和「那你的意思是不是……呢？」之間的微妙區別——前者多少有些武斷，容易導致誤解；後者卻只是清楚的確認，沒有任何副作用。為了能夠做到清楚的確認，那些善於溝通的人往往在恰當的時候使用這樣的句型：「那你看我這麼理解對不對……」說者這時會自然而然地想盡一切辦法表述清楚，甚至會在這個過程中突然發覺自己的疏忽之處，進而沒有壓力地進行自我糾正。

仔細觀察一下就會知道，生活中有許多原本認真的交談最終變成了激烈的爭吵。發生這種情況固然有說者的問題，但更常被忽略卻又更為重要的是，聽者沒有給出恰當的反應——該確認的時候卻武斷地下了定論，該回應的時候卻示以沉默；說者興高采烈的時候聽者卻意興闌珊，說者努力論證的時候聽者卻過早開始反駁……

2.說與不說

有一個極為常見卻又幾乎總是被忽略的現象：明明是同樣的話，自己說出來就不像那麼回事。

每一句話，其實都是有歸屬的。「趕緊睡覺！」通常只有父母對不太聽話的小孩子說。「好好做！」一般是長輩或領導說給晚輩或新人聽的。「親愛的」一般不是普通朋友之間的招呼方式……

在更細微的地方，這種歸屬造成的扭曲感會更嚴重。例如，如果不是班裡功課最好的學生在大講特講念書方法，很多同學會不屑聽。再如，如果某個人不是公認最冷靜、最善於思考的人，那麼他說出來的話就算是對的，也很可能會被低估。

一般來說，我們可能獲得的建議是這樣的：得知道什麼話能說，什麼話不能說。這個建議的意思是，要根據自己的情況選擇能說的話、該說的話、說出來別人能聽的話。

然而，更為有效的建議儘管看起來與上面的建議差不多，實際上卻有著天壤之別：**透過努力、透過積累成為能說更多話的人**。說這個建議更有效，是因為它相比前者更為主動，更為長遠。沒有人從一開始就擁有一切，生活中的絕大多數東西，都要靠努力爭取才能獲得。

在我年紀很小的時候，父親就告訴我：一定要想辦法不時作出令人敬佩的事情，這樣就會有人主動找你做朋友。我當時並不懂得其中的道理，直到自己過了三十歲才意識到一直按他說的去做所帶來的巨大好處。「贏得尊重」是最不能急於求成的，也絕對不可能靠「臨時抱佛腳」。因為每個人都有足夠的觀察能力，而且人還會互相交流、互通有無——群眾的眼睛是雪亮的。尊重只能靠積累獲得，這是鐵律。

有時，我們知道自己說的是對的，可還是沒有人聽得進去。絕大多數人面對這種情況會多少有些失落，甚至憤怒，可事實上，這往往只說明一個問題——還沒有贏得足夠的重視。

沒有人會像我們自己一樣瞭解自己，也沒有人會像我們自己一樣關注自己。所以，每個人其實都多多少少會高估他人對自己的重視程度，又因為這個結論，進而低估他人的評估能力。要知道，重視和尊重來得往往比我們想像的晚很久。絕大多數人因為不懂這個道理，所以總處在「等不及」的狀態，反而弄巧成拙，一輩子不可能獲得哪怕一點點的重視，更不用提什麼尊重。

對於那些能夠聽得進去並肯認真思考這個看似簡單的道理的人來說，「話說出來之後有沒有人聽」是一個極為有效的自我評估標準。有人聽，就說明自己所處的狀態；話說了，別人卻「聽而不聞」，甚至有（對自己來說意外的）異常反應，就說明自己積累得還不夠。累積得不夠就接著攢吧。我一直覺得「攢人品」的說法不僅是有趣的，還是相當精巧的。

對很多人來說，「知無不言，言無不盡[4]」在大部分情況下是最浪費時間和精力的做法[5]。其實，蘇洵[6]在說這句話的時候，並非到此為止，而是有下文的：「知無不言，

4出自北宋蘇洵所著的《衡論．遠慮》。

5我個人認為，在分享知識的時候，「知無不言，言無不盡」是正確的；而在日常交流中，這個原則的適用性非常差。

6蘇洵，字明允，中國北宋文學家，四川眉山人，「唐宋八大家」之一。

言無不盡，百人譽之不加密，百人毀之不加疏。」當一個人不被認為是「能說那話的人」時，一般不大可能「百人譽之」，不是「百人毀之」就很好了。不被理解、不被合理評估對任何人來說都必然會帶來巨大的煩惱和痛苦。情緒的波動必然會干擾理智，進而影響表現——無論是學習上、工作上，還是生活上。《論語》裡有一句話：「可與言而不與言，失人。不可與言而與之言，失言。[7]」這是說要分辨談話的對象。可事實上，在分辨談話對象之前很可能要先分辨自己，所以，「可言而不言，失人，不可言而言，失言」。

3.交流守則

以下言論普遍存在於我們的生活之中：

▽每個人都有自己的真理。

▽一個人的真理在另一個人那裡就可能是謬誤。

▽真理是相對的。

7出自《論語．衛靈公第十五》。

▽真理總是在不停地變化。（或者：真理並非一成不變。）

▽任何觀念都是平等的。

從這些觀點裡可以看出，不同的人對相同事情的看法多少有些差異，然而，一個人並不是天生就知道這種情況的。一個剛出生的嬰兒並不知道自己是誰，它甚至無法把自己與周遭的世界從意識上分離開來。它會以為自己就是一切，一切都是自己。它餓了就哭，哭了就有吃的。於是，它會覺得自己餓的時候全世界都餓，自己痛的時候全世界都痛，自己動的時候全世界都在動。心理學稱這種狀態為「共生」。據說這種狀態大約會存在五個月左右，過了這個階段，嬰兒就可以逐漸把自己和這個世界分離開來。例如，它可以意識到媽媽與自己並非同一個，也開始慢慢知道什麼是自己的手、什麼是自己的腳……

脫離共生狀態的過程非常痛苦。擺脫這種共生狀態實際上完全是不得已的，如果可能，每個人都有隨時返回共生狀態的欲望，因為在那種狀態下，一切都好像由自己掌控。最無能的狀態被理解為最自由的狀態——這是多麼可怕、可悲、扭曲的錯覺？

然而，幾乎沒有人在意那種感覺是不是錯覺，只是知道那種感覺棒極了。所以，人們在年少時會為了遇到同生共死的「朋友」而甘願赴湯蹈火，在青春期會為了「愛情」而不惜飛蛾撲火，在成年之後也依然會為了遇到「知己」而熱淚盈眶、激動萬分。「粉絲」

的狂熱表現也出自共生狀態。如果看到對立球隊的球迷吵架甚至大打出手，我們就能清楚地觀察他們的具體狀態。他們原本都是理智的人[8]，可在那一瞬間，他們分不清自己和他們迷戀的對象之間的區別——對他們來說沒有區別，他們和他們迷戀的對象是一體的、榮辱與共的。也因為如此，才可能出現親人竟然因為一個「外人」而反目的情況。

所以，如果不經教化、不經訓練，或者不經自我掙扎，人有可能一生都無法從思想上擺脫共生狀態。而在現實中，我們也確實可以看到很多人在思想上一生都處於共生狀態。

我們必須讓自己脫離思想上的共生狀態。為了達到這個目的，我們需要不斷尋求真相，而尋求真相離不開討論。很多時候，我們必須與人交流、討論。為了避免在討論過程中出現不必要的麻煩，浪費不必要的時間[9]，我們必須深刻理解以下三個討論原則。

第一個原則：

有意義的討論的前提是，雙方不僅要「相互競爭」，更要「相互合作」

有句歇後語：秀才遇見兵，有理說不清。為什麼呢？因為講道理是需要前提的。雙方想要進行有意義的討論，最基本的要求就是雙方必須共同遵守「理性討論基本原則[10]」。例如：沒有確鑿證據之前不能隨意作出判斷；有了確鑿的證據，就算結論令人難以接受

8在足球（準確地講是「看足球」）這方面，他們一直處於共生狀態，只不過，在劇烈衝突出現之前，共生狀態對他們的影響處於「潛伏期」而已。

9有時，這種麻煩造成的時間浪費是不可想像的。例如，你可能會因此得罪某個小人，他懷恨在心，在將來的某一時刻作出不利於你的事情，至於後果有多嚴重，不可估計……

也必須接受；錯了就要承認並進行改正；對了也好，錯了也罷，不許向對方進行人身攻擊，對事不對人；誰有道理就聽誰的；如果雙方都有一定的道理，那就要看誰的理由更站得住腳，誰的結論更實際；如果雙方的提案都不好，那麼只好「兩害相權取其輕」……可是，「兵」手裡有槍，「兵」隨時都可以不守原則，拒絕與「秀才」合作，哪怕「秀才」再有道理也沒用。

日常生活中，我們很少看到有意義的討論。大多數人由於種種原因並不重視「共同遵守理性討論基本原則」，動不動就忽視、放棄、違背這些原則。有多少次，我們會聽到這樣的話：「本來就是這樣的！」「就算道理是那樣，我也無法接受！」「滾！」「放屁！」「你自己看著辦吧！」「對對對，就你最聰明！」「我不管了！」……

我很小的時候並不知道，某個基本原則被忽視、被放棄、被違背時都是有明顯信號的，就好像上面羅列的那樣。等我有能力把這些原則想清楚並分類之後，我還在相當長的一段時間內天真地以為自己可以向那些忽視、放棄、違背基本原則的人清楚解釋我們的現狀，再把討論拉回正軌——當然，許多年的掙扎被證明為徒勞。

如果我們身為討論的一方，發現對方已經不再「遵守理性討論基本原則」，那麼就馬上停止討論吧，因為我們已經失去了討論的對象。就算對方不依不饒，我們也應該迴避、迴避、再迴避，因為接下來的任何過程都已經不再是「討論」，而更可能是僅僅為

10 可參見捷克前總統哈維爾（Václav Havel）制定的「對話守則」：
1. 對話的目的是尋求真理，不是為了鬥爭。
2. 不做人身攻擊。
3. 保持主題。
4. 辯論時要用證據。
5. 不要堅持錯誤不改。
6. 要分清對話與只准自己講話的區別。
7. 對話要有記錄。
8. 儘量理解對方。

爭而爭的「爭論」了。這種爭論的害處很多：浪費時間，影響情緒，把對方變成敵人，失去更多朋友……

如果我們身為討論的一方，突然意識到自己竟然已經不再「遵守理性討論基本原則」，那麼就馬上停止討論吧，因為我們也已經不再是「討論者」，而更可能只不過是一個為爭而爭的「爭辯者」罷了。這並不說明我們傻，也不說明我們笨，只說明我們的成長空間還很大。每個人最終擁有的能力都是依靠積累獲得的。積累是一個過程，不是結果。想明白這件事，就很容易做到心平氣和[11]，不至於像挨了打卻又無能為力的孩子一樣生自己的悶氣然後開始仇視社會。這樣的結果能說明的是對方確實更強大（至少在目前這個特定的方面），但想清楚了就知道，這也沒有什麼，因為他的強大同樣是並且只能是依靠積累獲得的——沒什麼可不服氣的，回去繼續修鍊就好。

第二個原則：

真理是獨立存在的，它從來不會依附於任何個人或者集體

一旦有人認為自己掌握著真理[12]，或者自己代表著真理，甚至自己乾脆就是真理本身，他就可能已經陷入思維混亂的困境。不僅如此，他還會讓身邊的人遭受許多苦難。有人開玩笑說：地球上最虛偽的群體分別是神職人員、政客、律師和教師。這種揶揄事

11 如此看來，很多人所謂的「無法控制情緒」，其實只是想不明白而已。另一個說法很形象——想不開。

12 真理，此處指英文中的「truth」。「truth」所表達含義的外延大於「真理」，亦有「事實」、「真相」之意。下文使用「真理」一詞指代「truth」。

實上基於非常準確的觀察——這幾個群體中最不缺少的就是「經常認為自己掌握著真理，或者自己代表著真理，甚至自己乾脆就是真理本身」的那些人。

我們經常用「自以為是」來形容上面提到的那些人。那種自以為是的人並不僅限於剛剛提到的幾個群體——他們幾乎無所不在；他們每時每刻造成的「災難」無法估量；更可怕的是，對這種情況，他們並不自知。《聖經》裡提到這些人時只能這樣感歎：「父啊，赦免他們。因為他們所做的，他們不曉得。[13]」

其實，「自以為是」是每個人成長過程中必須經歷的階段，因為每個人生來都以無知為起點，而成長之路原本就是求知之路。個中辛苦，世世代代都有人感歎。莊子有云：「吾生也有涯，而知也無涯，以有涯隨無涯，殆已。[14]」牛頓悲鳴：「要學的東西太多，學會任何一樣東西需要的時間又太長，等我學完了，我就該死了……[15]」求知的路不僅很長，而且很苦，走下去既需要心智的努力，還需要勇氣。所以，絕大多數人中途就會停下來，不再前行。他們安慰自己的方法是告訴自己：「我知道的已經夠多了。」很多時候，很多人只需要再向前跨一小步，就可以超越「自以為是」的窘境，只可惜，由於種種原因，他們一生都沒能意識到自己原本可以跨出那一步。

難以跨越「自以為是」的一個可能的原因是整個過程充滿了曲折。我們為了變得「有知」而掙扎；然而，掙扎的結果是我們將面臨更多「無知」。[16]這種絕望就像希臘神話

13 出自《聖經》的〈路加福音〉23:34。

14 出自《莊子．養生主》。

15 參見《引爆趨勢》。

16 蘇格拉底也說過類似的話：「我唯一知道的，是我一無所知。」

中的薛西弗斯[17]所面對的那樣：他因為太過狡猾和機智而得罪了眾神，在死後遭到審判，被罰將一塊巨石推至山頂，但由於石頭到達山頂後便會自行滾下，薛西弗斯只能永遠重複推巨石上山的動作。但是，如果用自己的「有知」去平靜地接受自己的「無知」，我們就不會像薛西弗斯那麼倒楣了——一個人只要能夠平靜接受自己的「無知」，他的水準就已經接近蘇格拉底了。

雖然這個過程無比曲折，但歷史上所有偉大的教育者本質上都在為這件事情奮鬥、掙扎，希求能夠教會下一代跨越「自以為是」。蘇格拉底的掙扎引發了恐慌：雅典法庭以「不信神」和「腐蝕雅典青年思想」的罪名判他死刑，令其最終飲下毒堇汁而死。尼采所說的「超人」指的也應該是跨越了「自以為是」這道障礙的人。索維爾注意到大多數人不經教化是很難跨越這個障礙的，但他同時也意識到，人如果無法超越這個障礙會有怎樣的後果，所以他發出了這樣的感歎：「每一代的出生，從效果上看，都相當於野蠻對文明的侵略，我們必須在積重難返之前教化他們。」

看清了這件事，我們就可以得出這樣的推論：如果我們在任何討論中發現參與者裡面有「自以為是」者存在，那麼最好的選擇只有一個——退出討論。因為，只要他們存在，討論就不再是討論，也不會得出任何有意義的結果，繼續下去只會浪費自己的時間。而我們千萬不要自以為是到認為自己有能力、有時間、有責任、有義務教會他們「想明

---

17 薛西弗斯，希臘神話中一位被懲罰的神。他受罰的方式是：奮力將一塊巨石推上山頂，而每次巨石到達山頂後又會滾回山下，如此永無止境地重複下去。另外，在西方語境中，形容詞「sisyphean」（薛西弗斯式的）代表「永無盡頭而又徒勞無功的任務」。

白」的本領，甚至帶他們跨越那道阻擋大多數人的障礙，這任務幾近不可能完成。首先，在絕大多數情況下，心智成長都是自己的事情，並且只是自己的事情；其次，這是幾乎每個社會都想系統地完成卻從來沒有成功完成的事情（因為每個社會中總是存在著另外一股強大的阻撓力量）；最後，我們也應該考慮自身的安全，即不要被「吸血鬼」咬到，甚至最好不要被他們看到。

第三個原則：

真理不變，也不會因任何人而變；不停變化的只是人們對真理的解釋或理解

在交流的過程中，如果有一方拋出這樣的話：「每個人都（應當）有自己的看法，不是嗎？」對話就應該結束了，因為說這句話的人已經把自己的腦殼閉掉了，或者乾脆斃掉了。

我們在討論（甚至爭論）的時候，原本的焦點在於「事實」，而非「看法」，因為「看法」無法爭論——「看法」只是對事實的「理解」而已，「理解」本身又不一定可靠。儘管討論都是從交流雙方的「看法」開始的，但討論的最終目的是剔除「看法」、萃取「事實」、把理解中不可靠的因素過濾掉。

一方如果用「我要保留我的看法」作為最後的擋箭牌，他的意思其實是：「去你的，別再入侵我的領域了……」事實上，如果交流從一開始就以「看法」為焦點，那麼就沒必要討論甚至爭論了——我把我的看法告訴你，你把你的看法告訴我，我們各自弄清楚對方的看法，然後各自考慮哪個更有道理或者這兩種看法為什麼可能共存……

對任何事實，每個人都有看法，這話不假，但「每個人都有自己的看法」這句話卻是非常鬼扯的——對很多人來說，那看法究竟是不是他的，他自己也不知道。大多數人根本不思考，而少數肯思考的人的大部分又不懂得應該如何思考，所以，絕大多數人只不過是環境的產物而已。很多時候，所謂的「主流」觀點並非因為「正確」才成為「主流」，而是因為它恰好適合（或者迎合）那些不善思考、不願思考的人的感覺。

大多數人的大多數看法，基本上都是被灌輸的，只不過對他們來說，那些「想當然」的看法早已與他們共生多年，不分你我。

我們每天都在不知不覺地接受很多看法。這些看法，越是隱蔽，就越是穩固。最終，它們會形成一個縝密的篩子，使我們只接受符合這個篩子的看法，而篩掉不符合這個篩子的一切。一個人經歷這個過程越久，就越分不清楚那些「已接受的看法」究竟是被灌輸的，還是自己的。

當有人以「每個人都（應當）有自己的看法，不是嗎？」來維護自己的「看法」的時候，他其實早就堅定地相信自己的這種手段是有效的，而事實又會證明這種手段確實是有效的：如果對方不是一個腦子清楚的人，他就會嘗試進一步說服對方，最終導致不歡而散；如果對方是一個腦子清楚的人，他就會偃旗息鼓，因為他明白接下去的對話是沒有任何意義的。無論是在哪一種情況下，這種維護手段都好像是成功的、達到了最終目的的。於是，使用「每個人都（應當）有自己的看法，不是嗎？」這種手段的人，對這種手段的看法將得到進一步鞏固——這就是真理，這就是保護自己已有看法[18]的最佳手段。可惜的是，連這個想法本身都是他們的枷鎖，而非他們的工具。

小結

上面的推理可以解釋為什麼邏輯書籍、哲學書籍甚至心理學書籍，從來都對人總是傾向於忽略以上第三個原則這一問題無能為力，所有來自外界的教化與訓練通常也不了了之。要想解決這個問題，幾乎只有一個手段——自我掙扎。解決這個問題的力量若非完全來自自我，就根本不可能強人到能夠忍受那種把自己與外界分離開來的痛苦。也正因為如此，我們才會說：心智成長是自己的事情，是一個人的奧德賽。這不過是一個選擇。是做快樂的豬，還是痛苦的蘇格拉底？[19]是甘願享受虛假的歡樂，還是用長期的痛苦換取哪怕片刻的真正的幸福？子曰：「朝聞道，夕死可矣。[20]」大抵就是因為他選擇了滄桑的正道，體會了磨難，才肯為那「道」付出如此的代價吧！

18 他們誤以為很多想法是自己的，殊不知他們是隸屬於那些想法的。

19 參見約翰·彌爾（John Stuart Mill）所著《效益主義》（Utilitarianism）。彌爾在這部作品中給出了一個重要論述：做一個不滿足的人勝於做一隻滿足的豬；做不滿足的蘇格拉底勝於做一個滿足的傻瓜。

20 出自《論語·里仁第四》。

可從另一個角度來看，真正跨出這一步其實很簡單。如果你有一天終於跨出了這一步，就會理解為什麼大多數已經跨出了這一步的人從來都沒覺得跨出這一步有什麼痛苦，而且你也能很快體會跨出這一步之後的歡樂是怎樣的歡樂。如何跨出這一步？沒有人能幫得上你，你只能依靠自己。並且，要牢牢記住：正如沒有人能幫得上你一樣，估計你也幫不上別人。你可以為之努力，就好像我現在做的這樣，但，效果如何，不在於你。因為，你或許已經能夠明白：很多時候，好的意圖不一定會帶來好的結果……

4.正確複述

溝通在很多時候並不像看起來那麼容易。事實上，在這個過程中，人們常常會因為某個參與者而導致「有效溝通根本不可能達成」。具體一點說，如果甲與乙兩個人需要溝通，過程是：甲將他的想法用他的語言表達出來（即「編碼」），乙用自己的方式去理解甲的語言（即「解碼」），然後反過來再次進行。此過程可能重複數次。

但是，不同人的「編碼／解碼」機制常常不相同。每個人的「編碼／解碼」機制都是依靠長期積累獲得的，而且深受環境的影響。例如，在一些地方，人們普遍認為「慷

慨大方」是褒義詞，「精於算計」是貶義詞；而在另一些地方，人們普遍認為「精於算計」才是真本領，「慷慨大方」可能往往是智商不夠的表現。如果分別來自這兩個地方的兩個人在相互溝通的過程中沒有意識到這樣的差異，那麼即使他們使用的語言相同，溝通的結果也難免扭曲。

況且，發送者生成他的想法——所謂「想明白」——本身就不見得是一件容易的事情，「編碼／傳遞／解碼」的過程也不一定能夠協調無誤地實現。再加上即便接收者「解碼」正確，他還要把結果與自己的現有知識體系融合，而這也不一定能順利完成。正確、順利、有效的溝通到底有多難？這樣一說，就很容易理解了。

在這裡，我們需要再著重討論一下「接收者」。假設我們扮演的是溝通中的「接收者」，並且除了我們的「解碼」過程外，其他的環節都沒有問題。在

這種情況下，無論如何我們都可以這樣想：我們的「解碼」結果不見得正確。所以，**為了保證溝通順利，往往需要添加一個驗證機制，或者說回饋機制**。

在溝通的過程中，當我們聽對方（這裡僅限於面對面溝通，不討論書面溝通）說完之後，應該自覺避免自以為是地認為自己肯定理解對了。我們不妨套用以下句式進行驗證、回饋：

「你的意思是……是嗎？」

或者

「你的意思是……我理解得對嗎？」

如果對方表示沒有問題，就說明討論可以進行下去；如果對方有異議，就要等待對方的重新表述或者我們的重新理解，直至在這一點上沒有異議。當然，這需要耐心，有的時候，甚至是無限的耐心。

我們常常可以看到溝通中的「接收者」使用的句型與剛剛使用的略微不同，他們說的是：

「那你的意思是……囉?!」

而後不等對方有所反應，就（群）起而攻之。這樣的「接收者」——或者出於無心，因為他們不曾仔細研究溝通的過程，不知道還應該有一個「驗證機制」存在才可以保證溝通的有效；或者居心叵測，利用對方表述中的漏洞；更有甚者，乾脆使用「莫須有」的手段（這是一種邏輯謬誤，叫做「稻草人謬誤[21]」）。

日常生活中，如果遇到這樣的「討論者[22]」，還是乾脆避開為好。就算他只是出於無心，也相當難辨，因為我們沒義務，更重要的是估計也沒能力去改變他。進而，如果此人根本就是居心叵測，我們哪裡有時間繼續與他糾纏下去呢？

21 稻草人謬誤，也稱「偷換概念」，是一種邏輯謬誤。該謬誤的使用者會用歪曲對手言論的方法攻擊對手。

22 英文中有個描述這種人的表達法，特別生動——impossible person。

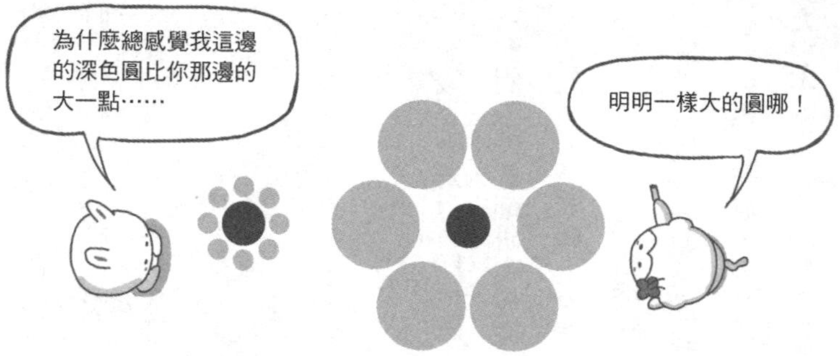

5. 勤於反思

在討論問題的時候，我們常常會被對方的「固執己見」挫敗，但在對方眼裡，我們可能也是「固執己見」的，只不過是程度不同而已。事實上，每個人都有來自各個方向的局限，例如認知上的、經驗上的。

舉個簡單的例子。上面兩個深色的圓哪一個更大呢？[23]

答案是：它們的大小一樣。讀者有興趣的話，可以到 www.brainbashers.com 上看看，該網站收集了一百多幅這類可以證明我們的視覺不可靠的圖片。當然，除了視覺，我們的聽覺、嗅覺、味覺、觸覺等各種知覺都並不可靠。

再舉一例。有一次我和一個朋友到一個商場裡的餐廳吃飯，酒足飯飽之後，閒逛出來，站在路邊叫計程車。那條街上計程車不多，等了好一會兒，才看到

23 這是艾賓豪斯錯覺（Ebbinghaus Illusion）。

馬路對面右手邊駛來一輛空車，我們招手示意司機掉頭，那司機看到了，便準備掉頭過來。隨著計程車的路線，我注意到我左手邊站著母子兩人（顯然他們剛剛從商場裡出來，而在這之前路邊只有我和朋友兩個人），也在向那輛計程車招手，而那計程車轉過彎來之後，停在了我們前面。朋友根本沒看到後面的那些人，直接打開車門坐了進去，隨後我也上了車。在朋友坐上車的時候，我聽到那個孩子說：「咦？他們怎麼搶我們的車？」當我跨上車那一瞬間，聽到那母親對孩子說：「他們有病！」

這樣的經歷告訴我們，每個人都可能出現「只看到部分事實[24]」的情況。而「把部分事實當作所有事實」的情況在生活中比比皆是，它們也往往是各種衝突的根源。

所以，我們需要反思，並且要常常反思。下面列出幾個反思的要點。其實，以下的部分內容在之前的文字中也陸續提到過。

24 其實「盲人摸象」的故事天天都在發生。

深刻瞭解經驗的局限

擺脫經驗主義的第一個技巧就是「瞭解經驗的局限」。

儘管比例很難確定，但是很多重要的知識都具備這樣的屬性：瞭解本身已經基本等同於掌握。「經驗存在局限」就是這樣的知識。但是，許多人常常會因為恐懼而放棄這種知識，轉而不顧準確與否，再次依賴「現有的、明知道並不完整的經驗」。

舉例來說，儘管從道理上每個人都能明白「在游泳池裡如果抽筋了的話，只需要仰在水中不動就肯定不會沉下去」，可最終幾乎沒有誰會那麼做，因為那一瞬間的巨大恐懼會打敗絕大多數人。同樣，股票投資的道理[25]無論由多少人講解過多少遍，無論受眾聽的時候點了多少次頭，當股市大跌的時候，絕大多數投資者還是會選擇「割肉」而不是「補倉」。所以，擺脫經驗主義，不僅需要對道理本身的瞭解，還需要勇氣。其實，求知的路走到一定程度後就必須依靠勇氣，而非智商。

25 這個例子顯然會引起爭議。看不出道理在何處的讀者請自行忽略這個例子。

時時刻刻保持警惕

深刻認識了經驗的局限之後，我們要做的就是時時刻刻保持警惕。一般來說，每個人都會無比珍愛自己好不容易「歸納」而來的經驗，以至於很多人常常是「手裡只有一把錘子，看什麼問題都像釘子[26]」。

經驗需要歸納，更需要經過演繹來論證。很多時候，不僅歸納經驗需要很長時間，透過演繹論證歸納出來的經驗可能需要更長的時間。在未經演繹論證確定之前，最好意識到每次運用經驗都可能存在風險。實際上，「確定」常常是永遠也做不到的，所以，在運用已有經驗的時候，怎麼小心都不過分。俗語「小心駛得萬年船」說的就是這個道理，只可惜，大多數人並沒有真正理解這句話。

26 出自馬克．吐溫。

使用記錄，使自己能夠記住更多經驗

做記錄是一個很好的習慣。

我在二十六歲之後才真正學會做記錄的方法和習慣。而在隨後的十多年裡，我也日益體會到做記錄的重要性。

我原本以為，如果能夠保持良好的記錄習慣，自己就不會犯同樣的錯誤，可我最終發現，有些錯誤是因習性甚至人性本身而生的，所以，即便保持做記錄的習慣，也不可能完全避免，但毫無疑問的是，我依靠做記錄的方法避免了多次犯同樣錯誤的危險。舉個例子，在海上求索的探險家們，不僅要詳細書寫航海日誌，還會將日誌公開分享，這是他們避免在未來遇到危險的最重要的手段。今天，所謂的網誌，在一些人的手裡也具備同樣的功用[27]。

透過觀察和閱讀汲取他人的經驗

觀察和閱讀，是擴充有限的自我經驗的最好手段。

每個人每時每刻都有觀察的機會，但絕大多數人僅僅因為自己的態度問題就失去了積累、成長的可能。要解決這個態度問題，只需要在平時多琢磨一下「他們為什麼那麼想？」「他們為什麼那麼做？」「他們為什麼那麼看？」避免用「傻子！」來評價那些

27 其實大多數人的網誌只不過是記錄一下心情，發布一下自戀的照片而已（我個人認為自戀並不見得是缺點），但即便如此，他們的網誌也有文中所述的這種功用。

與自己的想法、做法、看法不一樣的人，就可以了。讀書，其實不見得一定要有目的，隨意閒翻同樣有益——有用的知識經常是偶然獲得的。時間久了，我們就會發現，讀書偶得的知識不僅多，而且非常重要，只不過很多人因為片面而又膚淺地理解「人生應該有目標」而失去了這些機會。

試用類比來跨越未知與已知的障礙

類比思考幾乎是跨越已知與未知之間鴻溝的唯一手段。

在第4章「經驗局限」一節裡舉過這樣兩個例子：小學老師說「其實地球的構造跟煮熟的雞蛋差不多」，就是用類比的方式讓學生從已知（煮熟的雞蛋）跨越到未知（地球的構造）；中學老師說「原子的內部構造跟太陽系差不多」，學生們能瞬間理解，也是同樣的道理。所以，我經常鼓勵學生只要有時間就去讀雜書——越雜越好，多多益善。為什麼呢？因為讀雜書會大大提高一個人接受新事物的能力（這種能力也是一種理解能力）。閱歷豐富、博覽群書的人，肯定擁有更強的理解能力，因為他們在遇到未知的時候，更有可能迅速地在自己已有的知識中找到可以用來類比的資訊。

耐心等待以擁有不能快速獲得的經驗

遇到不理解的問題，遇到不確定的想法，最好馬上記錄下來。不一定非要急著獲得答案——馬上獲得解答往往是不可能的。

上文曾經提到過，「很多時候，不僅歸納經驗需要很長時間，透過演繹論證歸納出來的經驗可能需要更長的時間。」所以，一定要保持足夠的耐心。要知道，有些階段無法跨越。一個比較生動的類比是，「十月懷胎」就是需要四十週左右，這事誰也改變不了——再聰明的人也需要四十週左右才能把孩子生下來，再有力氣的人也肯定不能提前生下孩子。很多人不懂等待的必要性，最終的結局是：同樣等了，因為不等也得等，時間才不管你究竟是誰，但等來的結果卻是另外一個，反正不是透過耐心等待應該獲得的那一個。

第7章 應用

要不斷地尋找你自己，
那個真實、無限的自己，
才是你的導師。

——巴哈（Richard Bach）

1. 興趣

經常有學生向我表示他對目前的專業沒興趣——他真正感興趣的是某某專業。看得出來，這些人常常不快樂，因為他們（覺得）正在做自己不喜歡做的事情。

然而，事實果真這樣嗎？不客氣地說，在99%的情況下，並非如此。

首先，這些人其實並不是對自己正在做的事情沒有興趣，而是沒有能力把目前正在做的事情做好。幾乎沒有人會喜歡做自己做不好的事情，每個人都會不自覺地儘量迴避自己的短處：唱歌跑調的人通常不大喜歡與朋友一塊去唱歌；牌技差的人往往不情願被叫去補缺；不擅交往的人通常開會的時候選擇坐在角落……當然，有少數人例外，這只是因為他們並不自知：跑調的居然是麥霸；牌技很差的總是組織牌局又無牌品；不擅交往的又愛出鋒頭招人厭煩。但不管整體怎樣，對一個人來說，一定要問自己這個問題：我不喜歡做某件事情，是不是僅僅因為這件事我沒有做好？如果是因為自己沒有做好而不喜歡，就要考慮另一個問題：做好這件事情究竟對我有沒有意義？如果有，那就努力做，直到做好為止，沒有其他選擇。反過來，自己做得挺好，但就是不喜歡，純粹因為那件事對自己確實沒有什麼吸引力——事實上這種情況少之又少——直接換一件事情做吧。誰能逼你去做一件你確實不喜歡做的事情呢？退一步說，如果你被逼著去做自己能做好的事情，應該也會有些興趣的。

其次，人們總說他們真正感興趣的是其他事情。可事實上，出現這種感覺應該僅僅是因為還沒有開始做那件事情，也還沒有在那件事情上遭受挫折而已。其實，很多人真的放棄原來做的事情，轉去做新的「真正感興趣的」事情的時候，往往會發現，想要做好這件事情同樣困難重重，挫折不斷。沒過多久，這些人又會因為做不好這件事情而對其失去興趣，然後開始幻想做另外的事情，並且將這一行為「合理化」：「我（才知道自己）真正感興趣的並不是這個……[1]」

綜上所述，我覺得，興趣並不是很重要，至少沒有我們想像的那麼重要。對一個人來說，某件事情只要能做好，並且做到比大多數人好，他就不會對那件事情沒興趣。我有時候會看到，某些父母打著「培養孩子興趣」的旗號教育孩子，面對這種情況，我能做的只有趕緊閉上眼睛——不願意看到孩子就這樣被「害」。但是，閉上眼睛卻看得更清楚，因為我太容易想像出那需要很多年才能最終顯現的，且由於早已逝去多年而遺忘了原因的最終結果。培養孩子的興趣，不是買來一架鋼琴或者一本書就可以的。正確的做法是：根據孩子的情況，選出孩子最可能做得比別人好的事情（這很可能已經是極其耗時費力的了），然後絞盡腦汁讓孩子學得會、做得好、做得比一般人好、做得比誰都好——興趣就自然出現了。

1 這在心理學上稱為「合理化作用」（Rationalization）。

說來說去，是順序出了問題：**往往不是有興趣才能做好，而是做好了才有興趣**。

人們總是搞錯順序，並對這樣的錯誤毫不知曉。雖然並非絕對，但完成大多數事情，確實都需要熟能生巧。做得多了，自然就能擅長；擅長了，自然就做得比別人好；做得比別人好了，興趣自然就濃了，而後就更喜歡做、更擅長……進入良性循環。可是，做得多，就需要大量的時間投入，所謂「沒興趣」，往往不過是結果，如果將它當作「不去做好」的理由，最終的懲罰就是大量時間白白流逝。

2.方法

經常有學生提出這樣的問題：「老師，這個方法真的有用嗎？」其實，學生的問題不止如此，他們還有更進一步的問題。當然，關心方法沒什麼不對，只有聰明的人才會關心方法。可是，學生們總是過分關心自己正在用的方法是不是正確；僅僅正確還不夠，還要考慮這方法夠不夠巧妙；更進一步，除了正確與巧妙之外，還要有效率——人生苦短，如果成功太慢，那麼幸福必然減半。

可是，這些貌似出於「理智」的想法還是有局限的，否則，有一種現象就根本無法

2 美國之音（Voice of America，簡稱VOA），成立於一九四二年二月，是美國政府對外設立的宣傳機構，每天以四十四種語言向世界各地廣播。

得到解釋：很多人透過非常笨拙且低效的方法實現了自己的追求。這樣的人很多，我的父親就是一個。我的父親一九六〇年代畢業於黑龍江大學俄語系，文革期間在五七幹校開始自學英語。在那個時代，收聽美國之音[2]不叫「收聽」，而叫「偷聽敵臺」，是可以被定罪的。文革結束後，國家落實政策，父親獲得平反，自一九八〇年代初開始在東北的一所高校任教，擔任英文系系主任，直至退休。那個時候沒有多少參考書，學習方法也沒有什麼特別之處。我曾經特意問過父親很多細節，可以確定的是，他是從我的嘴裡才知道這世上還有個什麼「艾賓豪斯遺忘曲線」的。我常常驚訝於父親沒有「金山詞霸」，沒有真人發音的《韋氏字典》電子版，沒有「我愛背單字」之類的軟體，更沒有什麼超炫的祕笈，怎麼就能把英文學得那麼好！

另外一個相當能說明問題的例子涉及一位我所敬重的教授鐘道隆[3]先生。鐘先生以他的「逆向法[4]」著稱。請讀者注意，後文的描述沒有任何冒犯的意思，我只是嘗試述說事實。鐘先生的方法不僅不新（其中的精髓——「聽抄」或者「聽寫」，幾乎是所有大學的外語系最常用的基礎訓練手段），也並不特別高效。但是，不僅鐘先生本人透過這種方法把英語學得很好（據說他從四十五歲開始學英文，一年後成為高級翻譯），很多使用「逆向法」的學生同樣也獲得了很好的學習效果。這是為什麼呢？

最誇張的例子則涉及另外一個人——大名鼎鼎的、「瘋狂」的李陽[5]。他操著一口

---

3 鐘道隆，中國人民解放軍少將，中國人民解放軍通信工程學院少將副院長（教授），通信工程專家，逆向英語創始人，複讀機發明人。

4 參見鐘道隆的著作《逆向法巧學英語》（清華大學出版社）。

5 李陽，中國著名「瘋狂英語」創始人。因大學學英文時常補考，故發展出一套從口語突破的英文學習法，後來擔任英文播音員、領事館口譯等工作。

讓人折服的漂亮發音，用「瘋狂」到讓很多人為之震驚的態度，征服了大江南北無數的學生。無論有多少爭議，有一點是可以確定的：在他自己透過「瘋狂」獲得成功的同時，確實也有很多學生因為使用了他的方法真正提高了英文水準。這又是怎麼回事呢？

還有，我一度打工的地方叫「新東方學校」。那所學校的創辦人俞敏洪[6]，是從他的托福和 GRE 培訓發跡的。他講授的背單字的方法，就是目前最為流行的「詞根詞綴記憶法」。其實這個方法也不是什麼靈丹妙藥，只是一個輔助手段而已。不過可以確定的是，俞敏洪本人的詞彙量確實很大，他的學生也確實用他的方法記住了單字並且考出了好成績。經過多年發展，新東方學校已經成長為「新東方教育科技集團」——中國英文培訓領域的巨無霸。同時，它也成功地在美國紐約證券交易所上市，其中獲益學生的口碑產生決定性的作用（新東方是很少拿錢在媒體上做廣告的）。可是，俞敏洪起家的方法並不新鮮。

不知道別人怎麼看，據我所知，我的父親就不太欣賞「詞根詞綴記憶法」。有一次我跟他大談特談「詞根詞綴」，他聽完之後的反應是：「你是用偏旁部首背下所有漢字的嗎？你忘了在學會常用的三千個漢字之後再遇到不認識的字還是只好去查字典嗎？不查字典非要用偏旁部首猜測的話，難道不是猜一個錯一個嗎？中文裡有個專門的詞告誡人們，切莫『望文生義』，難道你忘了嗎？」我不知道李陽或俞敏洪當年在學習的時候，

6 俞敏洪，北京新東方學校創始人、校長，現任新東方教育科技集團總裁。

是不是也運用了鐘先生「逆向法」裡面的精髓——「聽抄」，就算用了，估計也不是跟鐘先生學的，但我確定地知道一件事：鐘先生和俞敏洪校長都不「瘋狂」，卻十分成功。

這是一個不爭的事實：他們都很成功，更準確地說，他們自己都很成功。但是，他們用的方法卻並不相同，甚至可能相左。不過，如果仔細觀察，我們就會發現至少有一點是完全相同的——他們都是非常用功的人。其實，我一直想說的是：**方法固然重要，但是比起「用功」來說，方法幾乎可以忽略不計**。說清楚一件事不容易，說清楚這件事尤其不容易。直到有一天，在跟健身教練閒聊的時候，我突然獲得了靈感，才有能力把這事說清楚。

我的教練臂圍是四十三公分，幾乎和常人的大腿一樣粗。有一次，他告訴了我他練習的訣竅——握啞鈴的時候，一定要把手掌邊緣貼到靠體側的那一個啞鈴片上，這樣的話，啞鈴的另一端將自然地向外翻轉一個很小的角度，手臂屈伸的時候恰好可以使肌肉獲得最大的曲張刺激。他介紹了這些心得後得意而燦爛地笑著說：「多簡單啊！」而我卻突然明白了另一件事：他的成功其實並非來自這個「簡單而神祕的技巧」，因為我認識的另一位健身教練的臂圍是四十五公分，我卻從沒看到他用這種方法握啞鈴。

超出常人的臂圍是這樣練出來的：二頭肌的常用練習動作只有那麼三五個，每週專門針對二頭肌練習一次，每次三個動作，每個動作至少要做五組，每組要重複做八至十二次，啞鈴的重量要計算到恰好再也做不動了為止，這樣的練習要持續五十四週以上。至於如何握啞鈴，關係並不大。最重要的只不過是——重複，不間斷地重複，重複五十四週以上。

由此可見，所有學習上的成功，都只依靠兩件事——策略和堅持，而堅持本身就是最重要的策略。

堅持，其實就是重複；而重複，說到底就是時間的投入，準確地說，是大量時間的投入。據我的母親講，我的父親學任何東西的時候都可以做到在並不「廢寢」也不「忘食」的情況下利用所有的時間。鐘道隆先生很坦率地說：「為了學會英文，我下的功夫是很大的。下面舉幾個具體的例子：堅持每天聽寫A4的紙二十頁，不達目的決不甘休，晚上開會晚了也要補上。從一九八〇年一月三十一日到一九八三年二月我調離瀋陽為止，三年內寫了一櫃子的聽寫記錄，用了圓珠筆芯一把，聽壞電子管收音機九部、半導體收錄機三部、單放機四部，翻壞詞典兩本（因為我不斷地在上面寫和畫）。」俞敏洪也是一個做他想做的事的時候超常用功的人。他是怎麼學英文的我並不知道，但是我知道他為了把新東方做大，要提前一年安排下一年的時間表，如果把他的Outlook日程表列印出來，每天都是滿滿一頁紙。即便是李陽，我相信，他的漂亮發音並不僅僅來自天分或者所謂的「瘋狂」，而是來自他「瘋狂」了太多太多年。

相對於堅持，方法有多重要呢？很多時候，哪怕說「方法不重要到幾乎可以忽略不計的地步」，其實也不是特別過分。更何況，所謂的「好方法」實際上是因人而異的。適合這個人的方法，放到那個人身上，很可能適得其反。換言之，適合所有人的方法很可能根本不存在。所以，有那麼多的人將寶貴的時光虛擲在不停地尋找方法上，是一件非常可笑卻又不得不令人扼腕歎息的事情。

與其不停地尋找「更好的方法」，還不如馬上開始行動。

3. 痛苦

儘管情緒有很多種，但最需要控制的大概只有一種——痛苦。無論是誰，他的一生中都會充滿各種各樣的痛苦，包括肉體上的、精神上的，甚至同時來自兩個方向的，還可能是莫名其妙的，逃之不脫，揮之不去。從小時候害怕打針的痛苦，到被小朋友們孤立的痛苦；從欲望無法得到滿足的痛苦，到精神上不被理解的痛苦；包括但不限於自己躺在病床上承受痛苦的同時還要忍受被護士們的歡聲笑語放大的痛苦……

對痛苦的深刻感受，會扭曲或者抹殺人們感知其他事物的能力。當一個人身處極大的痛苦之中時，甚至可能完全喪失對外界的感受。如果孟姜女真的曾將長城哭倒，那麼我猜，在她面對長城痛哭流涕的時候，用針去扎她，她都可能根本體會不到皮膚上的刺痛。

即便是在正常的情況下，我們對自身的痛苦也往往並不十分瞭解。最常見的誤解就是：當我們覺得痛苦的時候，總是不自覺地把自己想像成全世界最痛苦的人。這是非常自然的，因為我們的痛苦我們已經體悟，而別人的痛苦我們又很難真正做到感同身受。所以，如果不去努力分辨的話，我們當然會認為「自己最痛苦」。

瞭解這種關係的好處在於，如果我們真的明白自己所面臨的痛苦其實並沒有自己感受到的那麼強烈，我們就很容易——或者起碼是比較容易——忍受那些痛苦。我經常這樣提醒自己：即使我再痛苦，在目前這種狀況下，我肯定還不是最痛苦的人。我會想到幾個人，然後再問自己：「你比他們還痛苦嗎？」在這裡，可以舉兩個例子。

有這麼一個人，也許你知道他。一八一八年，他的母親過世，那年他才九歲。一八三一年，他失去了工作，這顯然使他很傷心。他下決心要當政治家，但糟糕的是，一八三二年，他競選州議員失敗。他著手經商，可一年不到就難以為繼。一八三四年，他再一次參選州議員。這一次，他實現了理想。可在緊跟著的

7林　肯（Abraham Lincoln）十九世紀，美國政治家，第十六任美國總統。在總統任期內，美國爆發內戰，史稱「南北戰爭」。林肯擊敗了南方分離勢力，維護了國家的統一。內戰結束後不久，林肯遇刺身亡。他是第一個遭到刺殺的美國總統。

一八三五年，他的女友不幸去世。一八三八年，他嘗試成為州議會議長，可惜失敗了。直到一八六〇年，在歷經了更多的起伏與磨難之後，他當選了美國總統。他的名字是林肯[7]。可是，他的厄運並沒有結束[8]。一八六五年，他被暗殺了。

還有更誇張的。心理學家史考特．派克[9]曾有過這樣的記錄[10]：

> 最富戲劇性的案例之一是我曾經接觸過的一個十四歲男孩。在他八歲那年的十一月，他的母親突然去世；在他九歲那年的十一月，他從梯子上掉下來，摔斷了胳膊；在他十歲那年的十一月，他騎自行車時發生車禍，造成頭骨斷裂，還伴有嚴重的腦震盪；在他十一歲那年的十一月，他從天窗上跌了下來，造成臀部骨折；在他十二歲那年的十一月，他從滑板上摔下來，導致手腕骨骨折；在他十三歲那年的十一月，他被汽車撞傷，造成骨盆斷裂。

當我覺得痛苦的時候，我總是從筆記本裡翻出這兩條記錄讀一遍。到現在為止，我也從沒像那個男孩一樣不幸——他太不幸了，甚至有規律地不幸！有一年冬天，我患了重感冒，躺在床上，突然有點心煩，就把筆記翻出來看。在翻閱的過程中，儘管我知道

---

8 關於林肯一生的曲折故事有多個版本，但其中有很多以訛傳訛的內容。事實上，除了挑揀出來的挫折經歷，林肯也經歷了很多次成功。

9 史考特．派克（M. Scott Peck），當代美國著名作家，醫學博士，心理醫生。

10 參見《心靈地圖》（The Road Less Traveled）。

自己這麼做有點不厚道，還是不由自主地看了一下牆上剛剛翻到十一月的掛曆，心想：那男孩現在也躺在病床上吧……

痛苦就是這樣。一旦我們學會在痛苦出現的時候運用心智把自己的注意力轉移到其他地方去，痛苦就幾近自動消失，而且在它被我們重新注意之前絕不會回來。

我們不必過分害怕痛苦的原因在於，心理學研究發現，人類的大腦有一種自我保護功能——遺忘痛苦。如果想要對這個結論進行確認的話，做一個簡單的實驗就行：拿出紙和筆，列一下昨天曾使自己覺得痛苦的事情、前天曾使自己覺得痛苦的事情、上週曾使自己覺得痛苦的事情、上個月曾使自己覺得痛苦的事情、去年曾使自己覺得痛苦的事情……一步步寫下來就會發現，能列出來的內容越來越少。如果我們不努力回憶的話，十年前的痛苦是幾乎想不起來的。更有趣的是，就算我們想起來了，說不定都會覺得不好意思——因為我們現在無論如何也想不明白，自己當初怎麼就為那麼一件小事痛苦到那個地步？

其實，我們的大腦需要遺忘痛苦。想想看，如果某個人的大腦不具備這個功能，他的生活將會多麼淒慘！正因為人類大腦的這個功能，上了歲數的人往往會產生懷舊情緒，感歎「世風日下」，可這明顯不是事實。因為，在過去的幾千年間，每一代老年人都覺得「世風日下」，這種感覺如果是真實的，我們現在應該活在地獄中才對——但是，我們現在生活的這個世界，就算不怎麼樣，也沒有那麼差吧！狄更斯說得好：「這是最好的時代，這是最壞的時代。[11]」

上了歲數的人遙望過去的時候，那些曾經讓他們痛苦萬分的事情早就被他們忘乾淨了，或者，他們早已無所謂了，然而，那些美好的事情他們卻都能記得清清楚楚——他們當然會懷舊！所以說，懷舊是一種錯覺，甚至可能只是幻覺。曾有人這樣比喻：「如果說記憶本身是葡萄，那麼回憶的過程就是發酵。每個人都有努力使自己的歷史變得更加清白、更加美好的傾向，所以，人往往會不自覺地給自己的記憶進行各種形式的修補，甚至進一步的加工，然後才會覺得心滿意足。」

再舉一個例子。統計表明，一個人不幸做了截肢手術之後，往往內心會極度痛苦。我們可以體會一下：閉上眼睛，想像一下自己的胳膊被切掉……在手術後的六個月之內，被截肢者會不停地產生輕生的念頭。但是，如果過了六個月這個人還沒有成功地自殺，那麼他輕生的可能性已經不大了——痛苦正被漸漸遺忘，取而代之的是更多的希望。十八個月之後，被截肢者自殺的案例少之又少——就算有，原因也往往不是截肢的痛苦。

大腦擁有遺忘痛苦的功能，這對整個人類順利繁衍具有重大意義。可以想見，生育分娩是一個女人一生中可能面臨的最大的肉體痛苦——只要她不是那麼不幸地生活在劉胡蘭[12]或張志新[13]所處的時代。然而，在體會如此驚人的痛苦後不到兩年，她就會萌發

11《雙城記》（A Tale of Two Cities）。

12 劉胡蘭，女，中國山西省人，是中國國共內戰期間的一名中國共產黨預備黨員，因暗殺山西省文水縣雲周西村村長石佩懷而遭到逮捕並被執行死刑，時年十四歲。死後中共追認其為中共正式黨員。

13 張志新，女，中國天津市人，因在文化大革命中批評對毛澤東的個人崇拜和極左派而成為著名的持異議人士。從一九六九年起被監禁了六年，直至被殘酷處死。後被平反，並被追認為烈士。

生育下一個子女的願望。人們往往對自己大腦的運轉機制並無認識，所以，如果你有機會遇到這樣一位女性，可以試著好奇地問她：「你不記得那有多疼了嗎？」她保証會愣一下（因為她突然意識到那時確實痛得要死，但現在卻無所謂了，可是也沒仔細想過為什麼），然後在下意識的慌亂中給你一個莫名其妙的答案：「你又沒生過孩子，你不懂啦！」

作為一個可以運用自己心智的人，在瞭解了我們的大腦所擁有的這種遺忘痛苦的機制後，就可以擺脫另外一類因為反覆出現而無法被遺忘的痛苦。

這類痛苦的一種很常見的表述就是：「怎麼道理全明白，但就是不行呢？」誰都不願意犯同樣的錯誤，也很容易想明白發生這類事情是非常愚蠢的，但是，很多人怎麼又在同樣的地方跌倒了呢？無數人為此痛苦，夜不成寐，一遍一遍地罵自己。可是，大多數人經歷了深刻的反思，卻在第二天一覺醒來（其實只不過是幾個小時），再次回到從前的狀態，沒有任何變化。這些人甚至「在深夜裡暗罵自己許多遍」之後才會想起，不久之前自己也這樣罵過自己。

一旦他們意識到這種情況，往往不禁長歎：「怎麼就這麼沒出息，怎麼會好了傷疤就忘了疼呢！」

我在教書的時候也曾觀察到一個令我非常驚訝的現象：

為了真正解決學生的問題，我不得不重複其實已經有無數老師早就「前仆後繼」地講過的道理。在這個過程中最要命的是，我的重複在被部分學生認為是有必要的同時，再次被更多的學生視而不見、聽而不聞。我有時會禁不住絕望地想像，這些學生將來某一天還是會遇到同樣的尷尬：他們會交錢去讀另一個補習班，然後由另一個可能和我一樣絕望的老師重複一遍我們都重複過的道理，而他們卻根本沒有意識到自己其實只不過是再一次浪費時間——因為他們還是聽不進去，或者乾脆「沒聽到」。

現在你可以明白，為什麼許多人總那麼「沒記性」了吧？因為在他們遇到挫折或者面對那些由自己曾經的錯誤決定帶來的懲罰的時候會非常痛苦，而這種程度的痛苦，必然被他們的大腦自動列入「遺忘」的序列，並在他們的大腦裡徹底消失。大腦的這種自我保護功能在每個人身上所表現出來的強度不同。有些人比另一些人更難遺忘痛苦，甚至有些民族比另一些民族更有能力記住痛苦。第二次世界大戰過後，猶太人全球追捕甚至追殺納粹成員就是一個很好的例證，他們甚至有一套牢記痛苦的辦法。

透過前文的論述，我們可以看出，這種自我保護功能是很有意義的。但是，如果不對這種功能加以控制，我們就會遇到尷尬——「重複犯以往錯誤」的尷尬。所以，雖然我們不是猶太人，但我們也要想辦法，尤其是當我們意識到自己遺忘痛苦的能力特別強的時候。一個人遺忘痛苦的能力特別強的一個具體表現就是：這個人會很輕易原諒自己。

要解決這個問題，有兩個很簡單卻非常有效的辦法。

一個辦法是，在面臨尷尬的時候，一定要用文字、圖畫等形式把自己所遇到的尷尬記錄下來——當然，最好是記錄在同一個地方。這樣的記錄是非常有意義的，因為它會提醒我們：這是你曾經遇到的尷尬。如果不做這樣的記錄，那麼「遺忘」肯定會發生。記錄之後還要養成習慣，定期拿出這些記錄回顧一下。這個習慣往往會使我們非常有成就感，因為它會讓我們知道，甚至可以清楚地看到，自己已經進步了——因為以前記錄過的很多錯誤我們都不再犯了——當然，不再犯那些錯誤的原因是我們在不停地提醒自己！

另一個辦法是，面臨尷尬的時候，儘量弱化痛苦，控制自己的情緒，不要被大腦的直接反應所左右。客觀地說，我們面臨的所有尷尬，肯定有一部分是自己造成的，所以，沒必要找藉口，沒必要抱怨別人，沒必要認為這世界就對自己一個人不公平，要記得「你並不孤獨」——肯定還有其他人在不同的地方、不同的時間遭遇過同樣的尷尬和痛苦。但是，有多少人能平靜地對待痛苦，而又清楚地意識到「自己不能被大腦的直接反應所

---

14 Scholastic Assessment Test 的簡稱，由美國大學委員會委託美國教育測驗服務社定期舉辦的世界性測驗。該測驗的成績是美國各大學申請入學的重要參考條件。

左右」呢？這樣一想，我們也就釋然了。只要我們認為這個事件沒那麼值得痛苦，大腦就很難主動遺忘這個事件——更何況我們早就把這個事件和經驗記錄在案了！

想像一下吧，這兩個簡單的方法會在未來幫我們減少多少麻煩、節省多少時間！

另外，儘管「遺忘痛苦」是大腦的自我保護功能，但是這種「善意」的功能也同樣會有副作用。在生活中，有些時候我們肯定需要牢記某些資訊，甚至牢記大量資訊。舉一個背單字的例子。一個人如果準備留學美國，就要參加托福、SAT[14]、GMAT[15]或雅思[16]之類的考試（英聯邦國家可能需要相當於托福的雅思成績），而這意味著，他要牢記起碼一萬兩千個英文單字——這是很多人一輩子也不可能完成的任務。

很多人並不瞭解自己大腦的機制，所以，他們不由自主地被自己的感覺所控制。他們把背單字當作一件特別痛苦的事情，以至於書店裡總是有一大堆亂七八糟的、年年改頭換面的所謂「趣味記憶法」的書來滿足他們想要擺脫痛苦的需求。實際上，他們不知道，正因為他們把背單字當作痛苦的事情去處理，所以他們對每個單字的記憶都包含痛苦，而大腦為了保護自己，最直接的方法就是把這些單字遺忘！

因此，背單字的時候，或者更一般地說，在做任何一種必須記住大量資訊的工作的時候，一定要想辦法由衷地把這件事情當作一件快樂的事情來做。我的一個朋友曾跟我分享他的做法：當他終於搞明白自己要拿到獎學金就得有美國研究生入學考試高分的時

15 Graduate Management Admission Test的簡稱，專門用於測試商學院申請學生能力的標準化考試，重點在於測試應試者在一般商務環境中的理解、分析和表達能力。

16 雅思（International English Language Testing System，簡稱IELTS），全稱為「國際英語測試系統」，著名的國際性英語標準化水準測試，由英國文化協會、劍橋大學考試委員會和澳大利亞教育國際開發署共同舉辦。雅思成績已被英聯邦的許多教育機構、美國的許多教育機構及各類專業組織接受。

候，他被單字量要求嚇了一跳。他說，他用了兩天時間才想出辦法說服自己：這應該是件快樂的事情。

他是這麼算的——一共要搞定兩萬個單字，而因此可能獲得的獎學金是每年四萬美元左右，並且連續五年沒有失業的可能；當時美元兌換人民幣的匯率差不多是一比八，所以，這就大約相當於每年三十二萬元人民幣；如果一年的稅後收入是三十二萬元人民幣的話，就相當於稅前賺了差不多四十萬元人民幣；這樣一來，每個單字大約值二十元人民幣——這只不過算了一年的收入而已。

想到這些，他終於讓自己明白：背單字是非常快樂的。他每天強迫自己背兩百個單字，在晚上驗收成果，每當在確定自己已經記住的單字前面畫上一個勾的時候，他就想像自己又拿到了兩張十元人民幣鈔票。他每天睡覺的時候總感覺心滿意足，因為今天又賺了四千元！

我的這位朋友顯然是一個有能力運用心智的力量控制自己的人。儘管在許多人眼裡，他的想法簡直天真可笑，但這恰恰是他最終比別人獲得更多成就的根本原因。他不僅是個有能力自律的人，還是個有能力控制自己情緒的人。他用自己心智的力量給抽象的目標賦予了實際的意義，並從此擁有了比那些無法感知抽象事物的人更多的動力。堅持不懈是什麼來著？策略加上重複。他的策略使他比別人重複得更輕鬆、更愉快，所以，最終他屬於那些成功的少數派。

4. 比較

在很多人眼裡，所謂的成功，不過是比較的產物，歸根結柢就四個字——「高人一等」，也就是市井語言中的「牛屄」。不能做到比誰都牛，那麼最好是「一人之下，萬人之上」，再退一步，也起碼是比大部分人或者很多人更「牛」。容貌再好一點，能力再強一點，積蓄再多一點，權力再大一點，地位再高一點，人脈再廣一點……欲望是無限的，現實卻是殘酷的，可人們「想要擁有未曾擁有過的物質或者資源」的強烈願望，從未減少過哪怕一點點。

用這樣的方法定義「成功」，從一開始就注定了尷尬的結局。財富也好，權力也好，地位也好，用這些東西去定義成功，只不過是說法不同而已，絕大多數人的追求不過如此。要是「比誰都牛」就是成功的話，這世界上就不會有成功者了——上帝最「牛」——如果祂真的存在的話，而且，上帝還不是人，是神。然而，大多數人從來不覺得他們的定義有什麼問題，不然怎麼會有人為了做奴才甚至連陽具都肯放棄呢？這種例子古今中外到處都有，隨手一抓，從指縫裡都能漏出無數個。

事實上，被基督教定義為「七罪宗」之一的「嫉妒」也是這樣產生的。嫉妒源於對自己和他人之間差異的扭曲理解。大多數人一生無法擺脫由比較而產生的情緒——不管是正面的，還是負面的。有人說：幸福是一種比較。更有人開玩笑說：對一個男人來講，幸福就是自己的收入總是比妹夫的收入多20%。有句廣告詞頗為流行，其實也是基於一模一樣的心理：沒有最好，只有更好。

但是，比較是相對的，相對是永遠沒有盡頭的。

由此，我們可以輕鬆地想像：對那些把自己的幸福建立在與他人比較的結果之上的人來說，幸福和快樂永生永世難以獲得，就算偶爾產生了幸福和快樂的感覺，也必然曇花一現，因為總有人會比他們更加年輕貌美、英俊瀟灑，收入更高、權力更大，地位更尊貴、財富更雄厚。

很多時候，比較是一個坑，大坑。再乾脆點說，比較就是陷阱。

有些人看透了這一切，卻選擇了逃避。這些人認為「萬事皆空」，一切都是幻覺而已。他們聲稱自己可以跳出紅塵，遠離喧囂。其實，這也不過是心智力量太弱的表現而已。

另一些人也看透了這一切，卻沒有選擇逃避，而是坦然接受。他們運用自己的心智力量去分辨哪些快樂或者幸福是必須建立在比較的基礎之上的，而哪些快樂或者幸福是無須比較同樣可以獲得的。接著，他們把時間花在尋找甚至製造那些無須比較就可以獲得的快樂與幸福上——當然，這同樣要付出很多代價——然後無怨無悔地生活，盡情地歡樂，平靜地痛苦。

一位外科醫師感覺很快樂、很幸福，因為他剛剛從死神手裡搶回了一個年輕的生命。一位中學老師感覺很快樂、很幸福，因為他剛剛向一群十五歲左右的孩子講清楚了感性與理性之間的微妙關係。一位生物研究所的研究員感覺很快樂、很幸福，因為她認為最近每天從床上爬起來一路小跑衝進實驗室，觀察、記錄她所培養的菌體，這實在是太美妙、太神奇了。一位母親感覺很快樂、很幸福，因為她正坐在孩子的床邊，孩子睡夢中的臉龐是那麼安靜，那麼明亮，那麼惹人愛憐……

生活無法徹底迴避比較，但是，無須比較就可以獲得的快樂和幸福也同樣很多，只不過它們常常被人們忽略。於是，無數人花費大量的時間去追求必須透過比較才能獲得的快樂和幸福，而他們最終獲得的，只有更多的痛苦。可是，時間卻不會僅僅因為結果無法被人們承受而倒流，時間的屬性決定了每個人都不可能真正擁有從頭再來的機會。有些人僅僅因為這樣就開始寄希望於來生來世，這是相當可悲的。當然，還有更可悲的——有些人寄希望於下一代，而不顧自己的經驗完全是「錯誤的經驗」，只是單純而又愚蠢地認為自己的經驗畢竟是「多年的經驗」……

其實，比成功更重要的是成長。如果「成功」是與他人比較的話，那麼「成長」則是與自己比較——今天的我和昨天的我、明天的我和今天的我之間的比較。後一種比較顯然比前一種對個體來說意義更大，也能夠帶來更加踏實的幸福感。

常常問自己這樣一些簡單的問題對成長很有幫助：我做完這件事之後所獲得的快樂和幸福是不是一定要建立在比較的基礎上？想清楚後，標記並優先實施那些無須比較就可以獲得快樂和幸福的行動方案。時間會一如既往地流逝，但採取了這個方案的人會驚訝自己生活的變化。每一秒、每一分、每一天、每一年，時間的品質由於對幸福的追求和感知的差異，竟然會如此不同。

5. 運氣

運氣究竟是什麼？這是一個特別值得認真考慮的問題。如果我們不能把這個問題徹底想清楚，就很可能會因為錯誤的認知而不停地浪費時間。因此竟然浪費了一輩子的例子隨處可見，無論古、今、中、外。

首先，運氣是確實存在的。有人可以安全飛行二三十年然後光榮退役，可是也有人竟然第一次坐飛機就因事故喪生。當年鐵達尼號[17]離港的時候，有的人在臨行時突然因為其他事情改變了行程，躲過一次大劫，可是竟然有人是偷著混上船的，最終難逃一死。有的人買了一輩子的六合彩[18]，中獎之後卻發現那張彩券竟然丟了，可是怎麼就會有人一輩子第一次買彩券就中了頭獎——那可是一千八百萬分之一的機率！

並且，運氣有好壞之分。如果六合彩中頭獎的機率是一千八百萬分之一，而張三竟然中了，那麼他一定會「覺得」自己非常幸運。反過來，如果李四買下了全部一千八百萬張六合彩彩券，竟然恰好不小心弄丟了中了頭獎的那張，那麼他必然會「覺得」自己非常不幸。

為什麼同樣是一千八百萬分之一的機率，卻讓兩個人的感覺天差地別呢？機率是一樣的，不一樣的是人的欲望。一個人覺得「幸運」，是因為他的欲望得到了滿足；而一個人覺得「不幸」，是因為他的欲望落空。

從理性角度出發，我們能體會的所謂的運氣，只不過是因小機率事件發生而產生的感受而已。雖然機率有些時候是可以計算出來的，但肯定不是一個普通人能控制的。欲望儘管不可能總是得到滿足，卻是我們能夠控制，甚至可能完全控制的。浪費時間、虛度年華的人，有一個共同的特徵——拚命想控制自己完全不能控制的事物，卻在自己真正能掌控的地方徹底失控。

---

17 鐵達尼號（RMS Titanic），奧林匹克級郵輪，由位於北愛爾蘭首府貝爾法斯特的哈蘭．沃爾夫船廠興建，是當時最大的客運輪船，於一九一二年四月十日首航，從英國南安普敦出發，目的地為美國紐約。由於人為錯誤，鐵達尼號於一九一二年四月十四日夜間十一時四十分撞上冰山；兩小時四十分後，船裂成兩半並沉入大西洋。鐵達尼號海難是和平時期死傷極其慘重的海難之一。

18 六合彩，香港唯一的合法彩券。

一定要想清楚並牢牢記住：**相信運氣其實是缺乏自制力的表現**。

我一直覺得，自己在大學期間不小心認真學習了機率論和統計學，是使我一生受益無窮的偶然。在那期間的閱讀和思考，使我確定並且坦然接受一個現實：機率是獨立於任何人存在的，因此絕對不會僅因為我的期望就發生任何變化。李宗盛在《凡人歌》裡唱：「問你何時曾看見這世界為了人們改變？」──聽得我心驚膽戰。我認識到，從本質上來看，運氣不過是與我完全無關的一種現實存在。換句話講，儘管運氣確實存在，但我不能相信運氣，或者完整地說，我不能相信運氣與我有關。

這樣的認知會使人變得越來越理性。看到足球場上裁判投硬幣決定誰先開球的時候，我們知道這是公平的；而瞥見雙方隊員中的一些人竟然閉目祈禱的時候，我們知道其實他們的行為是可笑的、無效的，並且根本無關緊要。得到了這樣認知的人，一定會永遠清楚地記得那個時刻：那一瞬間，他第一次意識到原來自己可以僅僅透過接受現實、控制自己，就比大多數人更為強大。他開始理解為什麼那麼多的人迷信血型、星座，翻查黃曆決定自己的運程，偷偷獻祭求吉兆，或者背地裡詛咒自己或討厭或憎恨的人「不得好死」。以上行為無一例外，不過是人們在面對自己完全無法控制的現實時所表現出的軟弱和無奈而已。

有些人不喜歡甚至害怕自己控制不了的事情，而且，越脆弱的人越希望獲得控制權。

---

19 在電影《黑色追緝令》（Pulp Fiction，1994）的片尾就有這樣的橋段。

20 愛默生（Ralph Waldo Emerson），十九世紀美國思想家、文學家。

21 蘇軾，字子瞻，一字和仲，號東坡居士，眉州眉山人，中國北宋大文豪。其詩、詞、賦、散文均成就極高，且擅長書法和繪畫，是中國文學藝術史上罕見的全才，也是中國數千年歷史上被公認文學藝術造詣最傑出的大家之一。

同時，他們越是意識到自己沒有控制權的時候就越害怕。電影裡最好玩的相關場景是一個膽小如鼠的人哆哆嗦嗦地拿著槍，卻對同伴大聲喊道：「誰說的？我能搞定！」[19]所以，愛默生[20]說：「弱者相信運氣，強者只究因果。」與此相關的一個有趣現象是，真正的「賭王」都不相信運氣。他們不是因為「運氣好」而常勝，他們之所以贏多輸少，只是因為他們花了更多的時間和精力去研究並且計算機率。他們只想辦法贏，從來不賭。反過來，那些相信運氣又好賭的人，卻永遠得不到善終。

當好運氣發生在自己身上時，我們應該非常開心；而當壞運氣降臨在自己身上時，我們也應該平靜接受。無論怎樣，我們都要繼續生活，當然也要繼續面對我們不能控制的事物。其實，這是蘇軾[21]早就總結的生活態度：「卒然臨之而不驚，無故加之而不怒。」

用這樣的認知去觀察身邊的人，我們很可能會馬上達成共識：那些相信「好運氣」存在的人，其實往往是為了逃避尷尬的現狀，才寄希望於所謂「奇蹟」的出現，以求輕而易舉地「鹹魚翻生[22]」；而那些相信「壞運氣」存在的人，常常是為了逃避過往的責任。如果一個人面對現有的尷尬，不願意承擔責任，他最方便的做法之一就是去抱怨壞運氣。相信我，如果一個人肯坦然面對真實的自我，他最終會發現，他今天面臨的所有尷尬或多或少都有自己的責任。相信運氣存在的理由非常多，法國作家兼製片人尚・考克多[23]就戲謔道：「我們必須相信運氣。要不然怎麼去解釋我們不喜歡的人竟然會成功呢？」

22 鹹魚翻生，來源於粵語想像詞「鹹魚返生」（是指死過返生的想像，由於「死過」讀起來不吉利，所以用「鹹魚」代替）。又因為讀音問題，「返」常寫作「翻」或「番」。

23 尚・考克多（Jean Cocteau），二十世紀法國詩人、小說家、劇作家、藝術家和導演。

另外還有一個非常有趣的心理學現象：如果一個人相信好運氣，那麼他的生活並不會因此變得更好或者更差；可是，反過來，如果一個人覺得自己是個倒楣蛋，那麼他的生活一定會因此變得更糟。所以，**儘管對生活不應該盲目樂觀，但一定不能失望悲觀**。神奇的是，樂觀生活、堅持努力，往往真的會改變一個人的運氣。大約兩千五百年前，塞內卡[24]就把這件事說得非常清楚：「所謂幸運就是當你準備好的時候機會來了。」

世間所有騙子下手的時候，第一步就是想盡一切辦法讓受騙者相信「機不可失，時不再來」；而受騙者一旦相信這是一個「不可多得」、「不容錯過」的機會，就會在這種想法帶來的壓力下作出非理性的選擇。所以，千萬不要相信「機不可失，時不再來」。當一個人沒有準備好的時候，對他來講，不存在任何機會。機會時時刻刻都會出現在我們身邊，關鍵在於，我們有沒有足夠努力，做到「萬事俱備，只欠東風」。而當一個人準備好了的時候，隨處都是機會，而且所有的機會都是切實的、可以把握的。

我們也恰恰因此而崇尚努力。儘管法蘭克·奈特[25]曾提出一個相當正確的觀點：「努力」相對於另外兩個因素——出身和運氣——是最無足輕重的。但是，我們仍然可以看到很多現實的例子：有相當數量的人確實透過「努力」改變了他們自己的「運氣」，進而改變了他們後代的「出身」。

---

24 塞內卡（Lucius Annaeus Seneca），古羅馬時代著名哲學家。

25 法蘭克·奈特（Frank H. Knight），二十世紀美國經濟學家，曾經提出「奈特氏不確定性」。

6. 人脈

有一次在北大舉辦講座的時候，我遇到了一位學生，他問我：「老師，你說是認真學習重要，還是經營人脈重要？」看著他一臉大雜燴的樣子，我先拿出本子記下了這個問題，然後對他說，這是一個比較大的話題，我會仔細寫篇文章放在網上的，跟著給了他我的網誌連結。最後，我又補了一句：「相信我，所謂的人脈就算重要，也根本沒他們說的那麼重要。」

到書店裡看看吧！在某個專櫃或者專區裡，有多少書的書名中有「人脈」二字？太多了。《人脈：關鍵性關係的力量》、《人脈圈：人脈決定輸贏，人脈決定命運》、《人脈是設計出來的》、《贏在人脈》、《打造黃金人脈》、《九十秒建立職場人脈》……書名中有「人際關係」的就更多了。我寫這段話的時候，在「當當網[26]」上搜索「人脈」，可以找到五百二十一個結果，搜索「人際關係」，可以找到四千九百四十九個結果，而搜索「成功」，可以找到五萬三千八百七十九個結果……

可這些書中有比例不小的一部分都充斥著邏輯混亂的論證和推理，這些隨處可見的胡說八道基本上沒有什麼區別，反正都是胡說。以下從某本書裡摘錄的文字還不算是最過分的：

26 當當網為中國著名網路書店。

中國，最奇妙的現實問題是講「面子」，這種典型的例子不但在政治界經常可以看到，在商業界更是多見。比如説，你想把商品推銷給客户時，另外一家公司也在作同樣的競爭，估計勝負情勢是四比六，對我方不利，在這種情況下，如果你有一位支持者，而其「面子」能夠通達客户的高層，那麼只需憑此人的一句話就可轉敗為勝了。我們再舉個例子，假如你想向公司提出一個方案，而意見是不是能夠被採納，就要看公司裡有多少人願意幫你的忙，願意支持你，即可大致估算出結果。這就是人類社會的現實面。如此看來，「由支持者的多寡可以判定其是否為能幹的生意人」的説法並不為過。事實上，被稱為「辦事高手」或是「能幹」的人都具備一個條件，就是在公司內外有許多人事「通道」，也就是説，他的人脈很廣，「面子」很大。

而在一小段文字裡面可以做到謬誤連連，其實也不是很容易。

……如果你有一位支持者，而其「面子」能夠通達客户的高層，那麼只需憑此人的一句話就可轉敗為勝了。

除了「腐敗」之外，在正常的世界裡，這種情況可能發生嗎？

……假如你想向公司提出一個方案，而意見是不是能夠被採納，就要看公司裡有多少人願意幫你的忙，願意支持你，即可大致估算出結果。

「意見是否會被採納」，在正常的世界裡，關注點應該是那個意見本身的道理吧！如果那個意見考慮得非常周全、有明顯的好處，會有那麼多人反對嗎？

用「面子」就可以獲得一切，想得美！

讓我們從頭細說。

先動腦思考一下：我們願意與什麼樣的人成為朋友？從幼稚園開始，每個人就都已經有了一些選擇朋友的原則——儘管並不自知。事實上，資源分布得不均，必然造成人與人之間的某種依附關係。觀察一下就可以發現：幼稚園裡玩具多的孩子更容易被其他孩子當作朋友。那麼，玩具最多的孩子朋友最多嗎？答案並非肯定。

我曾經有機會、也恰好願意多花一點心思與我遇到的那個「玩具最多的孩子」交談。沒過多久我就發現，在他的心目中，與所有成年人一樣，「朋友」被劃分為「真正的朋友」

和「一般的朋友」。

為了行文方便，以下我姑且把那個玩具最多的孩子叫做「小強」。我詢問之後很好奇，但也耐住性子等待小強告訴我誰是他「真正的朋友」。最終，他告訴我，他真正的朋友只有兩個，一個是男孩，一個是女孩。之後我問他：「為什麼你認為那個男孩是你真正的朋友？」小強一秒鐘都沒猶豫：「他從來都不搶我的玩具，他跟我換。」我又問他：「那，為什麼你認為那個女孩是你真正的朋友？」這次小強躊躇了好一陣子，在確定我會給他保密之後，磕磕巴巴地說：「她好看……我把新玩具全都先給她……」我笑了。過了一會兒，我問：「她覺得你好看嗎？」小強愣了一下，滿眼的無辜：「不知道……」我又問：「那她現在手裡的玩具是誰的？」小強突然顯得很緊張：「不是我的。」我決定不去問那女孩問題了。

基於種種原因，生活中廣受歡迎的人總是少數。但同樣基於種種原因，大多數人並不知道那些少數派們是如何理解他們的行為的，從小強的這個事例裡就可見一斑。剛才小強說他那個「真正的朋友」從來都不「搶」他的玩具，而是跟他「換」。注意這兩個詞。

我們暫且不討論所謂的「心計」。確實，有些人有很深的城府，他們可以用常人想不出來的，或者常人就算想得出來也做不到的手段，達到自己的目的。在這裡，我們只討論最普遍的情況。

所有的人都喜歡並重視甚至偏愛一種交換——公平交換。小強也許沒有意識到，他所擁有的玩具數量使他從機率的角度出發很難遇到可以和他「公平交換」的人，因為絕大多數孩子沒有多少玩具，甚至乾脆沒有玩具，這些孩子實際上沒有機會也沒有能力與他進行「公平交換」。對他來講，不公平的交換，等同於「搶」，沒有人喜歡「被搶」。而與他換玩具的那個男孩，讓小強感受到公平。小強也有自己想要但手裡沒有的玩具，所以，他也願意去「換」，而不會去「搶」，因為他自己就不喜歡「被搶」——然後，把最新的玩具都給那女孩先玩……

儘管絕大多數人不願意承認，但他們的所謂「友誼」實際上只不過是某種意義上的「交換關係」。可如果某人自己擁有的資源不夠多、不夠好，那麼他就更可能變成「索取方」，做不到「公平交換」，最終成為其他人的負擔。這個時候，所謂的「友誼」也就慢慢無疾而終。當然也有持續下去的情況，但與其說這是由於另外一方珍視友誼，還不如說這是另外一方在耐心等待下一次交換，以實現「公平」。電影《教父》裡就有這樣的橋段：棺材鋪的老闆亞美利哥·勃納瑟拉決心找教父柯里昂替他出氣並為自己的女兒討回公道的時候，亞美利哥就是「索取方」。許多年後，教父柯里昂終於在一個深夜敲開了亞美利哥的門……

可以想見，資源多的人更喜歡也更可能與另外一個資源數量或者品質對等的人進行交換，因為在這種情況下「公平交易」更容易產生。生活裡隨處可見這樣的例子，哪怕是在校園這個「交換」本質體現得不是那麼明顯的地方，同樣性質的行為也並不鮮見。例如，某系公認的才子與其他系公認的另一個才子會「機緣巧合」地邂逅並成為「死黨」，俗話說的「英雄所見略同」可能就是他們一見如故的原因。如此，他們之間的談話及任何其他活動，往往都會讓他們覺得非常「投機」。僅舉一例。

在一九八二年第一屆全國中學生電腦競賽上，沈南鵬[27]和梁建章[28]這兩個「數學神童」同時獲獎。當他們第一次相識時，這兩個懵懂少年絕不會意識到，十七年後他們會聯手創造中國網路產業的一個奇蹟。

不是因為他們要好才各自變得優秀，而是因為他們都很優秀才會非常要好，進而碰撞出絢麗的火花。

反過來說，這些公認為優秀的人，往往並不「低調」，也不「平易近人」。他們不是故意這樣做的。他們無意去惹惱身邊那些在他們看來「平庸」的人，只不過他們無形中有這樣的體會：與這些人交流，溝通成本太高。這些人當中不多見的那些心態平和者，一般都是經歷了波折，才終於意識到自己應該保護自己。他們發現，有些誤解根本沒機

27 沈南鵬，耶魯大學畢業，曾在花旗等國際銀行工作，於一九九九年與梁建章一起創辦了攜程網。二〇〇五年，沈南鵬離開攜程網，加入紅杉資本，出任創始合夥人。二〇〇九年，沈南鵬被《富比士》中文版評選為「二〇〇九富比士中國最佳創業投資人」，位列第五。

28 梁建章，生於上海，原攜程網首席執行官，現任攜程網董事局主席。一九八九年獲美國喬治亞理工學院電腦系碩士學位。一九九〇年成為美國管理會計協會和美國生產製造協會的註冊會員。一九九九年參與創立攜程網。

會解釋。於是，他們開始「謙虛」，他們學會「低調」，他們顯得「平易近人」。

許多年前我就注意到一個現象：我會在別人求助於我，而我內心其實非常牴觸的時候，因為怕別人說我是「不夠意思的人」，硬著頭皮去做自己不想做的事情。我在一次深感受傷的時候有了一個閃念：原來這種尷尬並非來自我沒有「樂於助人」的品性，其原因是我的精力並不足夠旺盛，無法在將自己的事情處理得井井有條的同時，拿出大把的時間和精力幫別人做事——事實上，我自己根本已經是個正在「過河」的「泥菩薩」了。想多了之後，我甚至開始懷疑雷鋒[29]的領導是否太白癡，因為他沒有給自己的下屬分配足夠的工作——這是那天晚上於我來講非常驚喜的一件事——我發現我正在獨立思考。

承認自己能力有限，是保持心理健康的前提。從我重新思考「雷鋒的領導」那天開始，我就主動掙扎著去學習如何做事量力而行了。說起來好笑，我自己的智商實在是有限，有限到過去竟然沒想過「量力而行」是如此高難度的行為模式：第一，承認自己能力有限；第二，不怕在別人面前露怯；第三，敢於不去證明自己是「好人」……

從這個層面上講，的確往往只有優秀的人，才會擁有有效的人脈。而且，正因為這些人隨時隨地都可能要迴避「不公平交換」的企圖，他們會更加注重自身的品質，知道「不給他人製造麻煩」、「獨善其身」是美德，這也體現了常言說的「事多故人離」。而那些不優秀的人，往往並不知道這樣貌似簡單的道理，他們甚至沒有意識到，他們的

29 雷鋒，中國共產黨員，年僅二十二歲，忠黨愛國，死後被樹立為楷模。到今日仍是中國好人好事代表人物。

狀況使他們只能扮演「索取者」的角色，進而把每一次「交換」都變成「不公平交換」，發展到最後，極有可能導致交換落空，因為誰都不喜歡「不公平交換」。他們每次交換落空都會進一步給自己造成損失，使他們擁有的資源不是數量減少，就是品質下降，繼而使他們淪為「索取者」的可能性變得更高——惡性循環。

還有一些人，過分急於建立所謂的人脈，甚至全然不顧自己的實際情況。人們常用一些專門的詞來描述這樣的人，例如「諂媚」、「巴結」、「欺下媚上」甚至「結黨營私」等。這樣的人，往往也不是他們故意非要如此不可，他們只是朦朧地意識到，一個人的力量過於渺小，所以才希望借助其他力量。而一個人的能力越是渺小，他的欲望就會顯得越發強烈。這些人的特徵非常明顯，其中之一是：他們會在生活中經常有意無意地用親密的方式提及大家仰望的人物，無論他們與這些「大人物」是否真的存在私交密往。在中文語境裡，他們就會只說名字而不說姓氏：李開復[30]不叫「李開復」，在他們嘴裡是「開復」；李彥宏[31]不叫「李彥宏」，在他們嘴裡是「彥宏」；沈南鵬不叫「沈南鵬」，在他們嘴裡是「南鵬」；最近我聽到更恐怖、更令人毛骨悚然的是——「小俞」（俞敏洪）、「小鄧」（鄧峰[32]）、「大想」（李想[33]）……

從整體上看，人脈當然很重要。不過，針對某個個體來說，比人脈更重要的是他所擁有的資源。有些資源很難靠白手起家獲得，例如金錢、地位、名譽。然而，有些資源

---

30 李開復，資訊產業的管理人員和電腦科學研究者。現任創新工廠的董事長兼首席執行官。曾在蘋果、微軟和谷歌擔任要職。

31 李彥宏，持有美國綠卡，百度公司的創建者，現任百度公司董事長兼首席執行官。

32 鄧峰，北極光創投公司創始人之一，在風險投資、電腦、通信和資料網路產業有超過二十年的技術和管理經驗。

33 李想，現任汽車之家首席執行官、澳信傳媒副總裁。他在高三時退學創業，現已身價過億。

卻可以輕易從零開始累積，例如一個人的才華與學識。才華與學識，是一定可以透過努力獲得的。一個人的心智能力一旦正常開啟，他就會發現，自己在這個資訊唾手可得的世界裡，只要正常地努力，並且有耐心和時間做朋友，很容易就能成為至少一個領域的專家。努力並不像傳說中的那麼辛苦，說出來只不過是——每天至少專心學習、工作六小時。可是，努力需要的耐心，卻遠比多數人想像中來得巨大，「要與時間相伴短則五年，長則二十年」。

經過長時間的觀察，我又發現了另外一個多年前智商平平的我不是很容易能想明白或者輕易預見的事情：如果一個人的身邊都是優秀的人，就往往會出現沒有人求他幫忙的景況，因為優秀的人幾乎無一例外都以耽誤別人的時間為恥，同時，這些人恰恰因為能夠獨立解決遇到的問題才被其他人認為是優秀者。

如果有一天，某個人經過長期的積累，真正成為某個領域的專家，他必會驚喜於真正意義上的、有價值的、所謂「高效」的人脈居然會破門而入。他所遇到的人將來自與以往完全不同的層面和意想不到的方向，而他自己也不再是過去一無是處的「索取者」，他扮演的將是「樂於助人」的角色——很少有人討厭善意的幫助，更何況這個人是被我們找來提供幫助的。

甚至，這些優秀的人會獲得意外的幫助。一個優秀而有價值的人，自然會引來其他很多優秀而有價值的人主動為其提供幫助，而這時候的幫助往往是「無私」的。正如沒有哪個醫生會在救死扶傷之後僅僅因為酬勞太少而惱羞成怒一樣，那些品質磨練到一定程度、境界豁達到一定層次的人，往往真的可以做到「施恩不圖報」，因為對他們來講，能夠有機會「驗證自己的想法」就已經足夠重要、可以令人身心愉悅了。同時，被幫助的一方也正因為並非尋常之輩，所以一定懂得「滴水之恩，湧泉相報」的道理，最終的結果自然是皆大歡喜；又因為「溝通成本幾近於零」，整體效果自然是「交流收益相對無窮放大」——良性循環。個中生活智慧在於：集中精力改變那些自己能夠改變的事情，暫時忽略那些自己不能改變的事情。專心打造自己，讓自己成為一個優秀的人、一個有用的人、一個獨立的人，比什麼都重要。打造自己，就等於打造自己的人脈——如果人脈真像傳說中那麼重要的話。其實，我總覺得關於人脈導致成功的傳說虛無縹緲，不過是些不明真相的人臆造出的幻象罷了。

特別澄清一下，我並不是說我們從此就不用關心身邊的任何人了，或者說從此就無須與任何人打交道了。與人交往也是一種需要學習，並且需要耗費大量時間實踐的技能。我只想說：別高估自己，誤以為自己有足夠的時間可以妥善地處理與身邊所有人的關係。瀏覽一下手機通訊錄裡的名字吧！有多少人我們已經很久沒有聯繫了？我至今只聽兩三個人這樣回答：「最長時間沒聯繫的，也不超過兩個星期。」而這些人中還有一個是特別固執且特殊的人——他的手機通訊錄裡總共才有二十二個名字。

畢淑敏[34]在小說《女心理師》的自序中曾經提到：

> ……我學心理學課程一事，純屬偶然。朋友XX摔斷了腰椎骨，打了石膏褲，癱躺床上三月。我在自家牆上的掛曆上寫了一行字：「每週給XX打個電話。」我當醫生出身，知道臥床不起的病人非常寂寞，希望能躺著聊聊天。後來我就按照掛曆上的提示，每週都給這個人打電話，有一句沒一句地閒聊。儘管我很忙，還是會多磨蹭一點時間，讓她開心。後來有一次，她隨口說香港中文大學心理學教授林孟平到北師大帶學生……我問，我能跟她學習嗎？朋友說，那可不知道。後來感謝那位朋友說，我能學心理學，多虧你摔斷了腰。

我由此領悟，真正的關心最終只有一種表現：為某人某事心甘情願地花費時間，哪怕「浪費」時間。

這也很容易理解。當我們把時間花到一個人身上的時候，相當於在他身上傾注了自己生命的一段——不管最終的結果如何，那個人和那件事都已經成為我們生命中的一部分。每個人的時間都是有限的，所以，「真正的好朋友」誰都只有幾個而已。

34 畢淑敏，中國當代女作家，註冊心理諮詢師。

這實在是一個大到足以寫兩本書的話題。礙於篇幅，我只能提供兩個簡單但實踐起來並不那麼容易的建議：

▽專心做可以提升自己的事情，學習並擁有更多、更好的技能，成為一個值得他人交往的人。

▽學會獨善其身，以不給他人製造麻煩為美德，用自己的獨立贏得尊重。

7.自卑

每個人都有一個「願望中的自己」，同時還有一個「感覺中的自己」。最佳狀態似乎是：

願望中的自己＝真實的自己＝感覺中的自己

然而，通常的情況遠非如此。其實，很多時候，一個人如果處於這種狀態：

願望中的自己≈真實的自己≈感覺中的自己

已經是相對非常幸福和快樂的了。許多人在某些方面更可能處於這種狀態：

願望中的自己≠真實的自己≠感覺中的自己

於是，生活中就充滿了這樣或那樣的扭曲。這些扭曲，往往會使我們作出莫名其妙的、違背理性的決定或者選擇。而時間才不管誰的選擇或者決定是否理性，無論怎樣，它都一如既往地流逝。

所有可能的扭曲，幾乎全部來自那個實際上最不可靠的，但是我們又必須依賴的「感覺」。我們的「感覺」是非常不準確的，並且是特別容易受到影響的，甚至是最可能被誤導的。最明顯的例子就是魔術。所有的魔術，都是透過並利用我們感覺的缺陷或者盲區達到神奇效果的。

一個人的外表，即相貌與身材，是其最容易產生感知扭曲的方面。原因也簡單——人與人之間最容易分辨的差別就是外表。可是，透過感覺卻沒那麼容易獲得關於外表的真實資訊。因為，在外表審美的過程中，每個人或多或少都會受到「補償心理」的影響。

例如，胖男人往往更喜歡所謂的骨感美女，瘦女人也常常更容易對體格粗壯的男人產生好感。這種扭曲直接產生的一個有趣現象是，在明星圈子裡，那些被普遍認為相貌出眾的人之間所謂「美」與「醜」的差異，並不比普通人之間的小，甚至可能更大。

簡單分類討論一下。

如果一個人真的帥，而他又覺得自己帥，那麼當他「感覺中的自己」等於（或者誤差很小地約等於）「真實的自己」的時候，人們很可能會認為他很自信，他也會「覺得」自己非常自信。然而，當他「感覺中的自己」遠遠超過「真實的自己」的時候，人們會評價他「自負」，而他則可能因為這種感覺上的誤差，在其他地方或多或少地付出一些他想不到的代價。

如果一個人的相貌超出平均水準，那麼他通常不太容易因此自卑，而他「願望中的自己」就算可能超出「真實的自己」，一般也不會差於「感覺中的自己」。

但是，如果一個人的相貌低於平均水準，那麼他就很可能因此自卑，因為他「願望中的自己」有可能遠遠超出「真實的自己」，而「真實的自己」總是會透過各種方式糾正「感覺中的自己」——儘管他自己可能會有意無意地拒絕這種糾正。於是，「感覺中的自己」是有限的，「願望中的自己」是「沒有最好，只有更好」的，二者之間的差距是一個非常大的負值——自卑形成了。

問題不止這麼簡單。

首先，**作為整個社會的一員，大多數人並沒有意識到，有時候，整個社會向他灌輸的觀念可能是錯誤的**。道理也很簡單：每個人都是透過自己的感覺感知這個世界的，而「感覺」本身非常不準確，且特別容易受影響，甚至被誤導。顯而易見，整個社會的觀念不過是絕大多數人的觀念的組合，其中必然包含未矯正的、粗糙並扭曲的所謂「真實的感覺」。

在幾乎所有的社會中，來自整個群體的、對每一個個體的心理健康最不利的，也許就是「自卑」的定義了。古今中外，幾乎在任何一個人類組織系統當中，「自卑」都被定義為負面的，「自負」也是負面的，只有「自信」才是健康的。其實這種定義沒有什麼價值。假想一下，人們若能生活在一個「感覺」可以準確反映現實的社會中，那麼所有類似「自卑」、「自信」、「自負」的概念就都沒有存在的必要。但是，這樣的社會並不存在，現實是，人們生活在一個由於「感覺」的偏差而自然扭曲的社會中。「感覺」本來已不準確，再在其上進行價值定義，以圖進一步改變感覺，更是大謬。

為了自己的心理健康，我們其實有必要選擇性地漠視甚至忽略整個社會灌輸給我們的觀念——很多時候，那不過是「整個社會的扭曲的感覺」而已。所以，自卑不是缺點。該自卑的時候就要自卑，這才是正常的。如果誰在所有該自卑的時候竟然從不自卑，那他就真正扭曲了自己。

其次，我在與學生的大量交流中反覆發現這樣一個現象：**優秀的人更容易自卑**。我們往往認為一個人的優秀與自信成正比，可事實上並非如此。讓我們假設某人（姑且稱他為「甲」）非常優秀。那麼，有一點是很容易想像的：甲與所有的人一樣，不大可能是完美的。更有可能的是：甲在某方面非常優秀，而在其他方面的水準只是一般而已，甚至低於平均水準。但是，優秀的人往往會給自己制定過高的標準，甚至想當然地認為自己在各個方面都應該相當優秀。於是，甲所擁有的非常優秀的那些方面——假設可以打九十九分（百分制，下同）——相對於他所擁有的水準一般的那些方面——六十五分——差距太大——高達三十四分。

而另外一個沒那麼優秀的人（姑且稱他為「乙」）所擁有的還算優秀的那些方面——八十分——相對於他所擁有的那些水準一般的方面——六十分——差距僅有二十分。這樣一來，從自我滿意度的角度來看，優秀的甲要比平凡的乙承受更大的落差。如果只考慮落差本身，那麼甲明顯會感受更多的痛苦——儘管他實際上無論在哪個方面都比乙優秀。

從這個角度出發，反倒是那些資質在各方面都處於平均水準的人更不容易自卑。通常，一個人差也差不到哪裡去，因為差到極致的難度絕不亞於好到極致的難度。所以，資質處於平均水準附近的人，從機率的角度來看，幾乎不會遇到極大的落差。

從這裡就可以看出：完全從自我感受的角度出發，芙蓉姐姐[35]是完全沒有理由自卑的，而從客觀的角度出發，芙蓉姐姐的自信甚或自負，其實與其他人也完全沒有任何關係——而她的行為竟然引來了憤怒。被芙蓉姐姐激怒的人心裡可能是這麼想的：我都沒怎麼樣呢（我自認要比你強多了），你憑什麼跳出來?!

癥結就在這裡：自信和自卑的衡量標準是在自己身上，還是要以別人為參照物呢？事實上，既不該在自己身上，也不該以別人為參照物。美與醜的分別、強與弱的不同、慧與癡的差異，並不依附個人觀點而存在，也不會因為任何人的看法而改變。

分析清楚後，我們就要著手解決問題了。想做到「不以物喜，不以己悲」的健康狀態，要邁出的第一步就是——**停止嘲弄他人**。生活中我們很少真的遇到他人的「弱」影響了我們的「強」的情況。嘲弄別人「弱」往往只是為了證明自己的「強」，而真的「強」是不需要證明的，需要證明的「強」其實是清楚自證的「弱」。透過嘲弄他人而獲得的「強」的感覺，必然是遠離「真實的自己」的，在別人眼中，這種做法通常也只會被看作嘲弄者本身「自負」而已，而嘲弄者所體會的「自信」亦不過是嚴重扭曲的幻覺。從獨立協力廠商的角度認真觀察就會發現，結局總是：嘲弄他人最終收穫的只能是對自己的傷害——常常是來自各個角度的全方位的傷害。

35 芙蓉姐姐是中國從網路竄起的紅人之一，以「自我感覺良好」聞名。

嘲弄者必被嘲弄——這簡直就是一個惡毒的魔咒。我就有過一段與此類似的經歷。我上大學的時候，也不知道為什麼，男生宿舍裡流行一種低級的遊戲——扒內褲。動不動就有一群人用莫名其妙的理由對某個男生群起而攻之，最終令被攻擊的男生下身赤裸，羞愧難當。那個時候（一九九〇年代初），我們宿舍一共住了十二個人，其中只有我從來沒有參加過這種遊戲。甚至在他們所有的人——包括那個被扒掉內褲的——嬉笑一片的時候，我都笑不出來。也許是我實在看不出這件事好玩在哪裡吧。大學畢業之後，有一天我突然想到：整個宿舍裡，只有我從來沒有被扒過內褲，也從來沒有誰對我有過這種企圖。我們宿舍的老三因為身體最壯，所以從未「失身」。然而，他在大學生活的最後一天，卻「晚節不保」——十個人集體把他圍了起來。幾秒鐘之後，他說：「我自己來還不行嗎？」結果聽到的回答是：「當然不行！」幾分鐘之後，他被扒得精光，鎖在宿舍門外。這段經歷讓我終生受益。沒有什麼比這段經歷更能清楚地讓我明白「己所不欲，勿施於人」的道理。

另一個比較「技術」一點的手段是「**忘記自己的優點**」。

這是一個多少有點誇張的說法，因為自己的優點實在很難被自己「忘記」。然而，這不僅是有道理的，還是有必要的。克服自卑的正確方式往往被認為起碼應該是「克服缺點」，但有很多所謂的缺點是不可能被克服的。如果「相貌醜陋」勉強還可以花上一些錢整容的話，「五短身材」又該怎麼辦呢？在任何競技活動中，如果準備不足，且心肌不夠強大、肺活量相對較差，又怎麼可能僅僅透過「深呼吸」就可以改善運動機能呢？所以，那些「如何克服缺點」的說辭不僅愚蠢，而且可笑。

其實，更準確地說，克服自卑只需要「儘量漠視自己的優點」就好了。在一個「自卑」、「自信」、「自負」幾乎全部被扭曲定義的社會裡，一個人「儘量漠視自己的優點」帶來的最直接的好處就是他會被讚譽淹沒，因為他太「謙虛」、太「低調」了。其實，他也沒做什麼，只是做了一件所有成熟的人都善於去做的事情——讓別人舒服。很多時候，所謂「謙虛」和「低調」其實是一種自我保護的優化策略。

「儘量漠視自己的優點」這一方案的意義並不僅限於此。如果一個人可以控制自己的感受，刻意做到「儘量漠視自己的優點」，那麼他必會發現自身的一個重要變化：他的優點與缺點之間的落差被他人為地卻同時自然地減少了，而這是一個貌似矛盾卻非常合理的結果。這種落差的減少，必然會為他減緩不必要的痛苦。

還有一個相當不錯的手段，是我的一位朋友告訴我的。她的方法是：**在自己的語言中，把「優點」和「缺點」這兩個詞替換成「特點」**。

我在講作文課的時候經常說：「我們所使用的語言限制了我們的思維。」例如，在股票市場上，經常有人因為在思考的時候用詞不當而損失大筆財富——當投資者所持有的股票價格下跌的時候，他們去描述縮水的市值時原本應該用的詞是「帳面損失」，而不是「損失」或者「實際損失」，但是，有些人沒有經過思考訓練，在描述縮水的市值時所使用的詞是「損失」或者「實際損失」，於是，一些投資者承受不了心理壓力（其實是自己嚇唬自己），把手中的股票賣了出去，「帳面損失」就真的變成了「實際損失」。反過來，在另外一些情況下，有些人因為誤把「實際損失」當成「帳面損失」而錯失了減少損失的機會。所以，我認為這位朋友的方法是我見過的非常精巧卻能從根本上解決問題的方法之一。因為用「特點」這個中性詞取代「優點」、「缺點」這種明顯帶有褒貶含義的詞，她就能很容易地做到平靜對待自己的各種特點，也平靜對待他人的各種特點了。而這一方法背後還有更深的思考。其實，人們口中的「優點」和「缺點」往往是相對的——「調皮」的小孩子就算不被老師喜歡，也不能否認他們更有創造性；勇於冒險的人，在戰場或者商場上可能成為英雄，也可能成為烈士；被稱為「話痨」的人，也許平時挺討人厭的，但是當老師就相對更有天分。

最後一個方法是「**適當地放縱一下自己**」。

承認自己是一個有缺點的人，是讓心智獲得解放的重要前提。前面說過，自卑原本只是正常的感受，不過是被定義成了負面的而已。與此相似，如果認真思考，我們會發現所謂的「虛榮」也是每個人再自然不過的願望，卻同樣被定義為負面。其實，只要在不傷害他人情感、減損他人利益的情況下，對自己身上的缺點大可不必苛求。「自卑」一下能怎麼樣？「自負」一下能怎麼樣？「虛榮」一下又能怎麼樣？如果僅僅因為一個人「自卑」了一下、「自負」了一下或者「虛榮」了一下，他身邊的人就受傷了，那麼有問題的其實不是他，是他身邊的人——他們太脆弱了。

所有的方法都需要花上一點時間和精力才能正確操作。拿出一張紙、一支筆，列一下吧。在左邊列出你的優點，在右邊列出你的缺點——花上一天時間也不過分，因為我們需要分辨「這個真的是我的優點嗎」和「這個真的是我的缺點嗎」。完成這一步後，再試著猜想一下別人是如何看待我們的優點或者缺點的。我們甚至可以旁敲側擊去瞭解一下——我相信，你會和每個人一樣，屢屢吃驚，甚至目瞪口呆。在這個過程中，你會瞭解「真實的自己」和「感覺中的自己」二者之間的差異，甚至還有「他人眼中的自己」。在這些瞭解的基礎上，再仔細分析一下：自己的缺點當中有沒有可能會給其他人造成傷害的？如果有，請想辦法克服。每個人都一定會有一些「無傷大雅的缺點」，適當地在這些方面放縱一下吧，相信我，這種「適當的放縱」對我們克服那些「可能會給其他人造成傷害的缺點」有巨大的幫助。

8. 靈感

我在讀書的過程中發現的一個特別有趣的現象是，當我意識到自己需要找關於某個特定領域的書的時候，好書會自動出現——或者是朋友送的，或者是在書店、圖書館裡隨手翻到的，或者是在網路上閒逛時看到不知道誰寫的文章裡提到的，甚至可能是早就放在自己的書架上卻一直沒時間看的……

我最近遇到這種情況的次數相當多。在整理這本書稿期間，我在朋友的書架上發現了一本連他都不知道從哪裡搞來卻從來沒打開看過的、借到手之後給了我許多啟發的索維爾的《學問與決策》英文原版；我在自己書架上的早就看過好幾遍的《引爆趨勢》、《本能》等書中，也「發現」了許多特別恰當的例子；我在書店閒逛時隨手買了其中幾乎隨處都有內容可以驗證我過去很多想法的《心靈地圖》；我在機場書店裡看到了包裝和設計都很差，但僅憑作者名氣就可以保證讀完不會後悔的畢淑敏的小說《女心理師》，裡面有許多特別好的內容……

這樣一說，好像例子和靈感隨手可得，但在前些年我講作文課的時候，總有學生向我抱怨：「老師，我找不到例子，怎麼辦？」遇到這種情況，我總是耐心地告訴學生：「例子這東西跟錢一樣，是存下來的，不是想出來的。」還有學生問：「老師，我怎麼找不到像你上課時舉的那樣精彩的例子呢？」我當時的回答是：「繼續找。凡事都不過是靠積累。」

今天想來，這樣的回答未免過分簡單了，但這個認識我是在講了好幾年作文課之後才得到的。記得那天，我在講一道美國研究生入學考試作文題時，提到了這樣一句話：「我們的社會傾向於遺忘那些重要的人物——事實上，所有的社會都可能如此。」要講清楚這個問題，我就必須向學生舉例說明「哪些重要的人物被遺忘了」。我問：「有沒有人可以說出三個對我們的社會來說非常重要卻被遺忘了的人物呢？」課堂裡幾百人，只有幾個學生猶豫了一下，舉起了手，聽我強調要「說出三個」，他們又慌忙把手放下了。

舉例說明「哪些重要的人物被遺忘了」豈止不容易，甚至幾近不可能。想想看，任何人都是整個社會的一分子，但如果整個社會都把這些人遺忘了，其中的一分子又如何得知呢？就算在網路上搜索，也很難想出從哪個關鍵字開始。隨後，我就一口氣舉了陳寅恪[36]、張志新、蔣彥永[37]、高耀潔等一串名字。每提一個名字，我就要請所有沒聽過這個名字或者聽過也不知道那是什麼人的同學舉手，結果每次舉手的都是絕大部分同學。

當即就有同學發問：「老師，那你是怎麼知道的呢？」我回答說：「原本我也不知道，甚至我也不可能知道。但是，我有一點不一樣。這些題目和剛剛那個句子，『我們的社會傾向於遺忘那些重要的人物——事實上，所有的社會都可能如此』，是我很久以前記

36 陳寅恪，中國現代歷史學家、古典文學研究家、語言學家。

37 蔣彥永，當代著名醫師。二〇〇三年，他在 SARS 事件中率先向外界披露中國的嚴重疫情。

在我的筆記本上的。所以，在記下這句話後的某一天，當我讀到關於剛才那些人的文章時，就算當時的閱讀基於其他的原因或者目的，與寫作文無關，我也會一下子想到那個曾經記在筆記本上的句子。於是，那個句子旁邊就又多了一個『被整個社會遺忘的重要人物』的例子。」

我記得小時候讀那些博學之人的書時，常常深感自卑。在很長一段時間內，我都很納悶：他們究竟是如何做到連這個都知道的呢?!例如，有人提到那個說過「我自橫刀向天笑，去留肝膽兩崑崙」的譚嗣同[38]在一百多年前還寫過這樣的文字：「詳考交媾時筋絡肌肉如何動法，涎液質點如何情狀，繪圖列說，畢盡無餘，兼范蠟肖人形體，可拆卸諦辨，多開考察淫學之館，廣布闡明淫理之書，使人人皆悉其所以然[39]」。

另外一個例子來自約翰．蘇瑟蘭[40]，他在《小說家生平：在二九四位小說家生平中的小說史》（*Lives of the Novelists: A History of Fiction in 294 Lives*）中寫道——以《大亨小傳》（*The Great Gatsby*）享譽美國的小說家費茲傑羅因為妻子抱怨自己的陽具尺碼「太小」而苦惱。他跟自己的好友海明威在巴黎吃午飯的時候說了這件事，海明威一聽，拽著費茲傑羅到男廁所檢驗，得出結論「不算太小」。之後又帶他去參觀羅浮宮，兩個當時最傑出的美國小說家在那裡花了一下午時間嚴肅地測量古希臘男性雕塑的性器官尺寸，這才打消了費茲傑羅的顧慮。

---

38 譚嗣同，清朝末年「百日維新四公子」之一。

39 參見《仁學．仁學上．十》。

40 約翰．蘇瑟蘭（John Andrew Sutherland），倫敦大學學院現代英國文學榮譽教授。

現在看來，這些博學之人不見得是在「什麼都知道」之後才將其寫出來的，他們很可能是為了寫出來才去搜索、積累，並發現了那些令我們驚奇的內容的。當然，如果我沒猜錯的話，他們自己也會經常被自己的發現嚇一跳，要不然怎麼會有「文章本天成，妙手偶得之[41]」這樣的感歎呢？

所以，素材的積累固然重要，但是，如果提前確定一個方向或者目標，就可能會積累很多原本想像不到的素材——驚喜連連。我就有一段極富戲劇性的經歷——在寫現在這段文字前一個星期左右的一個下午，我閒來無事，拿出過去的讀書筆記翻來翻去，突然發現裡面有這麼一則：

41 出自中國南宋著名詩人陸遊的《劍南詩稿．文章》。

我們都可能有過這樣的經歷。在雞尾酒會中，所有的人都在用差不多的音量三五成群地談話。你正在與某個或者某些人交談，在你們談話過程的相當長一段時間裡，除了與你交談的人們所說的話，以及你自己對那些人所說的話之外，其他的聲音事實上都被你忽略，等同於並不存在。但是，如果另外一群人的談話中突然出現你的名字，甚至可能是在他們離你並不是很近的情況下，你都會瞬間捕捉到那個聲音，就好像它突然衝進了你的耳朵一樣。奇怪的是，在之前相當長的一段時間裡，那些人一直在以同樣的音量、在同樣的距離外交談，但是你卻完全不知道他們在說些什麼，在你聽到那個聲音之前的部分全部被過濾了。這就是所謂的「雞尾酒會效應[42]」，該效應是由柯林·奇瑞[43]於一九五三年第一次注意到之後命名的。當時，科學家們正在想辦法為機場解決空中交通控制面臨的各種問題。那個時候，控制員要從控制塔透過大喇叭獲取飛行員的聲音資訊，並從眾多飛行員嘈雜的聲音中分辨出特定飛行員的聲音，這種情況使空中交通控制中的通信問題非常棘手。

我終於有了對這個問題的更清楚的解釋。「對特定資訊的注意力」會使我們擁有神奇的能力——在哪怕是從非常嘈雜的「噪音」中一下子挑出我們所需要的「被關注的資訊」。

我索性在維基百科和 Google 上做了更多的功課。這下我才知道，原來現在科學家們對所謂的「潛意識」也有了更多簡單明瞭的科學解釋。人類大腦中的灰質所儲存的各種資訊裡只有很少的一部分（很難超過12%）是有序儲存的，這些部分被人們稱作「有意識」的。而更多的資訊或者資訊碎片是無序儲存的，甚至是很難透過意識直接調出的，這些部分往往被人們稱作「無意識」或者「潛意識」的。夢境就是潛意識存在的最基本的證據。

隨著資訊輸入量的增加，大腦會因為需要而主動生成新的灰質細胞。科學家們已經

42 雞尾酒會效應（Cocktail party effect），指人的一種聽力選擇能力。在這種情況下，人的注意力集中在與某一個人的談話之中而忽略背景中其他的對話或噪音。

43 柯林·奇瑞（Edward Colin Cherry），英國認知科學家。

發現，使用兩種或者兩種以上語言的人的大腦擁有更多的灰質細胞。而由於顱腔的大小是有限的，於是，灰質細胞的增加最終會導致灰質的密度越來越高，這也會令灰質細胞之間由神經元連接起來的可能性越來越大，人們所說的「融會貫通」現象也就有可能出現——那些原本貌似毫不相干的資訊現在有機會被聯繫在一起了。所以，所謂知識淵博的人，就是那些大腦中存儲的信息量超常地多的人。這些人總是可以「融會貫通」，看上去也就超常地充滿「智慧」。

這樣看來，很多人討厭死記硬背的想法是膚淺的。埃斯庫羅斯[44]曾經說過，「所謂智慧就是記憶力」，我相信，這應該來自他在當時無法全面解釋卻又樸素而自然的體驗。有些知識領域就是相對更需要所謂的「死記硬背」，如歷史、地理、外語等。其實，「死記硬背」有另外一個令人印象截然相反的同義詞——博聞強識。

我認為，以下這種情況是完全有可能出現的。每天我們都會有意無意地接收並在大腦的灰質細胞中儲存大量的資訊，儘管這些資訊中很大的一部分以潛意識的形態存在，我們甚至無法用意識將其調出，但它們就好像雞尾酒會中無序而又嘈雜的「噪音」一樣，有時「對特定資訊的注意力」會使我們「神奇地」捕捉到那些與「我們所關注的資訊」相關的某些資訊——這很可能就是人們常說的「靈感乍現」。

所以，不要無謂地相信什麼「突然閃現的靈感」的存在。靈感這東西，就算存在，

44 埃斯庫羅斯（Aeschylus），古希臘悲劇詩人，與索福克勒斯和歐里庇得斯並稱為「古希臘最偉大的悲劇作家」，有「悲劇之父」的美譽。

也不會是平白無故出現的，而肯定是有來歷的。靈感的出現，只不過是「量變到質變」的那一瞬間突然綻放的鐵樹[45]之花。

可能出於同樣的感受，李敖曾戲謔道：妓女不需要靠性欲來接客，作家不應該靠靈感來寫作。[46]儘管李敖後來的為人讓人頗有些失望，但是，他的博學卻是實實在在的。李敖看書的方法相當獨特，但也很容易就能看出其機理及優勢。李敖在鳳凰衛視二〇〇六年一月十九日的《李敖有話說》[47]裡是這樣介紹他的讀書方法的：

> 我李敖看的書很少會忘掉，什麼原因呢？方法好。什麼方法？心狠手辣。剪刀美工刀全部用到，把書給「分屍」掉了，就是切開了。這一頁我需要，這一段我需要，我把它按類別分開來。那背面有用怎麼辦呢？把它影印出來，或者一開始就買兩本書，把兩本書都切開以後整理出來，把要看的部分分類存留。結果一本書看完了，這本書也被我「分屍」分掉了。這就是我看書的方法。
>
> 那分類怎麼分呢？我有很多自己做的夾子，夾子我寫上字，把我的資料全部分類。一本書看完以後，全部進入我的夾子裡面。我可以分出幾千個類來，分得很細。好比說按照圖書館的分類——哲學類，宗教類；宗教類再分成佛教類、道教類、天主教類。我李敖分得更細了，「天主教」還可以分，「神父」算一類。「神父」

---

45 該鐵樹指琉球蘇鐵（Cycas revoluta），常稱蘇鐵，因為樹幹如鐵打般堅硬，喜歡含鐵質的肥料，所以得名。鐵樹開花常無規律，且不易看到，故有「千年鐵樹開花」的說法，言其開花較少。

46 參見鳳凰衛視二〇一一年九月十日《文化大觀園．哈囉李敖》節目。

47 為了節約篇幅，本部分進行了少量縮寫。

還可以再細分，「神父同性戀」是一類，「神父還俗」又是一類；「修女同性戀」是一類，「修女還俗」這又是一類。

任何書裡有關的內容，都進入我的資料裡。進入幹什麼呢？當我要寫小說的時候，需要這個資料，打開資料，我只是寫一下就好了。或者發生了一個什麼事件，跟「修女同性戀」有關係，我要發表對這個新聞的感想，把新聞拿過來，再把我的資料打開，兩個一合併，文章立刻就寫出來了。

換句話說，這本書看過以後，被我大卸八塊，五馬分屍，可是被我勾住了。這些資料我不憑記憶力來記它，我憑用細部的很有耐心的功夫把它勾緊，放在資料夾子裡。我的記憶力只要記這些標題就好了。標題是按照我的習慣來分的，基本上都翻譯成英文字，用英文字母排出來，偶爾也有些中文的。

今天我把看家的本領告訴大家。你看李敖知道那麼多，博聞強記，記憶力那麼好。我告訴大家，記憶力是可以訓練的。記憶力一開始就是你不要偷懶，不要說躺在那裡看書，看完了這本書還是乾乾淨淨的，整整齊齊的，這不對。看完了這本書，這本書就大卸八塊。書進了資料夾，才算看完這本書。

今天我為大家特別亮一手，把如何看書的招告訴大家。不要以為這本書看完了，乾乾淨淨的、新的算看過。那個不算看過，因為當時是看過，可是浪費了。你不能夠有系統地扣住這些資料，跟資料掛鉤。可是照我這個方法，可以把你看過的書，把精華都抓出來，扣在一起。這就是我的這種「土法煉鋼」的治學方法。

有了這樣精巧的勤奮，李敖那火花亂濺的「靈感」從何而來，就清清楚楚了。按照這樣的理解，所有的成功，本質上都是一樣的。先花相當的時間和精力去鎖定一個方向或者目標。確定它現實可行之後，運用心智的力量，在這個方向上投入更多的時間，比更多再多一點的時間。把時間當作朋友，一路前行。當時間陪伴你足夠久的時候，它自會給你的耐心相應的回報。不知其所以然的人會說，那是「運氣」，或者是走了「狗屎運」的人才會有的「天賜靈感」，而我們知道的是，如果那回報真的來了，它只有一個名字，叫做「必然」。

9. 鼓勵

我有一個儘量堅持的原則：**永遠鼓勵身邊的人，哪怕多少有些盲目**。鼓勵身邊的人，是一種並不被大多數人認為重要的美德。我這麼做跟我的經歷有關係。總有些人在生活中經常被視為「異類」。也不知道是運氣好還是運氣差，反正，我從小就一直遇到這個窘境，常常聽到老師和同學向我質疑：「怎麼就你一個人這樣呢？」

在這種意義上講，我的成長過程非常孤獨。年紀不大的時候我就發現，我的腦子裡要是蹦出了一個新鮮的主意，最好別說出來。一旦我忍不住說出來，必然慘遭來自各個方向的「冷水」的「襲擊」，並且是反覆「襲擊」。

在相當長的一段時間裡，我曾因為自己跟大多數人不一樣而痛苦。當老師帶著一臉「恨鐵不成鋼」的表情，或者同學帶著一臉「我早是鋼了你還是鐵」的表情，對我說「怎麼就你一個人不一樣呢」的時候，我就感覺自己一下子矮了一截，恨不得馬上從所有人的視野中消失。

更令我自卑的是，我也沒跟別人太不一樣啊！我要是臉蛋很帥，估計我很難自卑；我要是長得很高、很壯，估計很少有人敢當著我的面那樣說話。更重要的一點是，我從小就對自己的缺點格外敏感，導致我對自己的缺點幾乎一清二楚，所以，我又很難用幻覺支撐自信。

我為此痛苦了很久。終於有一天，我發現，大多數人是以「潑冷水」為樂的。

他們原本跟我一樣——他們也「跟大多數人不一樣」[48]。他們或許也曾像我一樣，掙扎著試圖與其他人一樣。結果，我們當然都無一例外地失敗了。但是，我比較老實（或

48 學習一下機率論是件好事，它會讓我們明白這樣一個結論：大多數人必然跟大多數人不一樣。

者說情商不夠），失敗了就承認。而相當數量的人，失敗了卻假裝成功，甚至假裝到連自己都相信的地步。

所以，每當有人竟然敢跟他們不一樣的時候，他們最直接的想法是「這怎麼可能？」「你憑什麼跟我們不一樣？」他們甚至不惜花費時間和精力去搜索「你不可能跟我們不一樣」的理由，然後試圖以此證明自己的觀點，而不管那些理由是否牽強。儘管他們不見得希望你跟他們一樣，但他們一定不喜歡你跟他們不一樣。他們心裡想說的是：「憑什麼呀？」

他們一定要給他們眼中的「異類」潑冷水。潑冷水的願望之強烈，令人無法想像。那種強烈借助了太多的力量——懷疑、嫉妒、恐懼、憤怒，而在表現的過程中卻又披上了另外一層「皮」——關懷、愛護、友好、幫助。

看清這些後，我做了個決定：從此鼓勵身邊所有的人，哪怕他並不是我的朋友。支持我這麼做的另一個理由也來自我的觀察。我發現，敢做驚天動地的事情的人，不僅是少數，還是少數中的極少數。所以，鼓勵一個人是沒有什麼風險的。

一個朋友對我說他要開個小店，我說：「好啊，我幫你做點什麼好呢？」這位朋友愣了一下，說：「他們都說不行呢……」一個朋友告訴我她要學Photoshop，我說：「好啊，能自己動手作出東西肯定會讓自己心情愉快呢。」她愣了一下，說：「……別人都在嘲笑我呢。」

也許是我運氣好吧，我從來沒遇到問我那些無論如何也不能表示支援的問題的人，例如「你說我是不是把他幹掉算了？」或者「你說我去搶銀行行不行？」許多年來，每當我給朋友一個正面回應，用簡單的「很好啊」來表示鼓勵的時候，我看到的幾乎是一模一樣的先驚訝、後感激的表情。

當我們不停地鼓勵所有人的時候，最大的受益者其實是我們自己，因為最終我們會發現，自己開始進入一種他人無法想像的狀態，成為一個不需要他人鼓勵的人。這一點很重要。因為很多人之所以做事裹足不前，浪費時間甚至生命，原因就在於他們是必須獲得別人的鼓勵才敢於行動的人。可是，我們卻能成為另外一種人——我們可以不需要被別人鼓勵——這是一種境界。

10. 效率

每個人都想提高效率，可奇怪的是，那麼多所謂的「專家」怎麼會常常忽略一個很簡單又很明顯的事實：沒有任何機器可以一直用100％的功率運轉，人也一樣。

記住，**任何人都不可能100%地有效率，至少不可能總是100%地有效率。**

有些時候，我們會非常有效率，但是，這種情況不可能永遠維持。如果一個人強迫自己一定要如此，那麼他必然會像那些始終用100%的功率運轉的機器一樣，由於損耗太大而提前報廢。

我常常看到一些學生作出長達幾頁的任務清單，這實際上是在浪費時間——他們花了太多的時間去計畫自己根本無法完成的事情。每個人的能力、效率都存在一個上限。讓我們看看柳比歇夫這個一生有無數成就的人是怎麼說的：

> 純時間要比毛時間少得多。所謂毛時間，就是你花在這項工作上的時間。
>
> 常常有人說，他們一天工作十四五個小時。這樣的人可能是有的。可是拿純時間來說，我一天做不了那麼多。我做學術工作的時間，最高紀錄是十一小時三十分。一般，我的純工作時間能有七、八個小時，就心滿意足了。我的最高紀錄是一九三七年七月，我一個月工作了三百一十六小時，每日平均純工作時間是七小時。如果把純時間折算成毛時間，應該增加25%到30%；我逐漸改進我的統計，最後形成了我現在使用的方法……

當然，每個人每天都要睡覺，都要吃飯。換句話說，每個人都有一定的時間用在標準活動上。工作經驗表明，約有十二至十三小時毛時間可以用於非標準活動，諸如上班辦公、學術工作、社會工作、娛樂等等。

從這裡就可以看出，在做時間預算的時候，一定要留有空間。一方面，我們必須清楚肯定會有意外事件發生，所以要留出時間處理這些意外事件；另一方面，我們必須使用適當的方法休息、放鬆，以便恢復精力，在良好的狀態下做更多的事情。一個人除了工作、學習之外，一定要保證自己有足夠的其他活動。例如，我常常勸大學生們一定要在大學畢業之前轟轟烈烈地愛一場，或者至少要偷偷摸摸地戀一次，就是這個道理。

要做一個正常人——這是每個人的權利。一個正常人，每天都要做很多工作和學習之外的事情，例如：喝點茶或者喝點咖啡，甚至有些人是必須喝點酒的；讀讀報，翻翻閒書，當然，更多的人喜歡看看電視或者電影；散散步，爬爬山，還有一些人會很規律地去健身房確保自己的身體一切正常；男人看看正妹、女人瞄瞄帥哥，毫無疑問，對成年人來講，保證規律而健康的兩性交往，對心理健康很有幫助……

如果一個人把大部分的時間花在工作和學習上，那麼他是以工作成就為導向的人；如果一個人把大部分的時間花在享受歡樂上，那麼他是以生活滿足為導向的人。每個人都不相同，有些人可以在工作和學習上獲得更多的樂趣，有些人則會在生活瑣事中獲得更多的幸福。

所以，你需要確定自己是一個什麼樣的人。很多時候，魚和熊掌確實不可兼得——你必須選擇。這也會使你非常清楚一個簡單的事實：選擇意味著放棄。選擇做某件事情，可能就不能去做另一件事情——哪怕你覺得你可以一起做兩件事情，實際上你也已經不可能同時做第三件事情了。

這時候，黃金比例[49]可以作為一件順手的工具。如果一天你可以規劃的時間十小時，並且你確定自己是以工作成就為導向的人，那就這樣規劃吧：用大約6.18小時去工作和學習，而用剩下的大約3.82小時去享受歡樂——你畢竟是一個正常人。反過來，如果你確定自己是以生活滿足為導向的人，那就這樣規劃吧：用大約6.18小時去享受歡樂，而用剩下的大約3.82小時去工作和學習——你畢竟還要想辦法養活自己。

每個人專注的重點是不一樣的。少數情況下，一個人可以專注到無以復加的地步——看看那些幾天幾夜打麻將的人，那些每天除了吸毒什麼都不做的人，那些長時間坐在電腦前玩遊戲的人就知道了。不過，這些都是負面的例子。透過前面闡釋的那些道理，我們可以知道，這些人本質上應該是「被自己的大腦所控制」的人，而不是「控制自己的大腦」的人。某種意義上，我們不得不說，這樣的人心智發育不是很健全，因為他們太容易滿足並僅僅滿足於簡單的感官刺激，而很少甚至無法感知那種需要透過複雜的勞動

49 黃金比例（Golden ratio），一種數學上的比例關係。簡單地說，就是將一條線分割成兩段，總長度 a + b 與長度較長的 a 之比等於 a 與長度較短的 b 之比。應用時一般取 0.618 或者 1.618。

才可以獲得的心靈上的愉悅。

相信我，透過一定的練習，你肯定能做到擺脫你的大腦的控制，進而完全控制它，或者至少做到部分擺脫你的大腦的控制，進而擁有一些控制它的能力。我們透過什麼方法確信自己做到了或者至少部分做到了這種控制呢？很簡單：看看每天自己做的事情裡，有多少是儘管無趣卻非常重要的，有多少是非常有趣卻不重要的。如果我們一整天都在做那些非常重要但可能並無樂趣的事情，那就意味著，我們已經完全擺脫了大腦的控制，進而成為大腦的真正主人了。

在這一點上——其實這世間的絕大多數事情都是一樣的——不見得一定要做到極致才可以。簡單地說，如果滿分是100分，還是可以按照黃金分割法，做到61.8分就夠了。因為61.8分以上的成績，必須放棄很多才可以獲得。不信的話，看看那些奧運冠軍就知道了——他們的身體很少不帶傷。當然，更多運動員會由於傷病或其他原因提前退出，而一般人卻不可能認識他們——能夠被人們記住的都是那些堅持到底並獲得冠軍的運動員。這裡說的「堅持到底」，不是指他們的毅力，而是指他們的運氣。要知道，那些不得不提前退役的運動員很可能有著超強的毅力。即使是獲得了冠軍的那些運動員，也很可能根本就是在透支自己。還有一點也很重要：他們不可能一輩子保持那種狀態。

很多人半途而廢，往往是因為把目標設定得太高，同時又對達成那麼高的目標要付出的代價缺乏清楚的認識。這足以體現「自知之明」的重要性。我常常覺得，很多快樂是建立在「自知之明」上的。我知道自己的優點是什麼，同時也知道自己的缺點是什麼，所以，通常情況下，我不大可能做白日夢。例如在我當英文老師這件事上，一方面，我知道我會成為一個很好的老師，但另一方面，我也知道自己的某些局限使我不會在這個領域成為俞敏洪式的人物。那又怎麼樣呢？我一樣過得很好。平庸的人也有權利快樂。

當我開始定期去健身房鍛鍊身體後，我驚訝地發現自己的肌肉基因其實很好——我只要稍加鍛鍊，就可以使肌肉非常飽滿。但我知道自己要的是什麼。我不想練成健身教練那樣，因為我知道，練成健身教練那樣，需要每天練兩次，每次至少花費一百五十分鐘以上，一天至少五餐，睡眠時間不能低於九小時。還有一個不能忽略的情況是，健身教練的收入往往不高。我考慮了一下，認為我不能用我的時間和收入換取健身教練一樣的身材。並且，我又何必一定要在身材上拿100分呢？61.8分就是我現在這樣子：身高一百七十二公分，體重七十五到八十公斤，腰圍七十二公分左右——挺好。

講到這裡，你應該明白為什麼許多人讀過很多時間管理類的書，卻最終一無所獲了吧！他們之所以覺得那些書沒什麼作用，其實不見得是那些書上寫的道理不正確[50]，問題出在他們自己身上——他們竟然每一次都給自己定下一百分的目標！就算書上的內容是正確的，但由於用的方法不合理，結果也很難讓人滿意。當然，很多時間管理之外的、

---

50 當然，不排除那些書中的大多數確實是「垃圾」——精品永遠是少數。

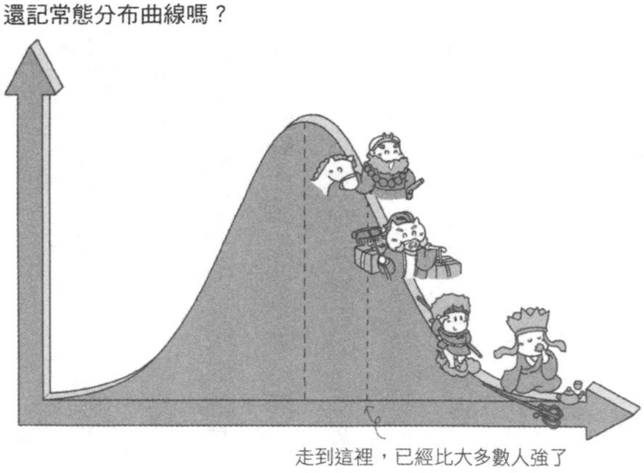
還記常態分布曲線嗎？
走到這裡，已經比大多數人強了

原本應該特別有用的書，無數人讀過之後並沒有多少收穫，也是基於同樣的原因。

請再次拿出紙和筆，列一下那些儘管無趣，但實際上對你來說非常重要的事情吧！如果你是一名學生，那件事情可能是背英文單字；如果你是一名教師，那件事情可能是幫學生批改作文；如果你是一名程式師，那件事情可能是給代碼寫詳盡的注釋；如果你是一名業務經理，那件事情可能是給你那挑剔的上司寫下一年度的預算……

不管怎樣，挑出一件你認為最重要的事情，然後給自己做個時間表，保證自己在未來的一個星期乃至一個月的時間裡每天至少專注於這件事情二小時——當然，如果能做到專注三小時更好。相信我，大多數情況下，兩小時已經基本足夠。如果有一件需要你每天專注四小時才能實現的事情你竟然堅持做完了，那你肯定會被身邊的人羨慕。比羨慕更重要的是，你會因此贏得尊重——他們知道自己做不到，儘管你並沒有、也沒必要提醒他們。

實際上，我敢打賭，在自己不喜歡的事情上專注兩小時，未經訓練的你肯定做不到，因為沒有任何人不經訓練就能做到。

最初的時候，可以參考「番茄工作法[51]」。例如，你需要專注於這件事情兩小時，即一百二十分鐘，那你就可以把當天的任務分解成六塊，每一塊用二十分鐘去完成，再把二十分鐘當作專注的基本時間單位，在每個時間單位過後休息五分鐘，想辦法犒勞一下自己——喝杯喜歡的飲料，或者給戀人打個電話說點肉麻的話……在休息時間的最後一分鐘，重新振作，試著恢復狀態，進入下一個基本時間單位——另一個二十分鐘。

顯而易見，按照這樣的設計，我們最終需要規劃一百五十分鐘左右的時間開銷，才能實現完全專注一百二十分鐘的目標。這個方法非常簡單，卻非常有效，很容易就能看到效果，相對來說也應該很容易堅持。當然，一個人經過一段時間的訓練後，這種分割時間的方法對他來說就沒什麼必要了。因為，他應當已經可以比較自如地專注在他應該做的、非常重要的事情上了——無論這件事情是有趣還是無趣。

51 番茄工作法（The Pomodoro Technique），由弗朗切斯科·齊立羅（Francesco Cirillo）創立的一種任務處理方法。

11. 節奏

我們應該把自己的生活節奏調整得慢一點。

我在三十二歲的時候，開始儘量規律地去健身房。我能把這件事堅持下來，並不是因為毅力，而是因為恐懼——我得了中度脂肪肝。當時，醫生的話把我嚇著了：「才三十出頭，就中度，可惜了……」我明知道這不是什麼絕症，但幾個小時後回想起來還是被大夫的這種說話方式弄出一身冷汗。我不信什麼中醫療法，思考過後，我選擇了去健身房鍛鍊。

健身房的商業模式有一個非常有趣的地方。它不同於飯館。一家飯館的收入規模可以大致透過菜肴的價錢乘以桌子數量再乘以一個叫「翻桌率[52]」的參數計算出來。可是，如果用同樣的方法計算健身房的收入——會員年費乘以器械數量再乘以一個參數——任何一家健身房都必然虧得一塌糊塗。可事實上，建造一個健身房投資不小，甚至很大，但幾乎沒有一家是虧損的。

我透過跟健身教練聊天明確了健身房不虧損的原因。從數字上來看，交了年費之後堅持不到兩個月（其實只不過是八週而已）的會員占整體會員總量的95%以上——這已經是非常保守的估計了。而那些堅持了兩個月的會員，往往也不會每天都去。

52 翻桌率是飯館老闆常用來描述「一張桌子每天接待多少次客人」的一個非正式術語。

很多人去健身房交年費，其實只不過是在表達一個良好的願望而已。這些人如果去的是中級健身房，按北京目前的市場價格計算，支付的年費大約是四千八百元左右。結果很多人到了年底一算，總共去了六次，單次消費八百元！便當即決定：再也不花這種錢了！健身房的年費會員很少有第二年續簽合約的，但是，健身房的業務代表們並不擔心這個問題，因為同樣的人一波接一波，永不斷檔。

在堅持下來的那5%的會員中，還有很多這樣的人：每個月去上一兩次，甚或每兩個月去一次。而這些會員很少從健身上獲益——因為去的次數實在太少——但他們通常會在第二年續約，不過，第三年續約的人數幾近於零。

健身房裡很多人來，很多人往，卻只有很少的人在堅持。真實的數字相當驚人：在一家中等規模的健身房裡，常年堅持的人數不超過總會員數量的0.2%。那些常年堅持的人，在健身房裡最常看到的是故作認真的面孔。以至於時間久了，他們如果看到誰擺出一副認真的表情，都會忍不住在心中發笑，因為他們知道，這是一張幾乎注定再也看不到的臉。

在健身房裡，你知道如何一下子看出哪個是已經堅持了很久的人嗎？最簡單的辦法是看他們的身材。不過，最有趣也最有效的方法是觀察他們的表情。這些人臉上的表情是平靜的、從容的、放鬆的、專注的。他們會做很長時間的準備活動，然後開始規律地完成當天的鍛鍊任務，並且補上相當長時間的放鬆活動。

我也認真觀察過那些無法堅持下去的人——儘管他們和那些少數最終堅持下來的人一樣，都有著良好的願望。最大的可能是，他們最初的時候一下子練得太狠了，狠到任何人都堅持不下來的地步。例如，跑步是最有效的減脂方法，但是大多數人跑步時使用了錯誤的方式。他們一上跑步機，就把速度調到六十五以上，咚咚咚拚命跑，十分鐘之內已經上氣不接下氣，跳下跑步機之後只剩扶著把手喘氣擦汗。事實上，有氧運動的前二十分鐘，消耗的主要是身體裡的醣，三十分鐘之後消耗脂肪的比例才會有較大幅度的上升。可見，他們這樣的跑法，永遠不會有效——除了讓自己感覺很累之外。當然，「累」這個事實，會給他們造成一種幻覺——我一直在努力。

正確的減脂跑步方式是慢跑，到稍微氣喘的時候就改為快走，等氣順了再改為慢跑。這樣就很容易堅持到三十分鐘。在接下來的十到十五分鐘，如果體力允許的話（通常要經過一兩個月的適應），就儘量快跑，或者至少強度比前三十分鐘再高一點，以便消耗更多的脂肪。

生活中的其他事情往往是一樣的道理。很多人的計畫之所以無法堅持，是因為他們的計畫實際上是「超人計畫」——不可能完成的任務。我經常看到學生的計畫表上寫著「每天背兩百個單字」、「每天寫五篇英文作文」之類的內容。這種強度和節奏，對剛起步的人來講，只不過是「貌似可行」而已。在一個所有人都匆匆忙忙的世界裡，想放慢節奏實在是一件非常難的事情。但是，我們應該記住的是：凡是值得做的事情，都值得慢慢去做，做很久很久。

這就像長跑。體育老師在我們很小的時候就講解過長跑的技巧：到最後一百公尺才開始衝刺。但是，這樣的道理好像就算說清楚了也沒用——仍然有無數人反過來做事——最初的一百公尺衝刺，然後就索性不跑了。

為什麼有那麼多的人會從一開始就「拚命」呢？我在健身房裡看到的解釋是這樣的：這些人往往是到了不得已的地步才決定來鍛鍊身體的。我認識的教練，常常向我抱怨他們的會員想法太多卻不切實際。教練們的說法是這樣的：「理論上講，一個人積累脂肪花了多長時間，想把那些脂肪消耗掉，大致也要花同樣的時間。」所以，如果一個人二十五歲開始發胖，三十五歲上健身房的時候身上有二十公斤脂肪，然後要求教練幫他在三個月之內減掉脂肪、回歸標準身材，簡直就是癡人說夢。當然，努力一點，可以把十年縮短為五年，甚至兩三年，但這個時間肯定要比那些打算一蹴而就的人想像的長出許多。

這也就解釋了為什麼有那麼多的人總是幻想什麼「速成」的方法——他們前期鬆懈了太久，突然發現時間不夠了，最後期限馬上就到了，所以只能寄希望於「速成」方法的存在。如果你曾經有過類似的幻覺，別奇怪，大多數人都是這樣的，這幾乎是人類的本性。這樣的本性促使人們疲於奔命，於是，速食業也間接因此蓬勃發展。這樣的本性還使無數的培訓機構發展壯大，形成了一個與所謂正規教育平行的龐大產業。這樣的本性也使減肥藥成為一個龐大的垂直產業——每年全球有上萬種新的減肥藥上市，在無一例外地被證明為無效之後，第二年仍然會有更多的同類商品上市，且銷售情況會比上一年更好……

所以，正確的策略應該是：想辦法提前預知自己需要掌握哪些技能，再確定它們是自己可以透過練習真正熟練掌握的技能，而後制定長期計畫，一點一點穩步執行。這根本不是，也不可能是我一個人的獨特見解，同樣的道理已經有很多人講過——「不要等機會來了，才發現自己沒有準備好」，「機會總是眷顧那些準備好了的人」。

切實懂得這樣的道理之後，我們才會真正審視生活，然後開始醒悟。任何人一旦醒悟，再看身邊忙忙碌碌卻又庸庸無為的人，就會知道他們其實有多可笑了——他們一生都在追求實際上根本得不到的東西。最後，他們只有這樣的出路：要麼對人生失望，要麼選擇某個宗教，而後寄希望於來世。

12. 物極必反

我們都知道，對任何一個營利組織來說，「開源節流」十分重要。但在現實生活中，有一個頗值得玩味的現象：創業者在其創業的過程中往往更在意「開源」，也常常因為如此而最終成功；後繼的守業者卻往往會把「節流」當作主要的工作內容，因為「開源」也許並不是他們所擅長的。然而，真正的成功者，在關注「開源」的時候，會並不吝惜金錢地合理「節流」；在關注「節流」的時候，也不會忘記「開源」的重要性。道理很簡單：任何事都可能「物極必反」。

絕對不要盲目地試圖減少睡眠時間

據統計，人類在不同的生命階段，需要不同的睡眠時間：剛出生的時候，每天要睡二十小時；三歲之前，每天要睡十四、五小時；三到六歲，每天至少要睡十二小時；七到十五歲，每天要睡八小時左右；十五歲之後，每天最好能睡上六、七小時。當然，有些人年紀很小就開始失眠——他們睡得很少，同時會因此不健康。

我見過幾個天生睡眠少的人，他們告訴我，他們每天睡四、五小時就已經足夠。在我看來，他們真的很幸運——相對於其他人來說，他們每天感覺上平白無故地多出好幾個小時。我的一位精力充沛的同事告訴我，他每天只需要睡四小時，而我，卻每天都要睡八小時以上。這樣算來，他每年清醒的時間都比我多了至少一千四百六十小時——大約六十天！當我偷偷算完的時候，看著計算器上的數字發了好久的呆。一千四百六十小時，能做多少事！

但是，我很快就作出決定：不減少自己的睡眠時間。因為人和人是有區別的，就好像車和車有區別一樣。有的車耗油多，有的車耗油少。打個比方，一天需要八小時睡眠的人要比一天需要四小時睡眠的人「油耗」多一倍。而自己究竟是什麼樣的車，好像並不是我們可以選擇的，就好像「當初姑娘生了我們，我們沒有說願意[53]」。所以，當我發現自己的「油耗」非常大的時候，我只能選擇接受現實。

不過，面對這個貌似「無解」的問題，我仍然沒有放棄嘗試，並最終開心地找到了可堪一用的解決方案：我把自己夜間的睡眠時間縮短到四小時；然後，在中午十二點左右，想辦法找個合適的地方打盹三十分鐘；到下午六點左右，再找個地方打盹三十分鐘。這樣，我削減了三小時的睡眠時間，同樣精力充沛。

實踐這個方案的一個小竅門是：在打盹之前喝一小杯咖啡，然後迅速睡過去。這樣，在三十分鐘後醒來時，大腦就會處於清晰的狀態，這種感覺真的很棒。按時打盹，按時清醒，是需要鍛鍊的。我差不多花了兩個月的時間，才學會了這種本事。關於喝咖啡的

53 出自崔健的歌曲《投機分子》。

建議，也並不適用於所有的人，因為我知道有些人哪怕喝一點點咖啡，也會導致接連幾天睡眠品質不佳。

儘量不要減少與家人交流的時間

對一個人來說，家庭是最重要的。因為最終有一天我們會發現，在很極端的情況下，依然支援我們的肯定是也通常只是我們的家庭——無論我們認為自己的家庭是好還是壞。有些時候，你可能不太喜歡你的家人或者某些親戚，但是，你有沒有想過那可能是你自己造成的呢？就算不是你自己造成的，也請你認真想一下，你是不是也沒有為改善關係而積極行動過呢？我們需要時刻牢記，血緣關係是我們唯一無法解除的關係。

現代交通工具的進步，在某種意義上使很多家庭的成員呈離散分布狀態。可能父母在上海，姊姊全家在廣州，而你卻獨自在北京生活。在這種情況下，你要知道，哪怕偶爾打個電話問候一下，你的家人都會很開心——很多時候，電話裡說的究竟是什麼可能根本不重要。而打電話這件事，完全可以在等公共汽車或者在銀行排隊的時候去做。前文已經解釋過，要學會「同時做兩件事情」。

我的建議是，應該隨身攜帶一個用於記錄的工具，以便記錄每次與家庭成員或親屬通電話的日期和時間——尤其是那些你並不經常聯絡的人。如果你出門在外，但天天跟你的父親或者母親通電話，自然大可不必記錄。不過，要是有一天，你突然發現自己已經很久沒有主動跟父母打過電話了，就起碼應該把當前的日子記錄下來，然後想辦法處理。在任何情況下，只要你發現自己正處於無所事事的狀態（例如，在火車上，你已經把帶的小說讀完卻發現還有三十分鐘的路程），就應該把這個記錄拿出來，看一看是不是應該給誰打個電話問候一下。

如果你遠離父母在外打拚的時候恰好遇到一個假期，可以回家與父母相聚一段時間，那麼你就可能需要調整自己的行為模式——一點小小的調整可能帶來令人驚訝的效果。例如，你在跟父母吃飯的時候最好把手機關掉，但是，你可以在沙發上貌似陪他們看電視的同時，用你的筆記型電腦寫網誌。再如，你可以在外面跟朋友們狂歡到很晚才回家，甚至乾脆在外面過夜，但一定要在天黑之前告訴父母你的情況——儘管你早就是成年人了，但正因為你是成年人，你才應該想盡一切辦法不讓你的家人為你操心。

最好不要放棄自己的社交時間

這個社會裡，確實有一些人可以徹底做到獨來獨往，完全不依賴其他人，並且非常快樂。我馬上就能想到的一個例子是美國著名作家史蒂芬·金。但他這麼做是有緣由的——他是個天才，並且是個勤奮的天才，所以，他的稿酬已經帶來一生都用不完的收入，而他的怪癖卻使他在與他人交流時體會不到任何樂趣。於是，他只好買了個城堡把自己關了進去。

我相信，這世界上的大多數人和我一樣，都是非常平凡的。平凡的人，終究有一天需要別人的幫助；就算不需要幫助，也偶爾需要安慰；就算連安慰都不需要，也可能偶爾需要陪伴。無論別人是在陪伴你、安慰你，還是幫助你，他們都在主動花費自己的時間——任何時候你都不能強求，除非人家心甘情願。可是，別人為什麼會心甘情願地花費時間在你身上呢？因為你們之間有「相互」、有「交換」。

為了在需要別人幫助的時候不碰壁，我們要學會不停地幫助身邊的人。幫助身邊人的方法很多，但其中最有價值也最被重視的往往不是金錢幫助。在我們決定是否要對某人提供金錢幫助的時候，需要弄明白這幾件事：首先，我們自己可能並非真的有能力提供金錢幫助；其次，需要金錢幫助的人很可能沒有意識到，他最需要的並不是金錢；再次，金錢幫助說不定會帶來負面效果，因為金錢可能有去無回；最後，因為我們沒有提供金錢幫助而心懷怨恨的人，就算我們為他提供了幫助，他最終也不見得會真的心生感激。

我們要想盡一切辦法，運用自己的資源，為值得幫助的人提供幫助。一定要儘量抽出時間詳細地回答前來問你一道難題解法的同學——只要你確實知道正確的解法，因為知識往往會在傳遞過程中讓交流的雙方都發現新的意義。如果在外地的朋友來電話求你幫忙去書店買本書並寄給他，那就一定要儘快——當然，你必須同時告訴他可能會有些耽擱。當身邊的人向我們求助的時候，我們要做的事情就是儘量想辦法幫助他們，如果確實無法提供幫助，就要當機立斷告訴他。

如果我們主動去幫助別人，那麼接受我們幫助的人往往會加倍感激我們。主動幫助的基本方式就是共用。如果你發現某品牌的顯示器正在做特價促銷，那就不妨把這個消息打電話告訴身邊幾個可能喜歡這個產品的人。如果你像我一樣覺得姜文的《讓子彈飛》拍得實在太精彩了，那就像我一樣順手買幾張光碟放在包裡——不知道哪天你跟朋友一起吃飯的時候提起來，就可以在他們的驚喜中告訴他們，你這裡有光碟，誰今天埋單就送給誰！

最後，我們要明白一件事情：在決定是否給別人提供幫助的時候，要考慮他是否值得我們幫助。同理，當我們需要別人的幫助的時候，他們也會有意無意地如此判斷。所以，我們現在就應該拿出一張紙，把值得自己幫助的人的特徵都寫下來，看看自己是否滿足這些特徵。如果並不滿足，想想自己是不是應該改進。另外，不要覺得優秀的人不需要幫助，其實我們總能發現，優秀的人往往會獲得更多的幫助。為什麼？因為所有的人在潛意識裡都清楚，幫助優秀的人給自己帶來的回報，很可能會比幫助一般的人更高。

相信我，要想提高自己的社交品質，最好將時間和精力更多地傾注在「把自己變得更加優秀」這件事情上——哪怕只在某一個方面。

13. 自我證明

證明自己是大多數人自然的願望。「證明自己」本身沒有任何錯誤，但是，很多人實際上是掙扎著想「證明自己給別人看」。殊不知，「證明自己給別人看」恰恰是最浪費生命的一種行為。如果某個人本身是出色的，那麼不需要他去證明自己是出色的，別人自然會看到。如果某個人本身是平庸的，那麼也不需要他去證明自己是平庸的，別人同樣會看到。如果某個人出色，卻仍然要刻意證明，可能招致不必要的麻煩，例如引來小人的嫉妒——天下最可怕的事情之一。如果某個人平庸，估計他也不願意向別人證明自己有多麼平庸——事實上，他更可能會想盡一切辦法證明自己其實並不平庸，那麼，別人看到的就只是一個「小丑」而已。

為什麼一個人明明比身邊的人強，卻得不到認可呢？

首先，很可能只是他「覺得」自己比身邊的人強而已。每個人都有這種傾向。心理學家們早就觀察到了這個現象，也從不同的角度設計了各種各樣的心理學實驗，驗證了這種普遍存在的人類心理傾向。例如，當一個團隊成功的時候，幾乎每個人都會傾向於把成功歸因於自己的貢獻而忽略別人的存在；當一個團隊失敗的時候，幾乎每個人都會傾向於把失敗歸咎於他人的過失而儘量把自己排除在外。這種現象稱作「自利性偏差」。

另外，人們普遍並不自知。不自知到什麼地步呢？心理學家做過一個調查：絕大多數司機堅信自己的駕駛水準處於中等水準之上。如果有條件的話，我們可以做一個實驗——讓周圍的人給他們自己的相貌打個分，最高十分，最低一分。我們往往會笑著發現，我們能看到的最低分數是六分，即便其中有些人的長相跟我一樣慘不忍睹。

有些心理學家辯解道，其實這是人類大腦所擁有的自我保護功能。我實在是太同意這種觀點了。如果我們仔細觀察，就會得到這樣的結論：實際上，儘管我們總說「人貴自知」，但是，很多時候，對很多人來講，「自知」可能是非常殘忍的。

所以，就算某個人確實比別人強，其他人也可能真的並沒有察覺到，因為他們也同樣覺得自己比別人強——不管事實究竟怎樣。如果我們能夠想清楚這樣的道理，就會明白自己的這類煩惱是多麼沒有意義了。

我常常勸告身邊的朋友，不用花心思和時間去想辦法讓別人承認自己比他們強，這幾乎是沒辦法做到的。

如果你想不開，一定要讓別人承認自己比他們強，那就聽我的勸告，記住一件事：你比別人強一點根本沒用，真正有用的是你比別人強很多很多。

可是，你是否知道，當你最終竟然在某一方面比別人強很多的時候會面臨什麼境遇？哈哈，可能會出乎你的意料——你身邊的人不再在這方面跟你比了，他們會自動轉向，跟你比你不如他們的地方！還別說，事實上他們這麼做也有一定道理。因為根據木桶理論[54]來看，某一方面並不能決定全部。

道理說起來特別簡單，做起來就不那麼容易了。

有的時候，我們被迫要去證明自己。觀察一下周圍吧——無論平庸還是出色，大多數人是有一定野心的。我們所使用的語言往往沒什麼道理——優秀的人的理想通常被稱為「抱負」，平庸的人的理想通常被稱為「野心」，這其實都是一回事。人傻就不能有理想嗎？奇怪。

問題就從這裡開始出現了。簡單分析就可以發現，人群可以分為四類，如圖所示。

如果某個人是第一種人——真的出色，並且有理想，通常情況下，他的生活不會太難過，因為誰都擋不住他。

如果某個人是第三種人——平庸的同時又沒有太多野心，那他的生活一定會相對平靜。人們和他相處久了，就多少會有些羨慕他，因為他總是「心氣平和」、「安於天命」。

54 木桶理論，一個木桶能裝的水量，取決於其中最短的一根木條。

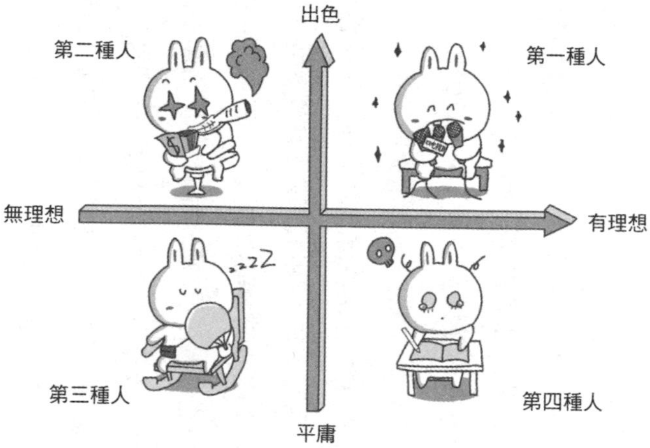

這世界上最多的，是第四種人——極為平庸卻有著偉大的理想。這種人往往要用特別詭異的方法才能出奇制勝。事實上，他們往往相對成功，就好像劣幣能驅逐良幣[55]那樣。而他們中少數失敗了的，就會被人們貶稱為「野心家」。

而如果某個人是第二種人，那他可就倒楣了。因為，第四種人會誤以為他是第一種人，也因此把他當作自己的敵人或者競爭對手。第四種人是不會相信有人真的沒有「理想」或者「野心」的。於是，這第二種人就不得不證明自己，生活也因此平添不知道多少煩惱。這只是一個初步分析，往下還有更複雜的。

事實上，瞭解自己是一個漫長而又艱難的過程。我在這方面的經歷就相當奇特。到

55 劣幣驅逐良幣（Bad money drives out good），也稱格雷欣法則（Gresham's Law），經濟學法則之一。該法則認為當兩種名義價值相同但實際價值不同的貨幣同時在市場上流通時，實際價值高的貨幣將被屯積並最終被實際價值低的貨幣取代。

了三十歲，我才驚訝而平靜地接受了自己客觀上心智平庸的事實；過了三十歲，我才驚喜而意外地發現自己的肌肉基因出色得不得了。還有就是，隨著年齡的增長、心智的成熟，我漸漸發現自己過去所謂的理想其實有太多無意義的成分，但絕對不是那些庸人所說的「理想幻滅」，相反倒是開始出現「漸入佳境」的感覺。

進行區分很不容易。自己到底是真的出色呢，還是只不過是自以為出色？以及，別人是真的認為你確實出色呢，還是別人誤以為你很出色？抑或，別人只不過是為了迎合你才說你出色，還是你確實出色卻被身邊的人低估？……而關於「是否平庸」的問題，也有許多類似的情況需要分析。同時，我們也會看到，無論我們怎麼做，都很難獲得對方的承認，因為我們的想法和做法並不能影響他們的判斷。所以，想辦法「獲得證明」實在是沒有意義的事情。不過，我也不認為這是什麼「缺乏自信」的表現。

想明白了這一系列的狀況，再去面對現實的時候，就要看我們自己的控制能力了。長久的觀察和思考，有益於鍛鍊自己心氣平和的能力，反正別人如何認為、如何評價、如何議論根本沒辦法影響一個人所處的狀態。但是，一旦某個人開始為此心煩意亂、坐臥不安，甚至為此有一些無聊的舉動，那麼他就不僅是倒楣，而且是可憐了，因為他已經被別人左右了。被別人左右，是一個人相當可悲的狀態之一。

第8章

積累

靡不有初，
鮮克有終。

——《詩經・大雅・蕩》

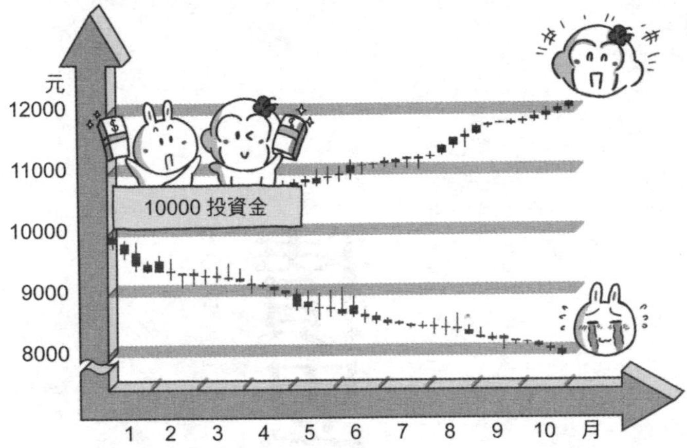

現狀會影響一個人的心態。如果一個人的心態受到了現狀的影響，那麼他的行為和決策都會隨之發生變化。進而，行為與決策的結果形成新的現狀，再次影響其後的心態……如果一個人不能運用自己的心智控制這個過程，那麼他必然會淪為惡性循環的犧牲品。

舉個例子。甲和乙兩個人，各自拿著一萬元去股票市場投資。經過一系列的考察，兩個人按照相同的標準在幾千支股票中圈定了兩支他們認為一樣優秀的股票——「子」和「丑」。由於資金量有限，他們每個人只能選擇一支股票，要麼是子，要麼是丑。最終，甲選擇了子，乙選擇了丑。

十個月後，純粹因為運氣，甲的子股票跌了20％，而乙的丑股票漲了20％。

在這種情況下，甲和乙的心態會有怎樣的不同呢？

先看看獲利了20%的乙。乙是這樣想的：哇，我現在已經有了20%的收益，我已經完成任務了。即使是這個領域的「神」——巴菲特，他三十年的平均複合成長率也才剛剛超過13%[1]——我甚至可以暫時賣出所有股票，靜待下一個機會！

再看看折損了20%的甲。甲想：暈啊！我現在只有八千元了。再有兩個月，我就投資一整年了，我要以現在為起點增長25%才可以回本！要想達到巴菲特的水準，就是增長41.25%。而要趕上乙，則需要在兩個月內增長50%——這還沒有計算這兩個月間乙的股票又增長了的可能性。如果接下來的兩個月乙運氣好，再漲個5%，那麼他就有一萬兩千六百元了，就是說，我的股票要增長57.5%才行……

此時，甲的心態很難像乙那樣平和。

但從另外一方面看，乙的所謂平和，也很可能只是現狀的產物。其實，乙現在相對於甲的優勢，不過是來自運氣。可是沒有誰能一直走運，乙在將來一樣可能——其實是一定——遇到壞運氣。而到了那時，乙也不見得能像現在這樣平和。也許乙早已經不再與甲比較，甚至早就不再與甲生活在同一個環境裡，可他依然有來自比較的壓力，也就是與自己可能的最好結果比較——當然，沒有人比自己的最好結果更好。在這種情況下，乙如果沒有良好的心智能力，那麼他最終也會和當初的甲一樣，陷入惡性循環。

1 巴菲特的三十年指一九七五年至二〇〇五年。

其實，我們在生活中遇到的所有尷尬、浮躁、沉淪，從本質上看，都和上文所描述的境況沒什麼兩樣。正如前文討論過的：一個人的現狀越差，擺脫現狀的欲望就越強，進而作出不現實決策的可能性就越大，如果不能控制這種焦慮情緒的話，他就很可能落入「萬劫不復」的境地。

尼布爾[2]在他著名的《寧靜禱告》（*Serenity Prayer*）裡說的話，可說是一把幫助人們擺脫這種境地的鑰匙。這些內容，在過去的一個多世紀裡，曾使無數人動容：

> 願上帝賜予我從容去接受我不能改變的，
> 賜予我勇氣去改變我可以改變的，
> 並賜予我智慧去分辨這兩者間的區別。[3]

我個人沒有宗教信仰，也很難再有什麼宗教信仰。上面的這句話，我是這樣理解的：

> 願我能從容接受我不能改變的，
> 敢於改變我可以改變的，
> 也願我有智慧分辨這兩者間的區別。

---

2 尼布爾（Reinhold Niebuhr），二十世紀美國神學家。他最出名的工作是試圖將基督信仰和現代政治外交聯繫起來。他為現代「正義戰爭」思想作出了很大的貢獻。

3 God, grant me the serenity to accept the things I cannot change,
Courage to change the things I can,
And wisdom to know the difference.
Take thou no usury of him.

事實上，我更傾向於認為「接受不能改變的」比「改變可以改變的」需要更多的勇氣，因為只有做到接受不能改變的（例如，已經發生的就不可逆轉），才能接受積累的本質——天長日久。

任何積累都需要時間，而且必然需要漫長的時間。也正因如此，大多數人才不肯積累，不願積累，甚至不屑積累。

「積累」與「複利」有著密切的聯繫。複利的概念並不複雜，但它屬於那類對一些人來說會構成理解障礙的簡單知識。對「複利」進行思考相當重要。從歷史上來看，人們直到近代才開始逐步認識「利滾利」的合理性和必要性。在此之前，複利一直被視為罪惡的根源。《聖經》的〈利未記〉（二十五章三十七節）中就說：「你借錢給他，不可向他取高利。」這裡所說的「高利」，其實並非說它「竟然要利息」或「利息過高」，而是說它「竟然利滾利」！莎士比亞在《威尼斯商人》中清楚地表達了這種現在看起來極端無知的觀念。事實上，即便到今天，大多數人對複利的觀點依然如故。

複利的計算公式非常簡單：

$$S=P(1+i)^n$$

i代表利息，P代表本金，n代表時間，S為本利和。舉例來說，如果本金為十萬元，年利息為10％，那麼三十年之後，本利和大約為一百七十四萬五千元——超過本金的十七倍。

可是，這個計算結果其實並沒有給多少人留下深刻而又實際的印象。原因可能在於，對大多數人來說，這只不過是個「假設」的結果。首先，自己不見得有足夠多的本金。例如，一個人只有一百元本金的時候，最終三十年10％複利的結果約為一千七百四十五元，儘管也不少，可是比起一百七十四萬五千元來說，只不過是九牛一毛，「沒啥意思」。其次，三十年，對絕大多數人來說，是一個不現實的等待時間——誰知道這期間會發生什麼？第三，每年10％的增長太少，在很多人看來，十一萬和十萬沒什麼區別，一百一十萬和一百萬就更沒有什麼區別了。所以，最終複利就成了學校裡學過、考卷上答過、與自己沒有任何實際瓜葛的概念。

複利的力量與神奇在於，儘管本利的成長在最初一段時間裡相當緩慢，甚至讓人感覺聊勝於無，可一旦經過長時間的積累（也必須經過長時間積累），就能產生令人驚訝的結果。

相信積累的力量，本質上就是相信複利的力量。不要以為「一年三六五天，每天進步一點點」，最終的收穫就是三六五點，這是莎士比亞的算法——他認為應該用簡單加法。而實際上，如果真的每天進步一點點，一年下來，收穫最終很可能是$P(1+i)^{365}$，其值取決於每天進步的量（i）和起步時的實力（P），這是夏洛克[4]的算法——指數級成長。

常言道「習慣決定命運」，說的就是這個道理。有些好習慣，養成得越早，一生的收益就越大。同理，壞習慣也是收複利的「高利貸」。

舉一個很重要的例子：「怕麻煩」就是一種害死人的壞習慣。學習效果差，就是因為「怕麻煩」而造成了疏漏；工作成績差，也不過是因為「怕麻煩」而偷懶所導致的。甚至可以說，只要仔細觀察一下，我們就會得出這樣的結論：很多人生活不幸，其實只不過是在做關鍵決策時因為「怕麻煩」而產生了失誤……綜上所述，無論做什麼事，要是怕麻煩就廢了。因為麻煩就是麻煩，它不會因為誰怕它就饒了誰，也不會因為誰不怕它就躲開誰。麻煩無所畏懼，麻煩化身無數，麻煩無處不在。想要做成事，必須不斷解決麻煩。

「怕麻煩」之類的壞習慣與其他好習慣一樣，「利息」並不高，甚至很低，只不過它「利滾利」。正因如此，壞習慣會在它的宿主身上「永垂不朽」。就好像一個人得了慢性病——僅僅是暫時看起來沒什麼事。「並不馬上致命」是慢性病的最可怕之處——

4 夏洛克，《威尼斯商人》中的角色，放高利貸致富的猶太人。

到本症和綜合症一併爆發的時候就沒救了。壞習慣的機理跟慢性病一模一樣。當最終的惡果來臨時，「怕麻煩」的歷史已經非常悠久了，它連本帶利要多高有多高，我們根本還不起。

千萬不要跟怕麻煩的人在一起，也不要跟怕麻煩的人交朋友，因為這種人會把他們懼怕的所有麻煩全都甩給朋友，瞬間就把所有的朋友——當然包括你——全都變成另一個更大的麻煩……接下來，背叛是他們唯一可選的解決方案。不要給怕麻煩的人打工，他們就算做了老闆也做不了幾天。不要雇怕麻煩的人幹活，他們會運用所有「聰明才智」迅速將工作任務分類，接著專門挑簡單的事做並且拚命邀功，同時把他們認為麻煩的事甩給別人或者乾脆藏起來不做。沒有誰比這種人更會推卸責任、搬弄是非、胡攪蠻纏了，因為這是他們的特長。把怕麻煩的人剔出去，整個團隊可能會瞬間煥然一新。

養成不怕麻煩的性格，才可能擁有耐心。耐心則是在任何工作、學習上獲得成功的前提。哪怕是在生活中，耐心也很重要。例如，獲得真愛是需要耐心的，因為真愛的定義就是你心甘情願地在另外一個人或一些人身上投入時間和精力，甚至不計回報。

同樣，不管我們的生活方式是健康還是不健康，都是積累出來的。不健康其實是最浪費時間和生命的生活方式。無數人在二十多歲的時候不在意自己的健康，經常熬夜，飲食不規律，卻覺得沒什麼。隨著時間的推移，到了三十多歲的時候，就發現自己得了至少一種慢性病，如脂肪肝、糖尿病什麼的。慢性病的本質就是「判處死刑，緩期數年執行」，至於這個「數年」究竟是多久，那就要看「表現」了。可實際上，當判決來臨之時，壞習慣早就有了難以動搖的勢力，想要改掉，哪怕耗時費力也不一定能成功。很多人就是這樣，以為自己在拚命提高效率，卻暗中提前結束了自己的生命——效率再高都沒有什麼用處。

更為重要的是，積累不只限於一代人的努力。事實上，積累的信念甚至可能遺傳。耐心的父母更容易培養出耐心的孩子，相信積累的父母更容易培養出相信積累的孩子。

生物心理學家羅森茲威[5]曾經做過一個非常著名的實驗：

> 選擇一批遺傳素質差不多的老鼠，將牠們任意分成三組。第一組老鼠處於「標準環境」中——被關在鐵籠子裡餵養，每籠三隻。第二組老鼠處於「貧乏環境」中——被單獨隔離開來，每隻老鼠隻身處在三面不透明的籠子裡，光線昏暗，幾乎沒有刺激。第三組老鼠處於「豐富環境」中——十幾隻老鼠通通關在一個寬敞明亮、條件優越的籠子裡，籠子裡設有鞦韆、滑梯、木架梯、小橋及各種「玩具」。幾個月後，羅森茲威驚奇地發現，處在「豐富環境」中的老鼠最為活躍，看起來非常聰明，而處在「貧乏環境」中的老鼠最為遲鈍，幾乎給人一種傻呆呆的感覺。

---

5 羅森茲威（Mark Rosenzweig），當代美國研究心理學家。他透過動物實驗發現了神經系統的長期可塑性，推翻了認為大腦在童年期就已經完全成熟的傳統觀念。

實驗人員將老鼠的大腦進行解剖分析後發現，這三組老鼠在大腦皮層厚度、大腦皮層蛋白質含量、大腦皮層與大腦的比重、腦細胞的大小、神經纖維的多少、突觸的數量、神經膠質細胞的數量及與智力有關的腦化學物質等方面存在明顯的差異。「豐富環境」組的老鼠優勢最為顯著，而「貧乏環境」組的老鼠處於絕對弱勢。

在今天這個相對更加公平的商業社會裡，相信積累的人往往更容易獲得財富和成就。想像一下富裕家庭能給孩子創造的環境，再對比一下貧困家庭能給孩子創造的環境，足以看出，從整體上來講（注意，個別的反例並不能說明整體上的問題），貧與富的區別可能造成巨大的智力差異。

哪怕是在一些看起來不太可能的領域中，積累也起著不可或缺的巨大作用。林肯曾經說過：「男人要為自己四十歲之後的長相負責。」這其實不無道理。一個人過了一定的歲數之後，長相就不那麼重要了，甚至會被另外的東西完全代替——表情和神態。表情和神態是一個人內心的折射，幾十年的積累足以使一個人的內心變得「不俗」，於是，表情跟著「從容」、神態跟著「睿智」。[6] 甚至不誇張地講，連男人的性能力都可能被同樣的道理影響。男人所謂的性能力，與心肺功能緊密相關。如果一個男人在二十五六歲的時候不管從什麼渠道得知了這一點的話，那麼他就應該堅持每週至少三次有氧運動。

6 這方面，我覺得曾志偉就是個很能說明問題的典型例子。

幾年之後，他就會發現，在他的朋友、同事都被工作壓垮了身體、了無生活樂趣的時候，他竟然可以透過積累做到一枝獨秀。

如果能夠徹底理解積累的重要，相信積累的力量，那麼再進一步，就只有一個結論了：**越早醒悟越好**。

我們遇到的尷尬，大都是自找的。過去犯錯誤，現在就要承擔後果。這就好像黑社會片裡的常用台詞說的那樣：「出來混，遲早要還的。」為了將來不再面臨尷尬，必須改變今天的觀念和行為。要**堅信積累的力量**，即便遇到了尷尬，即便感覺「沒時間了」，也要選擇積累。如果覺得積累已經來不及了，那就接受現實吧！想想看什麼可以改變、什麼不可以改變，找到能改變的領域，採取積累的策略，這是唯一的方法。每個人都必須為自己的過去埋單。

愛因斯坦說過：「用當年我們製造麻煩的思路，我們根本無法解決它們。」所以，別再跟時間較勁了。看清楚、想明白，問題出在自己身上。將來，時間可能是我們的敵人，也可能是我們的朋友——時間究竟是敵是友，就看你的了……

推薦序

你正在讀一本價值三億元的書

我是倒著看李笑來的著作，先看《通往財富自由之路》，編輯送來電子檔，要我寫推荐序。第一天就喜歡上，一邊看一邊劃重點，編輯問要不要寄給我紙本，我回不必，因為我捨不得已經劃得密密麻麻的電子檔。即使至今我有書了，電子檔依然收在電腦裡，你就知道我有多麼捨不得！

後來兒子寒假結束，帶走一本書，是作為媽媽的我在他二十歲成年之後送他的唯一一本書：李笑來的《通往財富自由之路》，表示我有多麼認同書裡的看法，而它提出的作法又是多麼實際可行，連一名大學生都做得來！

其實，李笑來是先寫《把時間當作朋友》，後寫《通往財富自由之路》，當我倒著看，等於是從難到易，看起來更加輕鬆好讀，也更加認識李笑來這個人。如果要用一句話形容作者李笑來是一個什麼樣的人，我會說，他很真！

認真而真誠。

認真地去把他相信的道理想通，再認真地身體力行反覆實踐多年，然後認真地每天勤奮不懈筆耕，寫下厚厚一大本書，真誠地獻給每一位想認真過這一生的人。光是這個真，真到如此徹底，這世上能有幾人？這應該也是李笑來做什麼事都成功的原因吧！

這本書開宗明義就說清楚了，它不是一本談時間管理的書，因為時間一分一秒流逝，誰管得了？但是時間管不了，人卻管得了，說起來，這是一本自我管理的書，談的是紀律二字，教人培養良好習慣。李笑來這人長得挺叛逆的，腦袋也一個樣，不愛說教，所以如果你厭倦長輩文的大道理，或是不屑坊間的管理指南，那麼讀李笑來的書，一定臭味相投，甚獲我心。

怎麼說？

李笑來討厭聽訓與說教，卻是一個窮究竟的人，特愛說道理，他會將每項需要及早培養的良好習慣說出一番道理，讓人明白這不是因為大人教你這麼做，你才這麼做，而是有腦袋的人一定要這麼做，如此一來，是不是有說服力多了？

再來，他熱愛實踐，想著、想著，認為有道理的事，捲起袖子就幹了，看看道理在說得通之後，能不能也行得通？行得通，才是真道理啊！行不通時，他也會知道一般人都在哪個環節卡關，於是再思考、再調整，直到通暢可行為止。李笑來這個人過日子，像極了科學家在做實驗，反覆驗證，有再現性才敢來跟你拍胸脯說，哈哈，我發現了，這可行的，你也來試試，按照我的步驟一定行！為自己的言論負責到這個地步，這一款作者挺少見的，是不？

還有，他就怕你讀不懂，掏心挖肺地把他知道的全說了，配上精彩的故事，再拿出經典的理論，一寫十幾二十萬字。有多熱血？一般來說，台灣的書大概在兩三百頁，李笑來的書實打實，都在三百多至近五百頁，這還不打緊，請注意他的書在字體上比別人硬是小一級，排得緊密，簡直是賣鹽的不怕鹹死人！

可是你知道，這些字有多珍貴嗎？

他在大陸知識付費訂閱平台「得到」有十五萬人訂閱時，算過自己拿到的「稿費」，大約一字是新台幣兩千元，而一篇在兩千字左右，等於一篇的稿費是四百萬元！假使這本書有十八萬字，花幾百元買下來，得到的價值超過三億元！更何況他現在的訂戶超過二十萬人……

不過，李笑來在這本書宣揚的信念，倒不是鼓勵大家投資致富這檔事，而是提醒大家珍惜時間，努力學習，將自己的作業系統保持在不斷升級的狀態中，在這個知識經濟的時代，運用知識與技能賺到與價值相符的收入。至於怎麼珍惜時間，書裡有巨細靡遺的闡述，我沒法超越，來說說兩個親身經歷，見證時間具有多大的魔力！

我是個中年人，生活中有個重要活動是開同學會，從小學開到研究所，特別能感受到「時間是最後的贏家　這句陳腔爛調是多殘酷的真實，硬是把人改了個樣兒，跟學生時代的記憶完全是脫了形。如果不是同學會，不只跟有些同學是活在兩個世界，永遠不會有相見的一天，就算在路上擦肩而過，也不見得認得。

比如：我有一名同學，小學時成績殿底也罷了，奇怪的是班上有人東西不見了，老師第一個便是去搜他的書包，把他列為最大嫌疑者。多年之後開同學會，他竟然是一位大學教授，差如此之多？原因當然是他在畢業之後，發憤圖強，努力向學，家裡也支持，到美國拿了個常春藤名校博士學位。

再比如：另一名同學正好相反，班上第一名，長相可愛，家裡有錢，他爺爺在二十多年前過世時，光是繳稅就是幾億元。同學會再見到時，卻是一名外表邋遢、神態失志的大叔！一問才知道他中學失戀，嚴重受創，沒考上大學，於是更加頹廢自棄，也沒做過工作，又逢家道中落，勉強靠著收租度日。

像這樣的人生故事太多太多，可是當時年紀小，誰又會想像得到？這就是時間的魔力！重點來了，十年或二十年後，你會成為什麼樣的人，現在就可以想想。

可是，年輕在努力打拚的時候，套句李笑來的用詞，還在積累的階段，時間未到，看不見複利效應將會帶來的驚人收益，經常會有放棄的念頭。之所以會有這類灰色念頭，是因為站在眼前這個時間點看努力這件事，倘使拉遠五年或十年，努力勢必出現巨大的差異，就像我上面提的兩位小學同學一樣。

心灰意懶時，還未看到長長隧道之後的那一線曙光，何不把李笑來這本書放在床邊，睡前翻幾頁，跟自己說：

把時間當作朋友，不急，一起再走一段試試。

洪雪珍
yes123求職網資深副總經理
二〇一八年三月於台北

推薦序

人生是馬拉松，勝者不一定是跑得最快的

人們常說「要與時間賽跑」，我卻覺得自己一直被時間追著跑，被追得死去活來。一九七七年中國恢復高考，當時的我儼然已到而立之年，時時刻刻都恨不得把一分鐘掰成兩份。要做的事太多，要學的東西汪洋一片，不捨得浪費哪怕一秒鐘時間，因為被迫浪費的已無法追回，用現在的話來說就是「沉沒成本」早已無法承受。回想當年，那滋味總令我百感交集，那時候連洗衣服或者哼首歌的時間對我來說都是莫大的奢侈。有電的時間是用來學習的，只有等到熄燈之後，在黑暗中邊洗邊唱，就算是享受了生活。

為了追求出國求知的夢，就要從零開始學英文。當時的英文學習環境不比現在，沒有五花八門的教材，沒有答錄機，詞典也只有一種。背詞典不是因為理想遠大，而是因為實在別無他法。每天手抄一疊卡片，隨身攜帶，但有片刻閒暇就要摸出來背誦。我的發音有多差是出國之後才知道的，因為我說出來的英文要反覆多遍才能使教授聽懂個大概。而出國前卻根本顧不上臉面，走路都在大聲地「自言自語」，讀錯了也沒有人知道。然而，就是這樣「摸著石頭」漸行漸遠，最終竟然也「過了河」。

總算是有幸，我最終於一九八〇年代前往美國史丹福大學攻讀博士，轉瞬間結識了來自全球各地見多識廣、基礎扎實的同學們。那時的我已經三十六歲，又感覺時間在後面緊緊追趕，令我無法有片刻停歇。矽谷是創新的沃土，也是全世界精英的匯集地。剛剛從中國走出來的土裡土氣的我，只能靠專心做事去搏出自己的一番天地。越是勤奮的人越輸不起，越是輸不起的人越勤奮。好像不知不覺穿上了水晶鞋的灰姑娘，我與那個氛圍裡的其他人一樣，赤手空拳地努力，靠勤奮與勇氣希望自己能夠打拚出一番天地。

從一九九〇年開始我的創業生涯（Future Labs[1]），直到後來 WebEx[2] 公司在二〇〇七年成功以三十二億美元出售給思科公司[3]，轉瞬已經十七個年頭。春秋輪換之間，無數風風雨雨，實際上未有片刻一帆風順。其中的甘苦滋味，並非不願講述，而是因太多太雜無從說起。我不是最聰明的人。想當年，先後進入網路會議系統領域的公司有幾百家，可想而知有多少絕頂聰明的人投身於該創意。然而，人生就好像是馬拉松長跑，最後的勝者是那個最能堅持的人。十七年間，無數的公司進進出出，無數的人來來往往，現在回頭一看，掉隊的竟然都是聰明人，留下我一個當初土裡土氣、傻頭傻腦的人跑到最後。

讀過笑來的《把時間當作朋友》後，我這個已步入耳順之年的老傢伙豁然開朗——原來我一直以為我被時間追著跑，其實竟然是不知不覺之間有了時間這個朋友做保鏢。

1 Future Labs，美國未來實驗室公司。創立於一九九一年，其主要產品是一個基於網路的「會議演示溝通系統」。一九九六年時，Quarterdeck 以一千三百萬美元的價格收購了 Future Labs。

2 WebEx，美國網訊公司。一九九六年創立，後成為全球實力最強的網路互動服務和網路會議中心系統服務供應商，也是中國留學生在美國創立並成功上市的第一家企業。

喜歡笑來深入淺出的文字，更喜歡與他交談，話語之中他總是可以好像不經意卻又精準異常地說透根本。有一次，笑來提起，「人們知道朱敏是從思科花了三十二億美元收購WebEx那一刻開始的，而全然不知之前的種種困境。」這個我有深刻的體會。用他的話描述就是「人們傾向於只看到賊吃肉看不到賊挨打……」

以我個人的體會，我非常鼓勵每個年輕人能花上幾年時間到國外走一走，學一學。教育的根本其實只不過是「見多識廣」。然後，再用五到十年時間定義一個屬於自己的人生方向，為之奮鬥，為之堅持，不知停歇地努力上十年二十年。有些成功靠運氣，可是持續的成功卻與運氣無關。希望每位讀到此書的年輕人，能夠重塑自己的心智，洗盡這個時代在你們身上烙下的浮誇、急躁的印記，在人生這場馬拉松中跟我一樣堅持到底，永不放棄，獲得最後的成功。希望我在耳順之年，能在科技世界與國際教育事業上與君共勉。

朱敏

賽伯樂（中國）投資公司　董事長

二〇〇九年四月於杭州

3 思科公司（Cisco Systems, Inc.），全名「思科系統公司」。一九八四年創立，是網路解決方案的領先提供者，其設備和軟體產品主要用於連接電腦網路系統。

推薦序

希望時間也是我的朋友

記得上次替笑來的《TOEFL 核心詞彙 21 天突破》寫序，轉瞬間已經是六年之前。我於一九九三年創建新東方，至今已有十六年。時間過得太快，真應了那句話——人生猶如白駒過隙，瞬間而已。

人生苦短，去日苦多。每個人都想掌控時間這個最重要的資源，可實際上總是無能為力。有很多媒體記者在採訪我的時候都會問一些相同的問題：新東方的未來是什麼？新東方打算走向何方？坦率地說，這都是不好回答的問題，我也從來沒有明確的答案。很多人都以為我雄才大略，胸有成竹，而實際上我常常是捉襟見肘，十分狼狽。新東方從過去走到現在，一直是順其自然發展而已，我從來沒有設計過她的未來，更加沒有「五年計畫」之類的東西。商業世界瞬息萬變，我覺得制定了計畫也不一定管用。新東方只懂得風雨兼程，勇往直前。至於最後會有一個什麼樣的結局，已經不在我們應該擔心的範圍之內。我相信：只要方向是對的，哪怕道路再曲折，也終將能夠走到我們心中的目的地。

再往前追溯一點。當初我自以為自己考上江蘇師範學校就不錯了，結果卻考上了北大。又比如，當初我只是為了出國去考托福，結果美國人一下子就看出我是準備出去混日子的，雖然肯錄取我卻不肯給我一分錢獎學金。沒錢去留學，只好留在國內教別人考托福，竟然靠著這個出了名，創了業。動機是一回事，預期是一回事，而結果往往又是另外一回事。

人生充滿了不確定性和戲劇性，但有一件事是確定的——時間只與那些努力的人做朋友。笑來肯定不是我見過的最聰明的人，但他一定是很努力的人。他在新東方執教期間，除了桃李無數之外，還寫過兩本非常暢銷的書，除了前面提到過的那本之外，還有《TOEFL iBT 高分作文》。這些都可以證明他的努力，他的勤奮。讀過笑來的新書《把時間當作朋友》，感慨他是個用心的人，也為他肯把自己用心積累的感受寫出來與學生、朋友分享而感動。

能夠登上金字塔頂端的只有兩種動物，一種是雄鷹，一種是蝸牛。雄鷹擁有矯健的翅膀，所以能夠飛到金字塔的頂端，而蝸牛只能從底下一點一點爬上去。雄鷹飛到頂端只要一瞬間，而蝸牛可能需要爬很久很久，也許需要堅持一輩子才能爬到頂端，也許爬到一半滾下來不得不從頭爬起。但只要蝸牛爬到頂端，他所到達的高度和看到的世界就和雄鷹是一樣的。我們大部分人也許不是雄鷹，但是我們每一個人都可以擁有蝸牛的精神。我們可以不斷地攀登自己生命的高峰，終有一天，我們可以在無限風光的險峰俯視和欣賞這個美麗的世界。無論是雄鷹，還是蝸牛，因為勤奮和努力，它們就有了時間作為自己的朋友，每一分、每一秒，它們的生命都因此有了它們自己確定的意義，而非虛度。

做人要勤奮，做人要執著，但做事不一定要圖快。馬跑起來比駱駝快，但駱駝一生走過的路卻是馬的兩倍。沒有人見過在沙漠裡狂奔的駱駝——除非那頭駱駝瘋了。我喜歡笑來的觀點：一切都靠積累，一切都可提前準備，越早醒悟越好。人的一生是奮鬥的一生，但是有的人一生過得很偉大，有的人一生過得很瑣碎。如果我們有一個偉大的理想，一顆善良的心，我們一定能把很多瑣碎的日子堆砌起來，變成一個偉大的生命。但是，如果每天庸庸碌碌，沒有理想，從此停止進步，那麼我們未來的日子堆積起來將永遠是一堆瑣碎。所以，我希望這本書的所有讀者都能把自己每天平凡的日子堆砌成偉大的人生。

俞敏洪

新東方教育科技集團董事長

二〇〇九年三月於北京

致謝

這本書的出版發行，得益於眾多朋友、讀者的幫助。感謝我的學生，他們給了我最初的動力；感謝蘇文，幾年來一直作為第一讀者及時提供各種回饋；感謝霍炬和車東，他們啟動了最初的口碑傳播；感謝周筠帶領博文視點原武漢團隊出版發行本書的第一版；感謝梁晶、夏青、楊小勤、劉唯一、彭啟敏等編輯對本書第一版作出的辛苦努力；感謝粥粥為本書第二版和第三版提供全新的插圖；感謝熱心讀者沈璜為本書第三版全面審稿，提出數千修正建議；感謝博文視點的編輯劉皎、潘昕對本書第三版的長期督促；感謝黃集偉先生為本書第二版題字；感謝俞敏洪先生與朱敏先生為本書第一版作序；感謝廣大讀者對本書的大力傳播；感謝我個人網誌的讀者來自各個角度的回饋；當然，還要感謝網路，使得資訊傳遞今非昔比。

李笑來

二〇一三年八月於北京